中国旅游文化简析

何珍 著

郑州大学出版社
郑州

图书在版编目(CIP)数据

中国旅游文化简析/何珍著.—郑州:郑州大学出版社,2018.5(2018.6重印)
ISBN 978-7-5645-5377-7

Ⅰ.①中… Ⅱ.①何… Ⅲ.①旅游文化-研究-中国
Ⅳ.①F592

中国版本图书馆 CIP 数据核字（2018）第 049410 号

郑州大学出版社出版发行	
郑州市大学路 40 号	邮政编码:450052
出版人:张功员	发行部电话:0371-66966070
全国新华书店经销	
郑州市诚丰印刷有限公司印制	
开本:787 mm×1 092 mm　1/16	
印张:13.75	
字数:328 千字	
版次:2018 年 5 月第 1 版	印次:2018 年 6 月第 2 次印刷

书号:ISBN 978-7-5645-5377-7　　　定价:36.00 元

本书如有印装质量问题,由本社负责调换

前言

　　中国历史,浩浩荡荡五千年,时光的潮汐中,有些东西因为厚重纷纷沉淀了下来。这些沉淀下来的东西,落在哪儿就在哪儿生根发芽,互相影响,互相改变,与这个民族融为一体,这种富有感染力的东西叫作——文化。对于一个国家而言,她的文化是掩藏不住的,小到一个人,大到一座城,从街头到巷尾,从茶余到饭后,无时无刻不在体现着属于她的文化。中国文化,就是中华五千年历史长河中经过不断冲刷和沉淀下来的泥沙。

　　中国文化的内容究竟包含哪些？这个问题目前在学术界还没有形成统一的意见。广义的说法是:"中国文化"应当包括从古到今上下五千年这个漫长的时间里,在中国这片广袤土地上形成的传统物质文明和精神文明的结晶。其中主要是思想文化(包括儒道佛和先秦诸子百家、秦汉至明清时期出现的丰富多彩的思想学说,以及晚近思想文化)、典章制度和文学艺术(包括诗词歌赋戏剧、书法绘画、建筑文物),等等。本书所讲的"中国旅游文化"包括历史文化、民俗文化、景观文化、宗教文化、建筑文化、园林文化、饮食文化、文学艺术文化等内容。

　　"人们创造自己的历史,但是他们不是随心所欲地创造,并不是在他们自己选定的条件下创造,而是在自己直接碰到的既定的、从过去继承下来的条件下创造。"中国文化,就是我们"直接碰到的既定的、从过去继承下来的条件",是影响中国人过去、现在和将来的传统。传统是社会的一种生存机制和创造机制。借助它,历史才得以延续与发展,社会的精神成就和物质成就才得以保存和实现。正因为如此,文化传统并非仅仅滞留于博物馆的陈列品和图书馆的线装书之间,它还活跃在今人和未来人的生活实践当中,并在这种实践中不断改变自己。学习、研究中国文化是培育理性态度和务实精神的最好途径。

著者利用课余时间翻阅大量相关资料,配有相关配图(部分图片来源于网络)达到图文并茂、生动形象,由于时间仓促,书中难免有疏漏之处,期待广大读者批评指正。

湖北文理学院 何 珍
2018 年 2 月

目 录

第一章 中国文化绪论 ·· 1
  第一节 文化概述 ·· 1
  第二节 中国传统文化概述 ································ 8
  第三节 旅游文化概述 ······································ 16

第二章 中国历史文化 ·· 23
  第一节 中国历史概述 ······································ 23
  第二节 中国历史文化常识 ································ 30

第三章 中国民俗文化 ·· 39
  第一节 民族民俗概论 ······································ 39
  第二节 中国北方部分少数民族民俗 ··················· 44
  第三节 中国西南地区部分少数民族民俗 ············· 55
  第四节 中国中南地区少数民族民俗 ··················· 68

第四章 中国旅游景观 ·· 74
  第一节 山地旅游景观 ······································ 74
  第二节 水体旅游景观 ······································ 83
  第三节 气象和天象旅游景观 ···························· 93
  第四节 动植物旅游景观 ··································· 97

第五章 中国宗教文化 ·· 101
  第一节 宗教概述 ·· 101
  第二节 佛教 ··· 102
  第三节 道教 ··· 110
  第四节 基督教 ·· 112
  第五节 伊斯兰教 ·· 115

第六章 中国建筑文化 ……………………………………………… 118
   第一节 中国古建筑概述 ………………………………………… 118
   第二节 宫殿和坛庙 ……………………………………………… 124
   第三节 陵墓 ……………………………………………………… 128
   第四节 古城与古长城 …………………………………………… 131
   第五节 古楼阁、古塔和古桥 …………………………………… 134

第七章 中国园林文化 ……………………………………………… 138
   第一节 中国古典园林概述 ……………………………………… 138
   第二节 中国古典园林的构成要素 ……………………………… 144
   第三节 中国古典园林的主要构景手法 ………………………… 146
   第四节 中国古代著名园林 ……………………………………… 148

第八章 中国饮食文化 ……………………………………………… 152
   第一节 中国主要菜系 …………………………………………… 152
   第二节 特色风味菜 ……………………………………………… 156
   第三节 中国名酒、名茶、中药 ………………………………… 158

第九章 中国风物特产文化 ………………………………………… 169
   第一节 陶瓷器 …………………………………………………… 169
   第二节 三大名锦与四大刺绣 …………………………………… 171
   第三节 文房四宝、年画、剪纸和风筝 ………………………… 175

第十章 中国文学艺术 ……………………………………………… 184
   第一节 文学艺术旅游资源的特点和功能 ……………………… 184
   第二节 文学艺术旅游资源的类别 ……………………………… 188

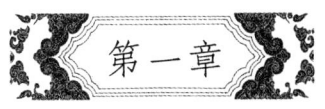

第一章

中国文化绪论

第一节 文化概述

一、文化概念

(一)文化的词源

"文"最早见于商代甲骨文,是个象形字,表示的是一个身有花纹袒胸而立之人,本义是纹理。《说文解字》解释为"错画也",即各色交错的纹理。后世引申为文物典籍、礼乐制度、文德教化等,"化"则是个会意字,出现稍晚,本义是教化。《说文解字》解释为"教行也",即通过教育改变人们的言行。"化"字从"人"从"匕",《说文解字》曰:"匕,变也,从倒人。"可以看出,"化"由一正一倒的两个人组成,要使两人和谐融洽,相顺而不停,就需要迁善、感化和教化。后世引申为改易、变化、生成,等等。"文化"作为单一概念,在我国很早就出现了,但近代以前,一般指"文治"和"教化",与"武力""武功"相对。如西汉刘向说:"圣人之治天下也,先文德而后武力。凡武之兴,为不服也,文化不改,然后加诛。"西晋束晳则说:"文化内辑,武功外悠。"我们今天所说的"文化",是19世纪末通过日文从西方转译而来的。在西方,"文化"一词英文、法文都写作Culture,都是从拉丁文演变而来的,原意为耕耘、居住、操作。中世纪以后,其意义延伸,进而涵盖了神明祭祖、道德法律、精神修养诸领域。可见,中国传统的"文化"与西方的Culture在内涵上有明显的区别:"文化"的本义是文治教化,强调的是人的社会活动,偏重于精神领域;而Culture的本义是人与自然的关系,是从人类的物质生产出发,进而引申到社会领域和精神领域,其含义要宽泛得多。然而,这两个词义有共同的一面,即强调人的有意识有目的的活动。

(二)文化的定义

19世纪中叶以后,随着人类学、社会学、民族学等人文学科的兴起与发展,文化逐渐成为专门术语。最先把文化作为专门术语的是被称为"文化学之父"的英国人泰勒。他在1871年出版的《原始文化》一书中时文化进行了首次诠释:"文化或文明,是一个复杂的总体,是一个知识、信仰、艺术、道德、法律、风俗以及其他人类作为社会成员而获得的能力和习性的复合体。"此后,西方学者纷纷给文化下定义,至1951年西方学者对文化已有164种定义。20世纪50年代以来,世界各国兴起文化热,文化的定义越来越多,据说目前已有500种之多。

我国对文化学的研究起步较晚。洋务运动和戊戌变法前后,面对西学扑面而来的冲击,以张之洞、梁启超为代表的一些有识之士曾对中国传统文化进行了一定的反思,但他们徘徊于中西之间,始终不能挣脱"体""用"之羁绊。五四运动时期,对文化问题的讨论也曾热烈一时,"打倒孔家店"的口号虽有思想解放的意义,但不免过激和缺乏冷静。"文革"中,对传统文化的大清剿、大革命,则让国人从思想言行上不得不与传统文化一刀两断。然而,历史是不可能被割断的,20世纪80年代以来,我国"文化热"现象经久不衰,对文化的研究摆脱了政治的束缚,趋于理性,但对文化定义的争论更加激烈,迄今为止,还没有一个为大家一致接受、没有争议的确切定义。相对来说,1979年以来每10年修订一次的《辞海》对"文化"概念的解释具有一定的代表性:"文化,从广义来说,指人类社会历史实践过程中所创造的物质财富和精神财富的总和。从狭义来说,指社会的意识形态,以及与之相适应的制度和组织机构。"

我们认为,文化是人类有意识地作用于自然、社会和自身的一切活动及其结果。

(三)文化与文明

与文化相关的一个词是"文明"。中国古代典籍中,文明的出现要早于文化。成书于春秋战国之际的《尚书》《周易》中都有"文明"。其含义是文德、光明、文采,与"文化"的意义相近。《尚书·尧典》赞美虞舜"睿哲文明",孔颖达解释曰:"经纬天地曰文,照临四方曰明。"《周易·乾卦》曰:"见龙在田,天下文明。"孔颖达解释曰:"天下文明者,阳气在田,始生万物,故天下有文章而光明也。""文化"一词则是汉代以后才出现的。英文中"文明"写作 Civilization,有文雅之意。现代汉语中的文明也是近代西学东渐的产物,具体说是在一定社会生产力发展水平上,以个体家庭、私有制和国家的产生为标志。文化是人类创造的所有物质财富和精神财富的总和,文明则是这两种成果达到一定发展水平的产物。中国被称为四大文明古国之一而不是文化古国之一,说的就是这个意思。

二、文化的构成与分类

文化是一个大概念,由于其内涵的广泛性而决定了其外延的宽泛性,文化研究者往往根据各自不同的视角,对文化做不同的分类。如:从时间角度上,可分为原始文化、古代文化、近代文化、现代文化等;从空间角度上,可分为东方文化、西方文化、非洲文化、南亚文化等;从地理环境上,可分为大陆文化、海洋文化、草原文化、河谷文化等;从生产方式上,可分为农业文化、工商文化、游牧文化、旅游文化等;从社会阶层上,可分为贵族文化、平民文化、官方文化、民间文化等;从社会功用上,可分为礼仪文化、服饰文化、企业文化、校园文化等;从文化的地位上,可分为主流文化、亚文化(次文化、副文化)、反文化、俗文化等;从文化的结构或自身逻辑上,可分为物质文化、制度文化、行为文化、精神文化等。

既然文化是人类有意识地作用于自然、社会和人类自身的一切活动及其结果，那么，从人类活动蕴含的下列三种关系——人与自然的物质变量关系、人与社会的行为转化关系、人与自身的自我意识关系的角度观察和分析文化的构成就是最恰当的了。概言之，文化的构成分为三个层面：物质文化处于文化结构的表层，制度文化和行为文化处于文化结构的中层，精神文化处于文化结构的深层。

（一）物质文化

物质文化又称物态文化，是人类所从事的物质生产活动及其结果的总和，是构成整个文化的基础，是文化中最活跃的因素。

物质文化以满足人类自身生存发展所必需的衣食住行等各种条件为目标，直接反映人与自然的关系，反映人类对自然的认识、利用和改造的程度和结果。一定的社会生产力发展水平即劳动者的工艺技术与劳动工具的结合，对物质文化的风貌具有制约和决定性作用。人类在漫长的发展过程中，一直在利用周围的自然环境来为自己的生存服务，并逐渐丰富和改变着自身的物质文化，创造了无数灿烂的物质文化产品。为了维持生存，原始人使用粗糙简陋的石器获取食物，穿的是树叶和兽皮，住的是树洞、山洞或窝棚，行走当然靠徒步。进入奴隶社会和封建社会以后，随着劳动工具和工艺技术的不断发展进步，人类的物质文化随之不断发生变化：穿着逐渐美丽讲究，以至形成了内容丰富的服饰文化；食物逐渐丰富多样，以至形成了风格各异的饮食文化；住居逐渐舒适美观，以至形成了绚丽多彩的建筑文化；行走逐渐快捷方便，以至形成了匠心独运的车船文化。这些都是以物质生产的发展和物质文化的创造为必要前提的。

物质文化中不仅积淀着制度文化的因素，同时也凝聚着精神文化的内涵。在传统农业宗法社会里，人们根据不同的年龄、职业、辈分等，对每一具体个人的衣食住行作了明确规定。单就服饰而言，封建时代不同品级的官员在服饰的颜色、形制、质地、图案等方面都有显著的差别。《唐会要》载：唐朝官员"三品以上服紫，四品、五品服绯，六品、七品以绿，八品、九品以青"，而这又是传统精神文化中等级观念的反映。

（二）制度文化

制度文化是人类在社会实践过程中所建立的各种行为规范、准则的总和，包括婚姻、家庭、政治、经济、宗教等制度。人们在参与社会活动的过程中，为了调节人与人之间的各种关系，逐渐形成了一系列要求所有社会成员共同遵守的办事规程或行为准则，这就是制度。各种制度都是在总结社会实践的基础上人的主观意识的加工创造，而制度一旦制定，便具有客观性、约束性，制约着人们的行为乃至思想，因此，制度文化是文化系统中最具权威的因素，它往往规定着文化的整体性质。

制度文化建立在物质文化的基础上，具有鲜明的时代性，同时又带有精神文化的深刻烙印。在中国封建社会里，知识分子一般都以"修身、齐家、治国、平天下"为理想的人生轨迹，以"达则兼济天下，穷则独善其身"为行为准则，而普通百姓除了希望皇帝圣明、官吏清廉、天下太平、风调雨顺以外，对政治的态度历来比较冷漠，体现出的是一种臣民型的封建主义政治文化。儒家思想是当时占统治地位的社会意识形态，凡是维护既定社会秩序的力量和集团，都会推崇儒家学说。这时，一切制度都要符合儒家思想精神，甚至科举考试也必须以"四书""五经"为准绳。

(三) 行为文化

行为文化是人类在长期的社会实践和复杂的人际交往中约定俗成的习惯性定势，是以民风和民俗形态出现的，见之于日常生活中的具有鲜明民族性和时代性的行为模式。行为文化直接反映着制度文化的时代内涵，同时又受到精神文化的深层约束和影响。一般来说，人的行为除了受各种有形的、物质的、他律的、带有强制性或暴力特点的规范（制度）约束外，还要受来自各种无形的、非物质性的、一律的和不带任何强制性的内在良知（精神）的制约，包括道德观念、价值观念、审美观念，等等。这两方面的影响有时是统一的，有时是矛盾的。比如封建时代，一方面法律规定"杀人偿命"，另一方面道义要求"朋友有义""仗义行侠"，因此，对那些"为朋友两肋插刀"、愤而杀人的血性男儿，人们往往是既惋惜又敬佩。再比如自古至今并没有规定数年不回乡省亲违法，但受"父母在不远游"和"孝义""团圆"等观念的影响，即便是因工作等原因数年不回家探亲的人也会时常感到歉疚。行为文化深受传统观念的影响，但又不是一成不变的，随着物质文化的发展进步，随着外来文化的刺激影响，特别是随着精神文化的更新转变，行为文化又是常新的，具有显著的时代性。

(四) 精神文化

精神文化又称心态文化，是人类在长期的社会实践和意识活动中孕育升华出来的价值观念、道德情操、审美情趣、思维方式、宗教感情、民族性格等的总和，是文化整体的核心部分。

精神文化分为社会心理和社会意识形态两个层次。社会心理是指尚未加工整理的大众心理，如人们日常生活的一般愿望、风尚、情趣等，不仅受物质文化、制度文化的直接影响和制约，而且同行为文化互相联系、互相作用、互相融合；社会意识形态则是经过系统加工整理的社会心理，是经过归纳、整理和定性了的信仰、观念、思想等。它曲折而深刻地反映着社会存在，同时又以物化的形态表现出来，如文学、艺术、宗教、哲学等。精神文化同样具有较强的时代特点和民族特点。就文学艺术而言，人们特定时代的愿望、要求、情趣必然通过当时的作品表现出来，其思想内容、艺术风格必然是那个时代精神文化的反映。明代中后期，以李梦阳为代表的"前七子"和以李攀龙为代表的"后七子"企图冲破程朱理学、八股文和台阁体的束缚，但又在前人建造的丰碑面前畏缩不前，从而产生了畸形的崇拜心理，提出了"文必秦汉，诗必盛唐"的口号，其作品也就成了毫无生气的"假古董"。再以文学为例，中国人喜欢欣赏情节曲折生动、内容丰富的伦理叙事作品，西方人则更注重作品中人物深刻细致的心理刻画，体味人物的精神生活。

综上所述，物质文化、制度文化、行为文化、精神文化虽属文化构成的不同层次，但同是一个有机的整体，相互间既有区别又有联系，相互依存、相互渗透、相互制约、相互推动。

三、文化的特征与功能

(一)文化的特征

从一般意义上说,文化至少具有以下五个特征:

1. 时代性

"每一民族的文化世界,都是一个不断延续、不断发展的存在系统,这个永远处于演变状态的存在系统,有它的过去、现在和将来。"人类的一切活动,都是在特定的历史条件下进行的。文化是特定社会和特定时代的产物,是一个历史概念,不同的社会发展阶段必然有不同的时代文化,因此,文化的第一特征是时代性。每一代人都生活在一个特定的历史文化环境下,他们很自然地从上一代那里继承传统文化,并根据时代需要对其进行利用和改造,以使其适应新的时代需要。从这个意义上讲,文化的时代性包含两方面的内容:承传性和变异性。正是通过世代承传积累,人类文化才会日益丰富起来。毛泽东在《新民主主义论》中说:"中国现时的新政治、新经济是从古代的旧政治、旧经济发展而来,中国现时的新文化是从古代的旧文化发展而来,因此,我们必须尊重自己的历史,决不能割断历史。"正是通过不断变异更新,人类文化才会不断进步。从石器时代、青铜器时代、铁器时代、蒸汽机时代到现在的信息时代,都是生产力发展水平和文化变异的结果。文化变异是文化人类学的主要研究课题之一,是人类文化的永恒特质。那么,文化变化的因素有哪些呢?文化的变异与外来文化的刺激有关,但主要的推动力来自文化结构内部的矛盾运动,新的发现和发明是文化变异的源泉,新的观念对推动文化变异起着巨大的作用,当然,社会革命也是文化变异的有力推动因素。

2. 地域性

人类活动必须借助一定的空间条件才能进行,不同地域的自然条件、历史传统和人的思维方式各不相同,自然就会产生不同的文化。因此,文化的第二特征是地域性。

差异是自然界和人类社会的普遍规律。就世界而言,东方文化、西方文化、非洲文化迥异;就亚洲而言,大陆文化、高原文化、草原文化、沙漠文化各具特色;就中国而言,中原文化、关中文化、齐鲁文化、巴蜀文化、荆楚文化、吴越文化、岭南文化、香港文化千差万别,这些都是因特定的地域条件而产生的差别。

3. 民族性

人与动物的显著区别在于人类的社会性,人类活动总是带有社会集团性质。当不同的社会集团分化整合为社会集团的时候,反映这种以社会集团利益为活动目的的社会文化,便自然地带有民族文化的特征。特定民族所恪守的共同语言、风俗、习惯、性格、心理及利益,成为民族文化的突出表现。迄今为止,人类社会都是按照民族或国家来区分的,法兰西民族、日耳曼民族、犹太民族、日本民族、阿拉伯民族,甚至藏族、蒙古族等等在文化上的差异是有目共睹的。以颜色为例,楚人尚红,可能是源于对太阳、对火的崇拜;藏民尚白,是源于对冰雪、对雪山的崇拜;彝族尚黑,则是源于对黑虎祖先神的崇拜。值得注意的是,文化的地域性与文化的民族性是紧密相连的,因为一般民族总是带有地域性的社会共同体,民族文化在某种程度上也反映出地域文化的内容。

4. 阶级性

当社会集团内部分化为不同的阶级时,文化不可避免地被打上阶级的烙印,文化自然具有了阶级性。占统治地位的阶级总是将有利于自己阶级的思想观念和行为规范通过各种手段向各民族文化中渗透,而被压迫阶级的抗争也必然会在文化中反映出来。因此,我们通常所说的民族文化,实际上是具有不同阶级倾向的文化成分的对立统一。应该强调的是,不是所有文化都有阶级性,有些文化领域是全人类共享的,如语言、科技等;有些文化领域在阶级出现以前就已存在,阶级出现以后才被打上阶级的烙印,如艺术、宗教、道德、习俗等;有些文化领域则产生于阶级出现以后,阶级性特点显著,如法律、制度等。

5. 同一性

文化的同一性包含两个层面:超自然性与超个体性。

文化,必须是人化,有人的活动痕迹,是与"自然"相对而言的概念。大自然给人类提供了生存环境,人类一刻也离不开自然界,但纯粹的自然物和自然现象不属于文化,把自然加了改造成为物质或精神产品,打上人类心智的印记,才是文化。日月星辰、风云雷电、山川河流、动物植物等本来不属于文化范畴,但面对日月星辰的运转,风云雷电的变幻,人们一方面感到惊恐惧惑,另一方面又激起了控制它们的愿望,于是在想象中把它们人格化,创造出有关日月星辰、风云雷电的神话,则是文化了。山川河流、花草树木等本来也不属于文化,但人们在一些高山峻岭上刻字作词,建寺造观,甚至美其名曰"神女峰""仙人洞",编出一些流传千古的神话故事,也就是文化了。

文化是靠社会群体传承、积累和延续的,人类活动总是带有社会性。文化的超个体性是指:文化是为人类社会成员共同接受、共同拥有的,不为社会成员所共同接受和理解的事物,不属文化。任何人都无法摆脱自身所处文化的直接或间接制约,即便是生存最基本的饮食也不例外,吃什么,禁忌什么,用什么方式(手、刀叉、筷子)都与饮食文化有关,甚至人们日常生活中常见的打喷嚏也隐含着一定的社会习俗,具有一定的文化内涵。国学大师季羡林在《说喷嚏》一文中说:英国人、德国人一打喷嚏,旁边的人连忙祝愿健康;印度佛教长老打喷嚏,众徒就会齐声祝愿长寿;古希腊、罗马以打喷嚏为占预之事;而中国人认为打喷嚏与亲人想念和别人议论有关。把打喷嚏和健康长寿联系起来,"这种风俗不但纵横数万里,而且上下千年,真不能不令人惊异了"。

(二)文化的功能

文化作为一个复杂的聚合体和一种绵延持续的社会现象,在满足人类生存需要和社会发展的过程中,发挥着自己独特的重要功能。

1. 满足需要的功能

人类有多种需要,首先是饮食、性等生理的需要,其次是安全的需要、归属的需要、尊重的需要,最高的需要是自我实现,包括个人理想的实现、能力与才赋的充分发挥等。人类这些需要无不与文化息息相关,即使是最基本的生理需要,随着社会的进步,也日益获得了文化的内涵。饮食以解饥渴,异性结合以繁衍后代,看起来似乎只是建立在生物本能基础上的纯生理需要,但实际上自从人类脱离动物界以后,从"饮食男女"方面就实现了文化转变。中国的饮食文化不仅注重"色""香""味",还强调"美",将菜肴制作成花鸟鱼虫等艺术品,不但满足了人们的生理需要,还让人获得了美的享受。酒、茶最初也只是简单地满足人的生理需要,但随着酒文化、茶文化内涵的不断丰富,原来单纯的物质文化中就蕴含了浓厚的精神文化。男女结合更是远远超出了生物本能的需要,从彼此相爱、缔结婚姻、建立家庭到生儿育女,不仅在此基础上形成了亲属网络,影响到社会结构,而且婚姻的美满与否,还给人们的精神生活以深刻影响,并成为文学作品中永恒的主题。这就是文化人类学家所说的"生物需要的社会转化"。随着衣食住行等基本生活问题的解决,在向"小康"社会迈进的征程中,中国人必然对旅游娱乐文化、教育科技文化以及个人理想的实现给予更多的关注。

当然,社会需要对文化发展也有一个价值导向的问题,西方社会乃至中国一部分人的畸形需要,也刺激了一些腐朽庸俗文化的蔓延。

2. 认知的功能

文化是人类在一定历史阶段征服自然、改造世界过程中创造积累的成果的总和。通过文化的积累延续,人类得以将有关知识一代一代传递下去,并不断加以充实。借助文化的积累,人类在改造地球的基础上,如今又开始了对太空的探索。科技文化的发展,必将把人类送上更遥远的太空。先秦思想家荀子在《天问》中写道:"大天而思之,孰与物畜而制之?从天而颂之,孰与制天命而用之?"主张以人力控制利用自然。他还在《劝学》中指出了学习前人知识技能的重要性:"学不可以已……登高而招,臂非加长也,而见者远;顺风而呼,声非加疾也,而闻者彰。假舆马者,非利足也,而致千里;假舟楫者,非能水也,而绝江河。君子生非异也,善假于物也。"

人类知识技能和道德伦理的继承传递,都必须借助教育手段,教育过程实际上就是引导人们认知的过程,否则,上一代的文化遗产就无法继承,当然更谈不上发展提高。但这里所说的教育不仅仅是学校教育,而是广义的教育,是社会的文化熏染,是以文化为内容的所有教化,读万卷书是,行万里路也是。

3. 规范的功能

在社会群体中,为了共同生存与发展的需要,其成员在生活实践中形成某些共识或价值观,共同遵守某些行为准则和道德标准,这就是社会规范。社会规范是文化的重要组成部分,它通过规章制度、社会舆论表现出来,并渗透在大众的风俗习惯、感情倾向和理想信念中,是人们辨别是非、善恶、美丑的标准,规范着人们的思想行为,是社会得以在一定秩序中存在和发展的重要前提。

人类的行为,几乎都要受社会规范的制约,不可能有绝对的自由。而规范有时是强制性的,所谓"国有国法,家有家规",违犯了就要受到制裁或惩罚;有时又是自觉和习惯,是约定俗成的惯性行为定势。在不同的时空背景下,人类的社会文化规范是千差万别的。中国古代,占统治地位的价值观是"重义轻利",所谓"君子喻于义,小人喻于利"。这里的"义",首先是"三纲五常""三从四德"等封建道德标准。而西方资本主义社会,个人主义、利己主义盛行,享乐主义价值观泛滥成灾。我国正处在社会主义初级阶段,一贯倡导的是"人人为我,我为人人"以及个人、集体、国家三者利益的辩证统一,这是平等、团结、友爱、互助的和谐人际关系形成和经济、社会等各项事业不断前进的有力推动因素。

4. 凝聚的功能

文化是社会群体特别是民族之间相互区别的重要标志。人类在原始部落时期就出现了文化差异。民族出现以后,文化差异更为明显,于是人们把表现于共同文化上的共同语言、共同习性、共同心理素质等作为区别于其他民族的标志。文化所表现的民族特征,比人类皮肤的颜色或其他生理现象更有意义、更为深刻。因为有了共同文化,人们才感到自己属于某一民族,从而很自然地仿效自己同胞的语言、服饰、习俗、风度甚至思维方式。这样,共同文化就成了民族成员紧密团结的基础,产生出一种巨大的凝聚力。就中华民族而言,其凝聚力的核心,既不是经济利益聚合力,也不是单纯的种族血缘认同力,而是长期历史积淀下来的对民族文化的认同感,即文化凝聚力。具体表现为:万物一体、天人合一、恋土归根、天下大同的价值取向,使海内外炎黄子孙产生了很强的归属感和认同感;自强不息、厚德载物、内向互济、贵中尚和的处世精神,给民族凝聚力的形成提供了基本动力和条件。

第二节 中国传统文化概述

一、中国传统文化的界定与定义

(一) 中国文化

中国文化是与外国文化对比的概念,是指中华民族及其祖先在自己脚下这块土地上创造出来并传播到世界各地的文化的总和。

中国文化是一个历史的、动态发展的概念。最初,"中国"并不具有国家实体的含义,而只是一个地域概念。"中国"一词,最早出现于西周铜器铭文上。中国的"国"字是个象形字,本义是城邑,"中"是中心。父系氏族公社以后,由氏族部落联盟首领演变而来的国君,普遍采用筑城而居的方式,统治本城邑及其周围地区("野")。由于居住在黄河中游一带的夏人处在地望的中心,故最早的"中国"指夏人所居之城,指的是以洛邑为中心的地区。夏人也就是中国人,《说文解字》:"夏,中国之人也。"随着华夏族及后来汉族活动范围的扩大,"中国"一词包含的范围也在扩大。商人灭夏,周人灭商,中国版图已不仅限于黄河中游,而且黄河下游、江汉流域、今华北大部都被纳入了"中国",由此出现了"中国"一词的其他说法,如"九州""华夏""中华"等。中国之外则被称为"四夷""四方""四国"。西周以后,无论谁占据中原,都以"中国"自居,即便是少数民族也不例外,如十六国北朝之际,北魏孝文帝等人就斥说东晋南朝为"南伪"。然而,"中国"一词虽历朝沿用,却没有一个朝代以"中国"为国名。明清之际,西方传教士们习惯上称明朝或清朝为"中华帝国",简称"中国",从此,"中国"才作为主权国家的专称。清康熙二十八年(1689年),清廷与沙俄签订《尼布楚条约》,清朝首席谈判代表索额图的全衔是"中国大圣皇帝钦差大臣、分界大臣、议政大臣、领侍卫内大臣"。鸦片战争以后,西方文化大量涌入中国,"中学"(中国文化)才成为一个与"西学"(西方文化)对举并具有实际意义的概念。

中华民族是以汉族为主体包括其他五十五个少数民族的共同体。各民族在中国内地的东西南北及周边岛屿创造了若干既有联系又有区别的区域文化,这些不同类型的区域文化,都是中国文化的重要组成部分。它们在长期的历史发展过程中,经过多次复杂的撞击、裂变、吸纳、整合,相互影响,相互促进,共同凝聚成多源一体的中华文化。正是这种多源一体的建构格局,才使中国文化具有了异乎寻常的凝聚力。数年来,尽管危机迭现,但中国传统文化却一脉相承,延绵不断,表现出一种经久不衰的强大生命力,这在四大文明古国中是唯一的。

(二)中国传统文化

所谓传统,就是世代相传且具有根本性的事物、行为、制度、信念的总和。"传"本义是"驿",即古代国家政令等重要信息的传递主要依靠驿站,依靠在驿站不停地更换车马才能到达,后引申为传授、延续、继承、相传等。韩愈《师说》:"师者,所以传道、授业、解惑也。""统"本义是蚕茧的头绪,段玉裁《说文解字注》:"众丝皆得其首,是为统。"后引申为纲要、根本、世代相承和彼此联系的事物。《孟子·梁惠王下》:"君子创业垂统,为可继也。"传统作为单一概念是汉代以后出现的,它正是取了"传"的相传、继续和"统"的根本之意。传统是过去的,不管人们愿意不愿意,就摆在人们面前,人们不得不接受。但传统又是可转变的,在作为主体的人面前,它又是被动的,可更新的。所谓传统文化,是指在长期的历史发展过程中形成和发展起来的,保留在每个民族中具有稳定形态的文化。它是一个民族的历史遗产在现实生活中的展现,有着特定的内涵和占主导地位的基本精神。它负载着一个民族的价值取向,影响着一个民族的行为方式和生活方式,聚拢着一个民族认同的凝聚力。所谓中国传统文化,是指在长期的历史发展过程中形成和发展起来的,保留在中华民族中间具有稳定形态的中国文化,包括思想观念、思维方式、价值取向、道德情操、礼仪制度、风俗习惯、行为方式、生活方式、宗教信仰、文学艺术、教育科技、文物典籍,等等。它是中华民族团结奋进,继往开来,全面建设小康社会,开创美好明天的基础。

中国传统文化在漫长的历史进程中综合百家优长,兼集八方智慧,得到了充分发展,对维系中华民族的持续发展并长期处于世界领先地位发挥了重要作用。然而,它同时也形成了巨大的历史惰性,被后起的西方资本主义文化赶超了过去。随着鸦片战争的隆隆炮声,一向自大的天朝帝国被打倒了,中国传统文化由此陷入了空前的危机。"五四"前夕,一大批杰出的中国知识分子继洋务运动、戊戌变法和辛亥革命之后,继续探索中华民族的出路,掀起了新文化运动,就是在这样的历史背景下,才产生了具有明确含义的"中国传统文化"这一概念,即鸦片战争以前中国人创造的旧文化。

任何文化的形成与发展都不是一个消灭一个、一个代替一个的关系,而是新的文化因素注入、旧的文化因素衰减的变异更新的结果。"五四"以后,马克思主义在中国获得了普遍发展。中国文化面貌发生了天翻地覆的变化,但是,这一切又是在中国传统文化的基础上实现的。现当代中国社会,传统文化仍然浓重地保留在中华民族中间,制约和影响着人们的思想和行为,并且是我们创造社会主义新文化的依据,是让中国文化重新走向世界的基础。

二、中国传统文化的环境与条件

（一）中国传统文化的地理环境及其影响

任何文化的生成与发展，总是在一定的地理环境下实现的，不同的地理环境是不同的文化类型出现和不同的文化特征形成的深厚物质基础。

中国地处亚洲东部、太平洋西岸，除东南及东部面向海洋外，东北、北部、西北、西部、西南皆与欧亚大陆连接，但却被河流、沙漠或高原峻岭所阻隔，形成了一个相对封闭的地理单元，因此，四周都有天然阻隔、相对封闭便成为中国地理的第一大特点。具体来说，中国西部有被称为亚洲中轴的帕米尔高原，它向四方伸延出几条大山脉，把亚洲分为东亚、西亚、南亚和北亚。这里高山峻岭，山路崎岖，虽有一线可通，且汉代已开通了丝绸之路，然而这荒凉之地，在古代却是难以逾越的；中国西南有世界上最高的山脉——喜马拉雅山，它是中国与南亚的天然分界，难以逾越。另外，西南的横断山脉及其江河、热带丛林也是中国与南亚、东南亚的天然阻隔；中国北部是广阔无垠的草原和沙漠，地势起伏不大；中国东部及东南是广阔的海岸线。唐宋以来，海上交通日渐发达，明代还有过郑和下西洋的壮举，然而，重农轻商、安土重迁的历史传统使中华民族没有向海洋发展。

中国地理的第二大特点是地势西高东低，自西向东呈现出三大阶梯式的地形地貌。具体来说，青藏高原为第一阶梯，平均海拔在4 000米以上，号称"世界屋脊"；青藏高原以北、以东为第二阶梯，海拔在2 000～1 000米，蒙古高原、黄土高原、云贵高原、塔里木盆地、准噶尔盆地、四川盆地相间分布，地形复杂多样；第三阶梯为北起大兴安岭，中经太行山，南至巫山、云贵高原东侧一线以东的中国东部地区，平均海拔在500米以下。海拔200米以下的东北平原、华北平原、黄淮平原、长江中下游平原及江南红土盆地都分布在这一地区。中国地理的第三大特点是季风气候显著，各地干湿冷暖差别很大。就干湿度而言，中国内地以距离海洋远近形成了从东南向西北由湿润、半干旱到干旱的逐渐递变。东部阶梯除华北以外一般湿润多雨，中部阶梯除云贵高原以外一般为半干旱、干旱气候，西北内陆则成为最干旱地区。就冷暖度而言，中国大陆由南向北以名山大川为天然分界，呈现出热带、亚热带、暖温带、中温带、寒温带的渐次递交。具体说，台南、滇南一线以南为热带，以北至秦岭、淮河一线为亚热带，以北至长城一线为暖温带，长城以北、以西为中温带，大兴安岭、黑龙江一带为寒温带。

运动、变化是事物的永恒规律。中国传统文化赖以生存发展的地理环境也不例外，也是处在不断变化之中的。地形地貌方面，从辽东湾到杭州湾的大部分沿岸地区都是最近两三千年陆续成为陆地的。许多大江大河都有过决口和改道的历史，尤以辽河、海河、黄河、淮河最为突出。许多湖泊的形状、面积都发生了很大变化，有的甚至消亡，如洞庭湖、罗布泊、梁山泊等。植被减少、水土流失、草原退化、沙漠扩大等现象越来越严重，尤其是西北地区，许多绿洲和繁华城市消失，如古楼兰文明。气候方面，西北内陆在地质史上曾经是温暖湿润的地方，猿人时期今华北一带也比现在要温暖湿润得多，那时，森林茂密,河流纵横,沼泽四布,虎、豹等凶禽猛兽时常出没,马、牛、羊、鹿等食草动物成群结队。尧舜禹时期,洪水横流,泛滥于天下。所以有的学者认为,近万年来,中国气候总的发展趋势是由温暖转向干凉,距今5 000年的新石器时代晚期,中国内地的亚热带分界线在华北燕山一线。歧可帧先生更认为,在距今5 000~3 000年间,中国大部分地区的年平均气温要高于现在20℃左右;近3 000年来,我国先后于公元前1000年、公元400年、公元1200年和公元1700年出现了四次低温期。

中国自然地理环境对传统文化的影响是多方面的,其中主要表现在以下两个方面:一是文化的多样性与多元一体格局。中国自然地理的第二、第三大特点是东部低平而湿润,西部高亢而凉干,由此,中国古代就形成了东南、中原以农耕为主,而西北以畜牧为主的人文生产景观。这与欧洲农牧相间结合、亦农亦牧的情况有很大不同。同时,由于从南到北温度和干湿度的变化,决定了淮河、秦岭以南的中国南方产业结构以稻作农业为主,淮河、秦岭以北至长城的中国北方以粟作农业为主,而长城以北则以游牧业为主。这些区域差别,在客观上构成了中国多民族共居,多种经济成分共立,多种文化类型并存的自然物质基础。由于中原地区自然环境相对优越,文明起步较早,历史上还形成了各民族内聚,多元文化类型融合的趋势,从而出现了中国传统文化形成发展过程中的多元一体格局。二是文化的封闭性大于开放性。虽然中国与外部自古就有联系,美洲大陆的土著居民很可能就是穿越白令海峡的牛金山人的后裔,特别是唐宋元明清以来这种联系更为频繁。然而,毋庸讳言,由于中国四周的天然阻隔和相对封闭的自然地理特点,中国古代一直缺乏对外开放、向外进取的条件和动力,封闭性大于开放性。相对优越的地理环境,加上中华先民的勤劳智慧,使古代中国在西方近代文明兴起之前,长期成为世界东方乃至整个世界最富足最强大的国度,因而产生了"中华帝国,无求于人"的自我陶醉、自我封闭的观念。一面临海、三面环山的地理环境,使中国成为一个相对封闭的地理单元,因而中国古人便设想自己生活在"四海"之内,"天下"之中,而由中到外的顺序是京师、诸夏、四夷,中国作为世界的中心,可以通过用华变夷、由夷变夏的过程,将四夷纳入中华母体之中。这种构想,产生了两方面的影响,正面的影响是增强了中华文化的向心力,使中国长期维持了大一统局面并获得了不断的发展和壮大,负面的影响就是自我陶醉、自我封闭观念的蔓延。在古代中外交通史上,不避艰险、不远万里来到中国的各色外国人远远多于走出国门的中国人,甚至当西方人千方百计寻找通往中国的新航路时,自大的中华帝国却实行起了"闭关锁国"的政策,就连早已开辟的陆海通道也弃之不用了。

自古以来,中国就是世界上人口最多的国度,秦汉以来一直占世界人口的1/3左右。长期以来,由于绝大部分人口都集中在地理环境相对优越的中原、东南农耕区域,因而造成了人口增长与土地面积不足的矛盾,人们只能在有限的土地上,精耕细作,集约经营,对土地产生了一种特殊的感情,时日积久,便养成了中国人安土重迁、安分守己、乐天知命的民族性格,并由此培养了中华民族对乡土的眷恋和对故国的深切情怀,增强了民族凝聚力。但同时,由于长期的农耕生活和对土地的过分依赖,又限制了中国人的视野,影响了对外的扩展与开放。中国古代"五刑"(死、流、徒、杖、笞)之中,流刑仅次于死刑,就是强迫犯罪的人远离故国、故乡、故土,利用地理环境和心理因素对之进行惩罚。屈原放逐、苏武牧羊及戍守岭南的50万秦朝罪徒都是这种刑罚的反映。

（二）中国传统文化的经济基础

中国传统的经济形态是农耕经济，农业给古老的中华民族提供了基本的衣食之源，创造了相应的文化环境，规定了特定的政治道路，同时还影响了中国传统的畜牧业、手工业和商业的发展，因此我们说，农业是中国传统文化最深厚的经济基础。我国是世界上最早经营农业的国度之一，同时也是世界上出现的少数几个农业文明中心之一。关于我国农业的起源，史籍中有许多说法，有的说是神农氏发明了农业，有的说是烈山氏，有的说是炎帝之子，有的说是周人始祖，而司马迁则说农业为黄帝发明。目前考古证明，农业至少在一万年前新石器时代到来之际便已存在了，并不是某一两个英雄人物的功劳。大致说来，黄河中下游一带的远古居民是粟、黍等旱地农作物种植的发明者，而长江中下游一带的远古居民是水稻这种田作物种植的发明者。

在四五千年之前，中国北部的气候发生了由温暖向凉干的转变。受此影响，长城以北地带的农业人口纷纷向黄河中下游一带内聚，这就导致了长城以北地带的产业结构由原来以农耕为主向以游牧为主的转变，并由此形成了我国历史上长城以南的农耕经济和长城以北、以西的游牧经济的分布。

炎黄之际，随着各地农业的发展，人们为了实现对财富特别是对土地的占有，进行了连绵不断的武力掠夺。规模巨大的战争，在客观上促进了经济文化的交流，导致了地域经济结构的重组和整合。受黄河中下游一带优越地理环境的吸引，周边各地包括江南一带的部族纷纷向中原内聚，这就是夏、商、周三代奴隶制文明大国出现的深厚历史背景，而夏、商、周三代灿烂的农业文明，为中国传统文化的发展打下了最为深厚的基础。秦汉以来，随着中原王朝和北方游牧民族的冲突战争及北方游牧民族的周期性南迁与被汉族同化，汉族的分布越来越广，农耕文明与游牧民族在相当程度上实现了融合，两者共同构成了中国传统文化的经济基础。

中国古代的农业生产取得了辉煌灿烂的成就，在数千年的历史进程中，一直保持着世界领先的地位。经过夏、商、周三代的经验积累，中国农业生产在春秋战国时期实现了一次较大的飞跃，主要表现在铁制农具的广泛使用、牛耕的推广、水利灌溉工程的大量兴修、耕地的大量垦辟和小农经济的出现等方面。秦汉时期，由于代田法的出现及以铁犁为代表的生产工具的改进，大大提高了生产效率和生产效益，促使农耕区向西北方向扩展，江淮之间、关中也出现了大大小小的灌溉区，全国垦田面积达到 800 万顷，人口 5 900 万。魏晋南北朝时期，由于北方战乱，大批人口南迁。南方农业水平迅速赶了上来，长江以南、五岭以北的广大地区及巴蜀一带逐渐成为我国重要的农业区。隋唐时期，小国农业经济重心开始移向长河流域，长江中下游地区成为中央政府的主要财政来源地，所谓"天下以江淮为同命"。宋元明清各代，中间的农耕和养蚕重心一向在南方。南方的粮草通过大运河源源不断地运往北方。唐宋以来，筒车、曲辕犁、梯田、施肥、套种、育种等为代表的工具、工艺或技术远远走在了世界的前面，棉花、花生、玉米、番薯等经济作物和高产作物不断地从世界各地引进。清末，中国人口已达 4 亿。正是古代辉煌的农业文明，才支撑了中国这一庞大的人口基数。

综观中国古代农业生产，可以看到如下特点：一是成就突出，起步早，水平高，发展稳定且从未中断。二是一家一户、分散经营的小农经济是中国古代农业生产的主要形式。三是精耕细作,农桑结合,粮棉结合,集约化程度高。

(三)中国传统文化的创造主体

中国传统文化的创造主体是以汉族为主的中国所有民族的人民,即中华民族,包括历史上延续至今的和已经消亡了的民族。目前,中国考古学的成果已能粗略勾勒出我国远古人类进化的轮廓:猿人,又称直立人,在我国发现有元谋人、蓝田人、北京人等,距今170万年至10万年;古人,又称早期智人,在我国发现有马坝人、长阳人、丁村人等,距今10万年至4万年;新人,又称晚期智人,在我国发现有山顶洞人、河套人、柳江人等,距今4万年至四万年。上述各个阶段的人类化石测定证明,中国的远古人类都属于蒙古人,即黄种人。他们是中华大地上最早的居民,中国传统文化正是从这些来自远古洪荒时代的人类开始的。

进入新石器时代以后,农业、畜牧业、制陶、纺织等相继出现,我国境内的人类活动更加频繁,迄今为止,已发现了7 000余处遗址。其中,以黄河中下游地区的"仰韶文化——龙山文化"发展系统最具代表性,这便是后来华夏集团的前身。它包括三大族团:西北的华夏集团,包括黄帝、炎帝、祝融等族;东方的东夷集团,包括大昊、少昊、蚩尤等族;南方的苗蛮集团,包括三苗、伏羲、女娲等族。按照先秦文献的记载,距今5000年左右,黄帝、炎帝联合起来,在涿鹿打败了蚩尤,不久,黄帝又在阳泉打败了炎帝,成为黄河中下游地区的部落联盟首领。黄帝以后,尧、舜、禹相继以禅让的方式担任联盟首领。夏朝是我国第一个奴隶制政权,其民众称"夏人",即"中国之人也",因其崇拜玫瑰花,又称"华人"。商灭夏、周灭商,只是政权的更迭和统治区域的扩大,前代的文化并没有灭绝,而是被保留了下来,故两周时期出于对三代文化的认同,接受分封的诸侯国仍以"华夏"自称,而分封区以外的地带被称为"四方"或"四夷"。春秋战国时期,虽然争霸兼并战争持续不断,但华夏文化已成为各国民众普遍认同的文化主体,这样,诸夏与蛮、夷、戎、狄经过长期的影响而融合为一体,终于形成了强大的华夏族。

秦汉之际,华夏族在同周边民族的冲突与交往中逐渐有了"汉族"之称。秦汉虽然实现了统一,但统一的只是农耕区域。所谓"南有大汉,北有强胡",中国历史由此出现了中原农耕王朝与北方游牧汗国并存对峙的局面。汉武帝时,对匈奴由守转攻,并控制了草原南部及西域地区,匈奴分裂为南北两部。魏晋南北朝时期,北方"五胡"(匈奴、鲜卑、羯、氐、羌)乘中原混乱之际纷纷内迁并建立政权。虽然这些政权都有一定的民族特色,但它们对中原汉文化都一致认同,于是继春秋战国之后,中国历史出现了第二次民族大融合,中华民族的活力和气魄空前强大起来。隋唐时期,在中原文明的强大吸力下,周边各族纷纷臣服,雄才大略的唐太宗被拥戴为"大可汗",而唐朝又通过周边各族的中介作用,把辉煌灿烂的大唐文化传播到亚洲各地,长安成为当时世界的中心。五代宋辽夏金时期,虽然南北对立分裂,但少数民族政权无一例外地都以中华传统礼制作为治国方略,长城已不再是游牧民族和农耕民族的界限。元明清时期,中华各民族在中央政权的推动下,民族杂居、民族融合的趋势继续发展,长城作为阻碍南北的心理界限已基本消失,中华民族在深层上实现了南北混一、天下一统。近代以来,随着同西方列强的抗争,中华民族作为统一的民族实体日渐巩固。综观中华民族的发展历程可以看出,秦汉以后,长城一线不仅是农耕民族和游牧民族长期对垒的界标,同时又是两者之间通过战争、迁徙、和亲、互市等形式实现经济互补和文化融合的纽带:一方面,北方民族的周期性南下,虽然破坏了中原农耕文化,但相伴而来的还有北方民族那种充满活力的刚劲气质,又是对稳健儒雅的中原农耕文化的补充;另一方面,北方游牧民族虽然数次入主中原,但后来自己反而被"同化",不得不采用汉族的政治制度与礼乐制度,这就极大地壮大了汉民族实体和中国传统文化的创造主体。

(四)中国传统文化的社会政治环境

中国传统文化的社会政治环境主要体现在以下两个方面:宗法制度的长盛不衰和君主专制制度的高度发达。

所谓宗法,就是以血缘关系为基础,在尊祖敬宗的前提下,区分尊卑长幼,规定继承秩序,确定宗族成员权利和义务的法则。宗法制起源于父系氏族公社的家长制。父系氏族公社后期,父系家长支配家族内部的所有财产及成员,具有很高的权威。他死后,其权力和财产需要有人继承,于是习惯上便规定了一定的继承秩序,一代一代的父权家长生前的权威在其死后仍然使人敬畏,子孙们幻想得到他们亡灵的庇护,从而产生了对男性祖先的崇拜以及相应的祭祀仪式。

进入阶级社会以后,宗法制逐渐形成。夏启时"家天下"的局面已经形成,"大人世及以为礼",王位世袭成为制度。商代,宗法制进一步发展起来,商王及各级奴隶主的继承实行"父死子继"和"兄终弟及"制度。西周时期,宗法制趋于严密。在严格区分嫡庶,确立嫡长子优先继承权的前提下,又增加了庶子继承的原则,这就是"立嫡以长不以贤,立庶以贵不以长"。宗子享有许多特权,如主持祭祀,掌管本族财产,决定本族成员的婚丧事务,教导或惩罚本族成员等。两周的宗法制与等级制、分封制、世卿世禄制互为表里,政治功能十分显著。周王称天子,为天下大宗,王位由嫡长子继承,其他儿子被分封为诸侯;诸侯对天子而言是小宗,但在其封国内又是大宗,其封号由嫡长子继承,其他儿子被分封为卿大夫;卿大夫对诸侯而言是小宗,但在其封国内又是大宗,其封号由嫡长子继承,其他儿子被分封为士。这就形成了层层相属、代代相袭的政治权力结构。在一定意义上讲,西周的各级行政机构正是扩大了的宗法系统。所谓"天子建国,诸侯立家,卿置侧室,大夫有贰宗,士有隶子弟,庶人工商,各有分亲,皆有等衰。是以民服事其上,而下无凯觎。

春秋争霸,周天子地位旁落,宗法制开始动摇。战国变法,普遍限制贵族特权,宗法制受到致命打击。原来在宗族中居于支庶地位的一些成员,由于军功、经商等原因而上升为显贵或富豪。于是他们不再愿意受共居共财原则的束缚,也不再愿意继续尊奉并受制于名义上的宗子。这样,宗法制便瓦解了。

秦汉以后,严格意义上的宗法制已不复存在,但它的基本精神却以另外的形式顽固地存在于整个中国封建社会,这就是家族制度或者叫宗族制度。

在中国古代自然经济状态下,聚族而居是一种普遍现象。秦汉时期,一些强宗大族不仅武断乡里,而且阻梗政令,因此,秦始皇、汉武帝等人都采取措施予以削弱,如强迫其迁离本土、强制分家等,有时甚至有意任用酷吏,罗织罪名,给予抹杀或抄家,但效果却不明显,特别是随着东汉庄园经济的发展,强宗大族势力再度膨胀,他们收徒附、置部曲、筑城堡,富甲一方,称霸乡里,甚至操纵地方官吏,过着半割据的日子,经过汉末战乱终于形成了魏晋南北朝时期的门阀制度。门阀士族以阀阅自诩,相互标榜,操纵选举,累世为官,在社会上的势力和声望往往是累代延续。当时,江南有朱、张、顾、陆,山东有崔、卢、李、郑,关中有杨、韦、裴、薛。隋唐废除了九品中正制,以科举取士,庶族地主有了更多的仕官机会,但当时崇尚门第的风气依然很盛,甚至争相与之攀婚。

宋代以后,由于商品经济的发展和土地买卖的盛行,土地所有权转移加速,地主阶级内部分化加剧,于是取士不问门阀,婚姻不问门阀,士族由此丧失了他们的社会影响。当时流行财产诸子平均继承法,再大的地主,其财产在一二代以后也会迅速分散,于是一些人主张重建古代的宗法组织,张载便明确提出:"收宗族,厚风俗,使人不忘本,须是明谱系世族与亲子法。宗法不立,则人不知统系来处。"但是,原封不动地恢复宗法制已不可能,于是在经过一定的调整之后,修族谱、建宗祠、置族田、立族长、订族规等这些中国封建社会后期家族制度的具体内容被人们逐渐接受了下来。这些做法不仅影响了中国封建社会后期的千年历史,甚至影响到近代和现代。

中国古代社会政治结构的另一显著特点是存在着一个延续了两千多年且不断得到强化的君主专制的官僚政治体制。

秦始皇扫平六国、统一全国后,建立了一个皇帝独裁、专制主义的中央集权的封建政治制度。它规定:皇帝自称朕,命为制,令为诏,印称玺,"天下事无大小皆决于上"。为保证这种至高无上的权力,中央实行三公九卿制,官员一律由皇帝任免。三公是指丞相(掌政务)、太尉(掌军政)、御史大夫(掌监察),九卿是指奉常(掌宗庙礼仪、占卜祭祀)、郎中令(掌侍卫传诏)、卫尉(掌宫门守卫)、太仆(掌车马)、廷尉(掌刑狱司法)、典客(掌外交)、宗正(掌皇族事务)、治粟内史(掌财政)、少府(掌山泽之税)。汉承秦制又有所发展,武帝时常破格提拔一些人组成"内朝",以压制丞相为首的外朝。东汉以司马、司徒、司空为三公,然而"虽置三公,事归台阁",尚书才拥有真正实权。曹魏时设中书省,掌机要,尚书台沦为执行机关。晋代设门下省,南朝时逐渐参与国政。隋唐实行三省六部制,三权分离,相互牵制。三省是中书省(制定政令)、门下省(审查封驳)、尚书省(贯彻执行),六部隶属尚书省,分别是吏(官吏任免)、户(财政税收)、礼(礼仪选举)、兵(军政)、刑(刑法)、工(工程匠作)。宋朝形式上沿用唐制,但实际上政事堂、枢密院对掌文武大政,另设三司掌财政。元朝废门下、尚书二省,以中书省、枢密院、御史台分掌行政、军事、监察大权。明初废中书省及丞相制,六部直接对皇帝负责,御史台改称都察院。成祖以后,大学士逐渐参与机务,内阁产生。清朝沿用内阁制,设大学士、协办大学士,但实权却先后为议政王大臣会议和军机处所掌握。

在皇帝独裁、君主专制的政治环境中,臣民的自由被剥夺,皇帝的意志就是法律,这就形成了中国人迷信权力、服从权威的心态。但是,高度集中的君权对神权又起了压制作用。而君权毕竟也是人权,也是可以变更的,所以中国人民的反压迫斗争始终未曾间断。

第三节　旅游文化概述

一、旅游文化的定义

旅游和文化的关系非常紧密。20世纪80年代初,我国就有人指出:"一定意义上,旅游也是一种文化事业。"《中国大百科全书·人文地理学》最早正式使用了"旅游文化"一词,这个定义更多的解释了文化的类型及其在旅游活动中的作用,但没有讲明旅游文化的本质。

由于旅游和文化这两个概念本身的复杂性,旅游文化又是一个新兴学科,其概念的科学界定存在相当大的困难。目前,将学术领域的多种说法归纳起来,其中较有代表性的观点主要有三种:

其一,旅游文化是人类过去和现在所创造的与旅游有关的物质财富和精神财富的总和。

其二,旅游文化是旅游主体、旅游客体和旅游介体相互作用所产生的物质和精神成果,旅游三要素中的任何一项都不能单独形成旅游文化。

其三,旅游文化是以一般文化的内在价值因素为依据、以旅游诸要素为依托而作用于旅游生活过程中的一种特殊的文化形态,是人类在旅游过程中精神文明和物质文明的总和。

我们认为,作为人类生活观念形态的一种反映,旅游文化是贯穿在整个旅游活动中的内在因素,它的产生与发展必然要建立在一般文化的基础上,而且文化的本质在于创新,旅游文化不是一般社会文化向旅游领域的简单移入或嫁接,而应该是以一般文化形态为基础创造出来的新型文化,同时尽管旅游活动古已有之,其中不乏文化因素,但旅游文化作为一个独立的学科却应该是现代的事情。

旅游文化是一种全新的文化形态,是旅游活动发展到一定阶段,以旅游活动为核心而形成的关于旅游的文化本质及其发展规律的学科。它揭示了旅游活动本质上是一种文化活动,旅游业的发展在遵循经济规律、生态规律的同时,还必须遵循文化规律。从广义上说,它是一门从文化方面研究人类旅游活动发展规律的学问;从狭义上说,它研究的是在现行的市场经济社会中,人们如何合理开发利用过去所创造的旅游文化遗产,如何创造具有时代精神和地域特色的新旅游文化的问题。

二、旅游文化的研究内容

作为一门新兴学科,旅游文化的研究内容十分丰富。旅游文化的研究内容是按照旅游文化的构成来划分的,由于构成的划分角度不同,因而研究内容也不尽相同。目前,我国学术界对旅游文化的研究内容主要有以下四种见解:

1. 按照文化的结构划分的研究内容

按照文化的结构,将旅游文化划分为三部分,即旅游物质文化、旅游制度行为文化、旅游精神文化。

旅游物质文化,指蕴藏丰富文化内涵的旅游者视觉可以辨识的占据一定空间、有一定形态的文化物质实体,如宫殿、园林、坛庙、古人类遗址、桥梁、造像、碑刻、雕塑以及旅游纪念品和旅游服务设施等。

旅游制度行为文化,指旅游活动中的各种社会规范和约定俗成的习惯性定势等,如苗族芦笙节、大理三月街、傣族泼水节等。

旅游精神文化,也叫旅游观念文化或旅游心态文化,指引导、影响人们旅游实践的直接或间接的在旅游实践中抽象出来的价值观、审美情趣以及思维方式等,如儒家"中和为美"、道家"自然为美"、佛家"空灵为美"的审美观念对旅游者思维的指引。

2. 按照旅游的基本要素划分的研究内容

按照旅游的基本要素,将旅游文化划分为三部分,即旅游主体文化、旅游客体文化、旅游介体文化。

旅游主体文化,即旅游者是旅游的主体,旅游主体文化在旅游文化中具有核心地位,包括旅游者的观念、行为模式、思想与信仰,旅游者的文化素质和职业,旅游者的心理、性格、爱好,旅游者的生活方式等。

旅游客体文化,也称之为旅游景观文化,是作为旅游对象的文化事物与现象,包括旅游历史文化、旅游建筑文化、旅游园林文化、旅游宗教文化、旅游民俗文化、旅游娱乐文化、旅游文学艺术、人文化的自然景观等,随着旅游消费内容的扩展,有着极为丰富的内容。

旅游介体文化,即在旅游活动中联系旅游主体与旅游客体,起到中介体作用的文化,包括旅游餐饮文化、旅游商品文化、旅游服务文化、旅游管理文化、旅游文化教育、旅游导游文化、旅游政策和法规等,其中旅游服务文化应是旅游介体文化中的核心部分。

3. 按照现代旅游商品交换特性划分的研究内容

按照现代旅游商品交换的特性,将旅游文化划分为两部分,即旅游消费文化和旅游经营文化。

旅游消费文化,是以旅游者为主体的文化,包括旅游消费行为文化和旅游审美文化。前者主要研究文化对旅游者旅游态度、旅游动机、旅游决策、旅游消费行为方式等的影响;后者则从审美的角度,探讨旅游审美的文化特征和基本类型。

旅游经营文化,是旅游经营者所反映和创造的文化,主要包括旅游产品经营文化、旅游企业经营文化和旅游目的地经营文化。旅游产品经营文化,是指旅游资源转化为旅游产品的文化过程,包括旅游资源文化特质分析、旅游产品的文化规范、塑造和表现方法等。旅游企业经营文化,是指旅游企业围绕企业的经营目标,在显在和潜在层面上的文化建设。旅游目的地经营文化,是指一个城市、一个地区乃至一个国家作为旅游目的地的宏观的经营文化,包括旅游目的地整体形象的确立与宣传、旅游发展文化环境的营造、旅游对旅游目的地以及旅游业的影响,等等。

4. 按照文化交流环节划分的研究内容

此种划分方法认为,旅游文化是文化交流与对话的一种形式,是以旅游主体为中心,以区域文化生态为对象,以跨文化交流为媒介,在丰富多样的旅游活动中迸发出来的、形式复杂多样的各种文化行为表征的总和,因此,旅游文化的研究内容主要包括三部分:即旅游主体的文化身份、区域的文化生态系统和旅游的跨文化交流。

三、旅游文化的特征

旅游文化的特征,以一般文化的特征为基础,具有一般文化的共性,主要表现为地域性、承袭性和交融性。

1. 地域性

就是指地域差异性。美国学者爱尔伍德在《文化进化论》一书中提出自然环境说理论。其核心思想是,人类的文化像树上的果实一样,依照气候和其他地理条件而产生。东西方这两个不同的地域就孕育了千差万别的文化。

陈独秀在《东西民族根本思想之差异》一文中透彻地指出:"西洋民族以战争为本位,东洋民族以安息为本位。西洋民族以个人为本位,东洋民族以家庭为本位。西洋民族以法治为本位,东洋民族以感情为本位。"这种地域性文化形成的社会环境的因素之一就是民族环境,民族分布的地域性又是文化地域性形成的原因之一。正是这种文化的地域性、民族性构成了旅游吸引物的魅力,从而促进了国际旅游的发展。

2. 承袭性

即文化的继承性。一种文化一旦形成,便会在特定群体中代代相传。继承下来的文化既包括物质的,如陕北黄土高原的窑洞,经过几千年发展演变,逐渐形成的烹、炒、煎、炸、炖、煮、酱、腌、炙、溜、熏、烤等多样化的烹调手法;也包括精神的、无形的,如价值观念、思维习惯、行为方式、民族性格,通过潜移默化的内化过程沉淀于潜意识底层。

文化的承袭性使文化具有相当的稳定性,今天,旅游者能够领略不同地域千差万别的文化景观,就有赖于文化的这种特性。实际上我们民族的价值观念、思维习惯、行为方式和情感模式的承袭性,不仅在于沿袭,更重要的在于变化和演进。比如我们把我国的历史文化分为原始文化、农业文化和现代文化三个阶段,分别代表原始社会、传统社会和工业社会的特征,这种文化的变化和演进在旅游过程中是随时可以感受到的。

3. 交融性

是指不同文化系统之间的冲突、交流和融合。古今中外,由于各地文化发展的不均衡,文化的交流冲突从未中断。

历史上,中原定居农业文化与北方游牧民族文化冲突不断。中原农耕人在长达两千多年的时间里,历尽艰辛,耗费巨大人力、物力、财力,修筑起万里长城,创造出人类文明史上的一大奇迹。汉、唐、明是中原地区与西域文化交流的繁荣时期,尤以唐朝为盛。当时的绘画、歌舞、服饰、器具大多带有西域文化的风尚。唐时,胡舞龟兹曲风靡长安,"洛阳家家学胡乐",少数民族乐器也多有传入内地,并且沿用至今。

中国文化不仅在内部各族的相互融汇、相互渗透中得到发展,而且在与外部世界的接触中,先后收容了中亚游牧文化、波斯文化、印度佛教文化、阿拉伯文化以及欧洲文化。文化交流促进了洲际、国际、族际间的文化认知,并以此为基础进行新的文化创造,使整个文化机体保持旺盛的生命力,同时还给后人留下数量巨大、价值极高的文化遗存。

四、中国旅游文化的特征

受中国文化的发展历程及其特性影响,中国旅游文化的特色十分鲜明,表现为历史悠久、生命力强、积淀深厚三个方面。

1. 中国旅游文化历史悠久,源远流长

华夏5000年文明,从茹毛饮血的原始社会历经漫长的奴隶社会、封建社会、近代社会,进入现在的工业社会,每一次朝代的更迭、政权的转换,都是推动文明发展的历史车轮,并留下了大量的文化遗产。中华文化汗漫似海,累积层叠,灿烂辉煌,是民族发展的无穷滋养和动力,是永恒的精神长城。历史文化是无价的,而辉煌灿烂的历史文化更是后人难以逾越的高峰。

2. 中国文化具有强大的生命力

在世界文化的历史舞台上,出现过许多优秀的文化体系。英国史学家汤因比指出,在近6000年的人类历史上,出现过26个文明形态,其中埃及文化、苏美尔文化、密诺斯文化、玛雅文化、安第斯文化、哈拉巴文化、中国文化被称为人类原生形态的"母文化",在它们之中,唯有中国文化历经数千年从未中断,延续至今。这种强大的生命力,与它的同化力、融合力、延续力等息息相关。

所谓同化力,是指外域文化进入中国后,大都逐步中国化,成为中国文化体系的重要构成部分。所谓融合力,是指中国文化并非单纯的汉民族文化,而是以汉民族文化为基础,吸收境内不同民族、不同地域的优质文化,形成内涵丰富、博大精深的中华文化。中国文化的同化力和融合力是在历史中形成的,它不是偶然的文化现象,而是一种文化生命力的表现。这种强大的同化力和融合力,是其无与伦比的生命延续力的内在基础。黑格尔在比较各个文明古国之后说:只有黄河、长江流过的那个中华帝国是世界上唯一持久的国家。

中国旅游文化与中国5000年文明史一样生生不息,其演进过程从未中断,而且借助自身强大的同化力、融合力和延续力,形成了独具东方神韵的旅游资源,为中国旅游事业的发展奠定了基础,提供了条件。

3. 中国旅游文化积淀深厚

在中国,古人类遗址、宫殿陵寝、王府民居、特色城镇、名人故居、村寨城堡、弄堂胡同、宗祠牌坊、石窟园林、亭台楼阁、桥梁水利、书院会馆、战争遗迹、碑塔寺观、壁画岩画、书法雕塑、歌舞音乐等历史文化遗迹比比皆是,极具旅游价值。中国文化在长期历史发展过程中,不仅创造了辉煌灿烂的物质文化,还创造出能够指导中华民族不断前进的精神文化。这种精神文化体现了中华民族特有的思想观念、价值体系、审美趋向、民族性格。无论是"天行健,君子以自强不息"的刚健有为精神,"地势坤,君子以厚德载物"的宽容大度气概,还是强调人与自然相统一,人的行为与自然相协调,道德理性与自然理性相一致的"天人合一"观念,"民为贵,社稷次之,君为轻"的民为邦本思想,都是人类思想体系中的宝贵遗产,具有强烈而积极的精神激励功能,激励人们尊重人的价值和尊严,激励人们自觉地维护社会的整体利益,激励人们形成强烈的趋善求治的价值取向。这些精神文化同样对旅游者具有十分强大的感召力。

五、旅游文化与中国旅游业

文化与旅游关系紧密,不可分割。旅游文化是中国旅游业发展的基石,是中国旅游业和谐、健康、可持续发展的根本保障。

(一)文化在旅游业中的地位和作用

1. 文化是旅游资源的基本内涵

无论人文旅游资源还是自然旅游资源,其魅力均在于文化内涵。人文旅游资源包括物化的文物古迹、无形的民族风情以及不同时期的社会风尚,无疑都属于文化范畴,是一个民族、一个地区的文化积淀,反映了特定时期的文化风貌。自然旅游资源种类繁多,包括自然环境、自然要素、自然物质、自然现象等。人类对历代名山胜水进行了文化建设,使其从客观的物理世界转变为人类的审美对象,不仅具有形式美,还具有文化美。名人足迹、诗词、歌赋、游记、题咏、碑刻等,将山水等自然景观打上了深深的文化烙印。泰山的摩崖造刻、杭州的苏公堤、四川的都江堰都是具有永恒文化价值的旅游资源。山水美是思维的人类社会特有的概念,自然旅游资源同样具有文化性。

2. 文化是旅游产品的根本特性

一次旅游活动的全部经历,包括景区景点、交通、住宿、餐饮等服务通称为旅游产品。美的享受,精神的升华,文化的体验,这是旅游者最根本的追求与向往。离开了文化与审美,又何谈旅游。旅游者迥异于一般商品的消费者,他是文化消费者和审美消费者,购买的旅游产品必须是文化产品。换言之,旅游业生产销售的核心产品必须是拥有深刻文化内涵的产品。因此,旅游业开发景区要注重文化内涵,强调文化品位,走旅游开发与文化产业相结合的道路。

3. 文化是旅游从业人员的基本素养

旅游业在本质上是一种以人为导向的服务性行业,全体从业人员首先必须形成"宾客至上"的共同价值观念,提供相应的优质服务,满足旅游者的合理需求。为此,旅游管理人员与服务人员为旅游者这类文化消费者提供服务时,必须提高自己的文化素养与审美修养,如在礼仪上,要注意仪表整洁,穿着得体,谈吐文雅,举止大方。旅游接待人员的总体仪表美恰似一尊动态的雕像,直接影响着旅游者的审美感受和体验。典雅端庄的仪表是无声的语言,是精神世界和气质风度的外化,会给游客的旅游审美活动创造一种积极而愉快的前奏,而且作为"民间大使",旅游从业人员的仪表美还具有社会意义,它折射出本民族的文化素养和精神文明发展水平。

再如旅游从业人员还应提供个性化的服务和微笑服务,"微微一笑不费力,可产生无穷魅力,受惠者变得富有,给予者不会致穷,微笑转瞬即逝,却留下永久的回忆。"这种明朗、甜美、自然的微笑作为一种特殊的体语形式,对游客起着积极的情绪诱导作用,它有助于创造出温暖和煦的友好气氛,使游客产生心理上的亲近感和认同感,有益于积累或形成旅游业的最终产品即"美好的回忆"。此外,旅游从业人员还应精通专业技能,具备广博的知识,特别是历史、文化、宗教、民俗、心理、禁忌、文学、艺术等人文学科的丰厚知识,有针对性地拓宽自己的国际文化视野,以便提高旅游接待工作的有效性。

(二)旅游文化与旅游可持续发展

1. 可持续发展

作为一种全新的发展模式,可持续发展指"既满足当代人需求又不危及后代人满足其需求的发展"。

它是人口、经济、社会、资源以及环境的协调发展,既要达到发展经济的目的,又要保护人类赖以生存的自然资源和环境,使我们的子孙后代能够永续发展和安居乐业。

2. 旅游可持续发展

随着可持续发展这一新观念在全世界范围内受到广泛关注,旅游可持续发展也日益成为各界频繁讨论的论题。

旅游可持续发展是指在维持文化完整、保护生态环境的同时,满足人们对经济、社会和审美的要求。它能为今天的主人和客人们提供生计,又能保护和增进后代人的利益并为其提供同样的机会。

1990年在加拿大温哥华召开的全球可持续发展大会上,对旅游业可持续发展提出五项指标:

增进人们对旅游所产生的环境效应和经济效应的理解,强化其生态意识;促进旅游的公平发展;改善旅游接待地的生活质量;向旅游者提供高质量的旅游经历;保护未来旅游开发赖以生存的环境质量。

旅游业可持续发展的核心目标是在为旅游者提供高质量的旅游环境的同时,改善当地居民的生活水平,并在发展过程中保持和增强环境、社会和经济未来的发展机会。旅游业的可持续发展要使四方受益,即旅游者、当地百姓、未来的旅游者以及未来的当地居民,涉及同代人不同利益群体之间、同一利益群体代际之间和不同利益群体代际之间的公平问题。

(三)旅游文化与旅游可持续发展

旅游业能否可持续发展,关键还在于对它的内涵——文化的认识和保护。

1. 文化是旅游的本质,旅游活动本质上是一种文化活动

随着城市化、工业化以及科学技术水平的迅速发展,旅游日益成为人们的一种生活方式,而且是一种意识性、对象性很强的乐生活动。人们暂时离开现实生活,进入另一个时空环境,感受迥异于常规空间的别样文化,追求文化享受与精神的升华。从这个角度可以说,文化是旅游业的基石,是旅游业可持续发展的根本保证。旅游业能否可持续发展,在一定程度上依赖于对旅游文化与旅游经济关系的认识。任何一种经济活动不能仅仅从追求财富增加这一狭义的目标上考虑,它应当有助于社会的和谐发展,有助于社会中每个个体的全面发展。旅游业固然是一个经济性产业,通过对旅游活动的促进和向游客提供服务而获取收益。然而,需要指出的是,旅游活动的本质是文化性,出游的目的是增加社会阅历,开阔眼界,增长见识,基于此,旅游业更是物质生产与精神生产的结合部,是将两者完整结合在一起的综合性产业。

2. 保持旅游地社会文化风貌的独特性

保持旅游地社会文化风貌的独特性是旅游可持续发展的重要源泉与保障文化构成社会的人文环境,也可以称为"文化生态环境"或"文态环境"。旅游业的可持续发展必须建立在旅游地社会文化良性发展的基础之上。旅游从根本上说是一种文化精神的享受,良好的居民素质和社会风尚都是宝贵的无形的旅游资源,能对游客产生极大的吸引力。然而,我们应该承认,如同世界旅游组织所指出的那样,旅游业在世界各地的发展对于接待地社会文化的影响"总体上是积极的",但是,旅游对接待地社会文化的消极影响也是客观存在、不容忽视的。如由于旅游者乱涂乱画等不检点的行为,照相机的闪光灯,数以百万计旅游者的汗水、呼吸和踩踏,接待地的历史文化遗产遭受到不同程度的破坏;为了迎合旅游者猎奇的需求,接待地固有文化被舞台化、商品化和庸俗化,失去其本真面目,等等,因此,必须对旅游的社会文化效应给以高度重视,并对旅游地进行适当合理的文化调试,以保证其文化环境免遭污染和破坏,影响旅游业的可持续发展。

3. 旅游业的发展依赖于旅游资源

旅游资源作为旅游经济活动中的一个生产要素,我们必须认识到它的有限性和脆弱性。自然旅游资源无论是大自然鬼斧神工的创造,还是内含人类劳动和智慧的半自然景观,都不再是可以任意无偿使用的资源,对它们的利用一定要考虑到它的再生能力;人文旅游资源具有垄断性、不可复制性,对它同样要采取"只取利息,不动底本"的消费方式,以保证后人对这些历史文化遗产的继承和使用不受侵害。对这类文化性很强的旅游资源不合理的开发和使用,带来的成本支出将是无穷的,也必将是永远的负效益。因此,开发不可再生的历史文化资源时,必须本着"保护第一"的原则,杜绝过度开发和掠夺性的破坏开发,适度开发旅游产品,保持资源的文化特性。

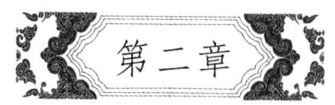

中国历史文化

第一节 中国历史概述

中国历史悠久,文化灿烂辉煌,是世界四大文明古国之一。中华民族是世界文明古国中唯一没有中断历史文化的民族,其所创造的科技文化在世界上持续领先了近2 000年,为人类文明的进步做出了巨大贡献;炎黄子孙辛勤耕耘,努力创新,描绘出了波澜壮阔的画卷,汇集成了浩浩荡荡的历史长河。

一、原始社会时期

原始社会是人类的第一个社会形态。迄今所知,我国的原始社会约有100万年的历史,经历了血缘家族和氏族公社两个发展阶段。

我国有分布广泛、内容丰富的人类化石和文化遗址,它证明黄河流域和长江流域都是我国远古文化的发源地。从猿到人的进化过程可分为三个阶段:"正在形成中的人"、早期智人和晚期智人。

中国的祖先目前最早可追溯到距今约170万年前的云南元谋人,在其活动过的地方发掘出旧石器带有人工痕迹的动物骨片和用火的灰烬。距今约80万年的蓝田人以及距今70万~20万年的北京人,都是直立猿人的著名代表。距今20万~10万年时,出现了早期智人(古人),之后出现了晚期智人(新人)。

距今约1.8万年的北京山顶洞人进入了氏族公社阶段,掌握了较前人先进的工具——骨针,并且学会了人工取火,支配自然的力量大大前进了一步。距今约六七千年前,中国辽阔的大地上散布着大大小小的氏族部落,人类开始进入母系氏族公社阶段,如目前发现的仰韶文化、马家窑文化、河姆渡文化等,都是母系氏族繁荣时期的见证。距今约五千年前,黄河、长江流域的氏族部落先后进入父系氏族公社阶段。这一时期氏族部落的文化遗存主要有河南龙山文化、江苏青莲岗文化、浙江良渚文化、山东大汶口文化等,而中国古代传说中的女娲、伏羲、神农被称为"三皇";炎帝、黄帝、尧、舜、禹被称为"五帝"。黄帝和炎帝部落是后来华夏族的主干部分,因此,他们被尊奉为华夏民族的祖先,其后代被称为"炎黄子孙"。尧、舜、禹的时代处于我国原始社会向奴隶社会过渡的时期,他们通过部落联盟民主推选(即"禅让")的方式担任首领。

原始社会,浙江余姚河姆渡氏族是长江流域母系氏族公社的一个典型,首开世界种植水稻之先河;西安半坡氏族是黄河流域母系氏族公社仰韶文化的一个典型,他们已经学会制作精美的彩陶,上面刻画的符号可能是中国原始文字的萌芽。

二、夏商周奴隶社会时期

禹是"禅让"制度下产生的最后一个部落联盟首领。禹因治水有功而威望大增,势力范围不断扩大。禹把全国划为"九州",并铸造象征最高权力的"九鼎"。约公元前2070年,禹建立了我国历史上第一个国家——夏朝,定都阳城(一般认为是今河南登封)。禹死后,他的儿子启继承父位,"禅让制"被"世袭制"替代,标志着"天下为公,选贤与能"的"大同"社会进入了"天下为家""家天下"的历史,夏是我国历史上第一个奴隶制国家。

夏朝末年,各种社会矛盾更加尖锐起来。相传公元前17世纪,桀作为夏朝的最后一个王,更加暴虐,致使各部落进一步离心。公元前17世纪,成汤在鸣条(今山西运城)打败夏桀,夏亡。成汤建商,定都于亳,盘庚继位,把都城迁至殷(今河南安阳小屯村)。商朝位于黄河流域,是中国第一个真正意义上的王朝,由世袭贵族阶级统治。商朝的奴隶制经济得到空前发展,青铜铸造业是最重要的手工业部门,湖南宁乡发现的四羊方尊是一件精美的艺术品;河南安阳出土的司母戊大方鼎重875千克,是迄今发现的世界上最大的古代青铜器;商代沿用夏代历法,有世界上最早的关于日食的记录;商代的文字已经定型,因刻在龟甲和兽骨上,故叫甲骨文,是当时世界上的进步文字,并由此开始了中国有文字可考的历史。

周朝开始于公元前1045年,周武王率兵在牧野(今河南汲县北)大败商纣,建立周朝,定都镐京,史称"西周"。周朝直接控制中国北部的部分地区,将整个王国划分为多个领地。每个领地由一位地方统治者统治,并实行中央集权制度。政治上,周朝通过实施推行分封制、宗法制和国野制(乡遂制)等制度,加强国家统治,形成了比商朝更加庞大的奴隶制国家;经济上沿袭夏商,推行"井田制",农业、手工业发展加快;公元前841年国人暴动,周公、召公共同执掌朝政,史称"共和执政",这一年是中国历史上有确切纪年的开始。文化上,西周的青铜器上刻有长篇铭文(又称钟鼎文、金文),具有很高的文献价值;《诗经》中有关于西周日食的记录,即公元前776年9月6日的日食记录,是我国历史上第一次有确切日期的日食记录。随着时间的推移,周朝的分封领地逐渐发展壮大起来,并纷纷开始独立,周朝的权力逐渐衰弱。公元前770年,周王室内部发生了激烈的斗争,犬戎乘虚而入,攻破镐京,西周结束。周平王迁都洛邑,东周开始。

三、由奴隶社会向封建社会过渡的春秋战国时期

东周分为春秋和战国两个时期,是我国奴隶社会逐步解体、封建制度孕育的变革时期。春秋时期始于公元前770年,止于公元前476年,因鲁国编年史《春秋》而得名。战国时期始于公元前475年,止于公元前221年,因战乱纷繁而得名。春秋时期,周王室衰

微,诸侯国兴起,出现了"春秋五霸",即齐桓公、宋襄公、晋文公、秦穆公、楚庄王。"春秋无义战",但它为统一创造了条件,促进了民族融合,为后来汉族的形成奠定了基础。战国时期,有"战国七雄"即齐、楚、燕、韩、赵、魏、秦。

公元前594年,鲁国实行"初税亩",客观上承认土地私有,促使了井田制的瓦解和封建生产关系的出现。新兴的地主阶级为了进一步打击奴隶主贵族势力,发展封建制,纷纷开展变法运动,各诸侯国先后建立了封建集权制国家。

春秋战国时期,因铁器和牛耕的出现,社会生产力显著提高,农业和工商业得到发展;水利事业蓬勃发展,著名的有邗沟、郑国渠、都江堰等;春秋后期开始用木炭做冶炼燃料,用皮囊鼓风,提高了炉温,使铁的生产工艺有了较大改进;封建经济的迅速发展,为学术文化的繁荣提供了物质条件。战国时期出现了"百家争鸣"的局面,主要有儒家、道家、法家、兵家和墨家等学派。儒家学派的代表人物是孔子、孟子和荀子。孔子提出"仁"的学说,创立了儒家学派,被誉为"圣人";孟子主张"王道""仁政",被誉为"亚圣";荀子是古代朴素唯物主义思想家;老子创立了道家学派,具有朴素的辩证思想,道家学派的代表人物是庄子,代表作是《庄子》;法家的代表人物是韩非子,主张"法治";兵家代表的人物是孙膑,著有《孙膑兵法》;墨家的创始人是墨子,主张"兼爱""非攻"。此时期,在科学技术和文学艺术方面也取得了很大的成就,《春秋》中留下了关于哈雷彗星的最早记录;甘德和石申的《甘石星经》是世界上最早的天文学著作;《诗经》是中国最早的一部诗歌总集;医学方面,扁鹊总结了望、闻、问、切"四诊法";建筑方面,鲁班被后代工匠尊为"祖师爷"。

四、秦至鸦片战争时期的封建社会时期

周灭亡后,七个独立的诸侯国为控制中国而相互征战。秦国最终击败其对手而建立起了强大的独裁帝国。公元前221年,秦统一六国,定都咸阳。秦是我国历史上第一个统一的、多民族的中央集权制国家。秦始皇废除了各个诸侯国并建立起了强大的中央管理机构,实施残暴的统治、有效的管理和严苛的法律:政治上建"皇帝制",确立中央和地方行政机构(设三公九卿和郡县制);经济上统一度量衡和货币;文化上统一文字,焚书坑儒以加强思想控制;军事上修筑长城。

公元前206年,秦朝灭亡,步入两汉时期:前汉(从公元前206年延续到公元8年)和后汉(从公元25年延续到公元220年)。中国人现在仍称自己为"汉人"。

西汉初期已经出现纸,表明我国是世界上最早发明纸的国家;西汉编定的《黄帝内经》是我国现存最早的一部医书;东汉蔡伦改进造纸术,对中国和世界文化的发展做出了卓越的贡献;东汉张衡创制了世界上最早利用水力转动的浑天仪,发明了世界上最早的测定地震方位的地动仪;东汉《神农本草经》是我国第一部完整的药物学著作;华佗发明"麻沸散"是世界医学史上的创举;西汉历史学家司马迁写成了中国第一部纪传体通史巨著《史记》。

东汉末年,即公元220年前后,由于黄巾起义的打击,东汉的政权急剧衰落,各地的割据势力逐渐脱离中央而雄霸一方,三国鼎立就是在这种形势下形成的。

西晋始于公元265年,西晋取代曹魏后,三国逐渐走向了统一,最后,孙吴被灭,自东汉以来长期分裂的局面终于结束。西晋的经济发展很快,文化程度也很高,史学名著《三国志》就是由西晋时的陈寿所著。

东晋王朝建立在公元317年。西晋灭亡以后,晋武帝在建康重建晋政权,史称东晋。东晋王朝是由西晋王室后裔司马睿在南方建立起来的小朝廷,虽然东晋作为一个朝代写进中国的古代史,但事实上东晋的统治范围仅限于江南的半壁河山,在此期间,中国北方一直由赵、前秦等外族统治者控制,并且这种局面一直持续了近三百年之长。当东晋在江南建国的同时,中国的北方则为鲜卑、羌等少数民族控制着,在历史称之为"五胡十六国"。由于少数民族的入主中原,使他们更多地接触到华夏文化,使之与汉民族逐渐发展为同一生活习惯的民族。

东晋自晋元帝司马睿建国共历11帝,前后103年。在此期间,中国一直处于分裂状态,而且到东晋灭亡之后,这种状态一直未能得到改变,随之到来的是另一个分裂时期——南北朝时期。在这个时期,南方先后出现宋、齐、梁、陈四朝,北方也先后产生了北魏、东魏、西魏、北齐和北周几个政权。在南朝,门阀士族开始衰落,寒门地主势力崛起,掌握了政治军事大权。宋、齐、梁、陈四朝存在的时间都较短,而上层既昏庸无能,其内部矛盾又相当激烈,于是,国势日趋颓废。自魏、晋、南北朝之后,中原北方大体已形成以汉族为主、其他少数民族混居的人口构成模式,使中国正式成为具有相似生活习惯的多民族国家。

北魏农学家贾思勰的《齐民要术》是我国现存最早、最完整的农书;郦道元所著《水经注》成为流传后世的经典之作。此外,南北朝时期,有一门新兴的宗教,迅速传播和发展起来,这就是从汉代时就开始传入中国的佛教,在中华文明史上,占重要地位的佛教,正是在北魏前后奠定了基础。北魏时,随着佛教的传播发展,佛像、壁画、石窟、寺院等也得到了空前的发展,故而有许多庙宇及石窟造像流传于世,其中敦煌千佛洞、云冈石窟、龙门石窟、麦积山石窟成为我国造像艺术宝库之中的瑰宝。

隋朝存在于581—618年间。从581年隋文帝杨坚建立隋朝起,到618年隋炀帝杨广被绞杀为止,共存在37年,是一个典型的短命王朝。隋朝的历史地位非常重要,唐朝的许多制度都是在隋朝时确立的。隋朝开凿的大运河对当时南北经济交流起了巨大的作用;李春设计的赵州桥(安济桥)是现存世界上最古老的石拱桥。

唐朝由李渊建立于618年,结束于907年,历经20位皇帝,是世界公认的中国最强盛的时代之一。都城长安是世界上最大的城市,人口达到100万以上。长安是著名的文化中心,吸引着世界各地的学者、艺术家、商人和外交家。一代盛世的唐朝是中国历史上的重要朝代之一,在政治、经济、军事、文化、中外关系等各个方面都取得了辉煌的成就。唐政府组织编写的《新修本草》(俗称《唐本草》)是世界上第一部由国家编定颁布的药典,比欧洲早800多年。唐朝文学中,成就最为辉煌的是唐诗,出现了初唐四杰和王维、孟浩然、李商隐、李白、杜甫、白居易等著名诗人。在书法、音乐、舞蹈等各方面均取得发展,唐三彩精致细腻,活灵活现,光彩和谐,是世界上享有盛名的雕塑品。

宋朝从960年宋太祖赵匡胤陈桥兵变建立,到1279年被元朝灭亡,共存着了319年。宋朝分为两个阶段:北宋是和辽、夏、金对峙时期,而南宋则是偏安衰亡时期。宋朝时,我国是世界上造船水平最先进的国家,船上已经安装了指南针;北宋著名建筑师李诫写的《营造法式》是世界上最早、最完备的建筑学著作。

元代建立于1271年,灭亡于1368年,前后共97年。元朝结束了自唐灭亡以来长达300多年的大分裂,实现了中国的大统一,这为之后明清的长期统一奠定了基础。这个时期各民族间的经济与文化交流得到更大发展,回族即形成于元代。元代的地域宽广,奠定了我国疆域雏形。

明朝建立于1368年,1644年被清朝灭亡。前后经历267年,16个皇帝。明朝的封建中央集权制度到达极高的水平,经济也迅速恢复,艺术和文化再次进入一段繁荣期。

明代李时珍的《本草纲目》是当时世界上内容最丰富、考订最详细的药物学著作;徐弘祖是著名的学者和旅行家,著有《徐霞客游记》,是世界上第一个研究岩溶地貌的人;明代罗贯中的《三国演义》是我国现存最早的一部长篇历史小说;明代施耐庵的《水浒传》是我国现存第一部以农民起义为题材的长篇小说;明代吴承恩的《西游记》是我国最杰出的浪漫主义长篇神话小说;明代兰陵笑笑生的《金瓶梅》是我国现存第一部文人创作的长篇小说。

清代是中国第二次处于少数民族的统治之下的朝代,满族人成功入关并于1644年建立了清朝。满族人接受了汉族文化的方方面面,基本仿照明朝建立政治体制,在康熙、雍正和乾隆时期是全盛期,又叫康乾盛世。在此期间,台湾统一,康熙平定了准噶尔部上层叛乱,中国疆域宽广而趋于稳定。1912年,清朝的灭亡宣告了中国封建制度的终结。

清代的《古今图书集成》是我国现存规模最大的类书;清代曹雪芹的《红楼梦》是我国古代长篇白话小说的高峰;清代蒲松龄的《聊斋志异》达到了我国古代文言文小说的高峰;清代的《四库全书》是当时我国也是世界上规模最大的一部丛书。

五、鸦片战争至五四运动时期

以1840年鸦片战争为标志,中国历史进入了半殖民地半封建社会时代,这一时代包括旧民主主义革命和新民主主义革命两个时期。

鸦片战争是英国资产阶级为了维护鸦片贸易而对中国发动的侵略战争。1840年,英国以林则徐禁烟为借口,发动了第一次鸦片战争,战败后的清政府与英国签订了《南京条约》,这是中国近代史上第一个不平等、丧权辱国的条约,从此中国一步步沦为半殖民地半封建社会。

为了稳定封建统治的地位,清王朝内部也出现了"自强""求富"的洋务运动,采用西方资本主义国家的技术,创办新式军事工业、民用工业,建立新式的海军和陆军等。清王朝在中日甲午战争中失败后,光绪皇帝也任用康有为、梁启超等人于1898年进行变法"维新",但由于封建顽固派的阻挠,"百日维新"很快失败。19世纪70年代以后,一部分官员、地主、商人投资开办资本主义近代企业,民族资产阶级产生并很快登上历史舞台。

中国反对帝国主义、封建主义的资产阶级民主革命从严格意义上讲是从孙中山开始的。孙中山建立了中国同盟会,提出了"民族、民权、民生"的三民主义,要求建立资产阶级共和国。1912年,中华民国成立,清朝统治宣告结束,在中国长达2000年之久的封建社会也宣告结束。袁世凯窃取了辛亥革命的胜利果实,开始了北洋军阀的统治,在其死后,各派军阀在各帝国主义国家的扶植下互相争权夺利,相互混战。

20世纪初的学术文化是以资产阶级民主革命思潮为主的。1905年,清政府废除科举制,全国兴办新学;孙中山提出的三民主义成为资产阶级领导的旧民主主义革命的政治理论纲领;1915年,陈独秀在上海创办《新青年》杂志,成为新文化运动的发端;新文化运动中,一些激进的知识分子如陈独秀、李大钊等开始广泛传播马克思主义,为五四运动作了思想先导,为马克思列宁主义在中国的传播开辟了道路;1919年的五四运动,标志着资产阶级领导的旧民主主义的终结和无产阶级领导的新民主主义革命的开始。

这一时期中国的科技文化大大落后于西方,但一些有识之士仍在为中华民族的前进进行着不懈的努力。李善兰是中国近代杰出的数学家、翻译家;徐寿、华衡芳制造了中国第一台蒸汽机和"黄鹄号"木壳船;詹天佑设计并亲自督建了中国第一条铁路干线——京张铁路;冯如于1910年制成具有相当于世界先进水平的飞机;严复翻译的《天演论》影响巨大,康有为称他"译《天演论》为中国西学第一者也"。

六、新民主主义革命时期

从五四运动开始,中国转入新民主主义革命时期。1921年中国共产党成立,1924年中国共产党和孙中山领导的国民党实现了第一次国共合作。1927年,中国共产党举行南昌起义,随后又发动秋收起义、广州起义等,并开始创建井冈山革命根据地和许多其他革命根据地。1931年日本侵占中国东北,发动"九一八"事变,蒋介石的不抵抗政策使东北人民饱受煎熬。1934年,在第五次反围剿失败后,中国工农红军被迫进行长征。1935年"遵义会议"确定了以毛泽东为代表的中央的正确领导,经过二万五千里长征,中共中央和中央红军于1935年到达陕北。1936年"西安事变",蒋介石被迫接受了停止内战、联共抗日的条件。1937年7月,"卢沟桥事变",国共两党实现了第二次合作,抗日战争正式开始。经过8年抗战,1945年,日本宣布无条件投降,抗日战争结束。1945年8月,国共两党就和平建国等问题在重庆进行谈判。然而,国民党背信弃义,于1946年6月向解放区发动进攻,内战全面爆发,经过3年的战争,中国共产党取得了辽沈、淮海、平津三大战役的胜利。1949年,中国人民解放军百万大军渡过长江,攻克南京。1949年10月1日,中华人民共和国在北京宣告成立,毛泽东担任中央人民政府主席,从此,中国的新民主主义革命时期结束,转入社会主义革命时期。

新民主主义革命时期,中国的改革与科技进一步前进:李四光创建了一门新的地质学科——地质力学;竺可桢在20世纪20年代主办起了我国第一个气象研究所;茅以升设计了我国第一座现代化大桥——钱塘江大桥;侯德榜发明了联合制碱法(侯氏制碱法);蔡元培、陶行知是著名的教育家。文化方面:鲁迅的代表作有《狂人日记》《孔乙己》《阿Q正传》等;郭沫若的代表作有《屈原》等;茅盾的代表作有《子夜》《林家铺子》等;巴金的代表作有《家》《春》《秋》等;老舍的代表作有《骆驼祥子》《四世同堂》《茶馆》等;曹禺的代表作有《日出》《雷雨》等。著名的音乐家有:聂耳和冼星海,代表作分别为《义勇军进行曲》和《黄河大合唱》;著名的画家有徐悲鸿、张大千、齐白石等;1905年,我国第一部电影

《定军山》问世。

中国历代纪年表见表2-1。

表2-1 中国历代纪年表

朝代		起讫	都城	今地
夏		约前2070—前1600	安邑	山西夏县
			阳翟	河南禹县
商		前1600—前1046	亳	河南商丘
			殷	河南安阳
周	西周	前1046—前771	镐京	陕西西安
	东周	前770—前256	洛邑	河南洛阳
秦		前221—前206	咸阳	陕西咸阳
汉	西汉	前206—公元25	长安	陕西西安
	东汉	25—220	洛阳	河南洛阳
三国	魏	220—265	洛阳	河南洛阳
	蜀汉	221—263	成都	四川成都
	吴	222—280	建业	江苏南京
西晋		265—317	洛阳	河南洛阳
东晋十六国	东晋	317—420	建康	江苏南京
	十六国	304—439	—	—
南朝	宋	420—479	建康	江苏南京
	齐	479—502	建康	江苏南京
	梁	502—557	建康	江苏南京
	陈	557—589	建康	江苏南京
北朝	北魏	386—534	平城	山西大同
			洛阳	河南洛阳
	东魏	534—550	邺	河北临漳
	北齐	550—577	邺	河北临漳
	西魏	535—556	长安	陕西西安
	北周	557—581	长安	陕西西安

续表 2-1

朝代		起讫	都城	今地
隋		581—618	大兴	陕西西安
唐		618—907	长安	陕西西安
五代十国	后梁	907—923	汴	河南开封
	后唐	923—936	洛阳	河南洛阳
	后晋	936—947	汴	河南开封
	后汉	947—950	汴	河南开封
	后周	951—960	汴	河南开封
	十国	902—979	—	—
宋	北宋	960—1127	开封	河南开封
	南宋	1127—1279	临安	浙江杭州
辽		907—1125	皇都（上京）	辽宁巴林右旗
西夏		1038—1227	兴庆府	宁夏银川
金		1115—1234	会宁	阿城（黑龙江）
			中都	北京
			开封	河南开封
元		1206—1368	大都	北京
明		1368—1644	北京	北京
清		1616—1911	北京	北京
中华民国		1912—1949	南京	江苏南京

中华人民共和国1949年10月1日成立，首都北京

第二节　中国历史文化常识

一、国号名称的主要来由

中国历史悠久，朝代更迭纷繁，每朝创建者的首要任务就是确立国号（朝代名称），即一个国家的称号。名正则言顺，确立国号，则代表一个新的王朝从此诞生。《史记·五帝本纪》曰："自黄帝至舜禹，皆同姓而异其国号，以章明德。"一般来说，国号的创建有以下几个来由：根据原来的部族、部落联盟的名称定国名，如商、周（武王）、秦；根据发迹地定

国名,如汉(西汉)、宋(赵匡胤为归德军节度使,治所在宋城,今河南商丘);根据创建者原有封号、爵位定国名,如晋、隋、唐、魏;根据吉祥文义定国名,如元;以建立者的姓氏定国名,如陈(南朝为陈霸先创立);以社会上流传的口号定国名,如明("弥勒降生,明王出世");以同音通假定国名,如清(同"后金"之"金");根据政权所在地定国名,如蜀、吴。

二、帝王、皇族、皇戚称谓

1. 后、王、天子

奴隶社会中最高统治者可称"后""王""天子"。"后""王"的称谓源自原始社会。夏、商、周三代最高统治者都称为"王",而"天子"一称在西周时出现。但周王室衰微后,诸侯国君主也有称"王"的,如楚庄王。战国时各大诸侯国的君主均称"王"。汉代开始,分封的诸侯称"王",也有封爵称"王"的。

2. 皇帝

秦王嬴政认为自己"德兼三皇,功高五帝",把"皇"和"帝"连起来始称"皇帝",为封建社会中历代君主所沿用。"皇帝"也简称为"皇"或"帝",如"唐明皇""汉武帝"。

3. 太皇太后、皇太后、皇后、嫔妃

太皇太后:皇帝的祖母。

皇太后:皇帝的母亲。

皇后:皇帝的正妻。

嫔妃:皇帝诸妾通称,有美人、贵人、才人、昭仪、婕妤、贵妃、贵嫔等称号。

4. 皇太子、皇太孙

皇太子:皇帝诸子中皇位的法定继承人,也称为"太子"。

皇太孙:由皇帝册立的有皇位继承权之嗣孙。

5. 公主、驸马

公主:古代对帝王之女的称谓。周朝王子之女称王姬、天姬、帝姬。战国时,诸侯之女称为公主或君主。战国以后,国君之女即称公主,历代沿之。汉朝以后定制规定:皇帝之女称公主,皇帝的姊妹册称长公主,皇帝之姑册称大长公主。元代诸王之女均改称公主。后代有所不同,有的以"长"指排行。清代公主封爵,凡中宫所生,封固伦公主;妃所生,封和硕公主;中宫抚养的宗室女下嫁,也封为和硕公主。历代朝廷以宗室女下嫁,也给予公主称号。

驸马:魏晋以后指皇帝的女婿,清代称"额驸"。公主择婿是封建帝王笼络勋臣世族、亲善"外藩"的重要手段。不是封以诸侯或出身名门望族、奇才伟雄者,不得娶公主。从南朝齐开始,《齐职仪》曰:凡尚公主者凡拜驸马都尉。所以,后来称皇帝女婿为驸马。

三、帝王的谥号、庙号、尊号、年号、陵号、全称

1. 谥号

古代对死去的帝王、大臣、贵族按其生平事迹评定后,给予褒贬或同情的称号。据记

载,西周开始有谥号,秦始皇时废除,西汉又恢复。谥号是一些固定的字,大致分为三类:属于表扬的有文、武、景、惠、烈、昭、穆、英、成、康等,如"经纬天地曰文""威强睿德曰武""布义行刚曰景""柔质慈民曰惠";属于贬义的有炀、厉、灵、幽等,如"好内远礼曰炀""杀戮无辜曰厉"等;属于表同情的有哀、怀、愍、悼等,如"恭仁短折曰哀"。谥号不独立使用,或与庙号结合,或为全称的组成部分。谥号按理应该是死者生前事迹和品德的概括,但在实际上选用谥号是出于统治者的需要,往往与事实不符,甚至是完全虚伪的。

战国时期以前,周王谥号均为一个字,战国时才出现两个字的谥号,如"周贞定王""周威烈王"的"贞定""威烈"等。谥号直至唐朝以前还是以一字居多,偶有两字。魏晋南北朝,各朝的第一二代皇帝多谥文、谥武,或在立国后追谥其父、祖为文、武。魏曹丕谥文帝,追谥其父曹操为武帝;晋司马炎谥武帝,追谥其父司马昭为文帝;隋杨坚谥文帝,追谥其父杨忠为武元皇帝;唐朝帝谥字数加多,此后很少再有用一字为谥者。唐德宗时,礼仪使颜真卿因当时帝王初谥字少,后字数加多,曾上言减字,认为"谥多不为褒,少不为贬",但未被采纳。唐帝谥最多的达 18 字,宋朝最多为 16 字,明朝最多为 21 字,清朝的多达 25 字,都以给谥不给谥作为尊重与否的标志,而且以谥字的多少表示褒誉的高低。

2. 庙号

帝王死后,其继承者立庙奉祀,追尊为"某祖""某宗"的名号即为庙号。汉代以后,其标识字首先是"祖"或"宗"字。一般每个朝代的第一个皇帝称"祖",如高祖、太祖、世祖。之后的嗣君称"宗",如太宗、高宗、中宗、世宗等。西汉仅刘邦称"祖"。南北朝开始,至唐朝无帝不称"宗"。明、清时前几个皇帝有都称"祖"的现象,如明太祖(朱元璋)、明成祖(朱棣)、清太祖(努尔哈赤)、清世祖(福临)、清圣祖(玄烨)等。"帝"字从汉代与谥号结合后,也成为庙号,如汉文帝、魏文帝、晋武帝等。

3. 尊号

封建社会对帝、后在生前或死后奉上的尊崇颂扬性的称号即为尊号,有时也称为徽号,如"太上皇""皇太后""高皇帝"(刘邦)等。

4. 年号

封建帝王即位后为纪年而设置的称号。年号始于西汉武帝即位之年的"建元"(公元前140年)。新君继位,于次年改用新年号,叫"改元"。一个皇帝在位期间,遇到重大事件如祥瑞灾异等,也常改元,如武则天在位期间,一共用了17个年号。年号一般用两个字,也有用四个字的,如"建武中元"(光武帝)、"万岁通天"(武则天)、"太平兴国"(宋太宗)等。明、清两代的皇帝除明英宗两次即位当皇帝用了两个年号外,其余的均用一个年号,所以人们以其年号来称呼在位的皇帝,如嘉靖皇帝、乾隆皇帝。

5. 陵号

封建帝王陵寝的名号叫陵号,始于西汉,如长陵、霸陵等。

6. 全称

即庙号、尊号、谥号的合称,如乾隆皇帝全称为"高宗法天隆运至诚先觉体元立极敷文奋武钦明孝慈神圣纯皇帝",其中"高宗"为庙号,"纯"为谥号,其余均为尊号。

四、天干、地支

天干和地支合称"干支"。干支按照一定的规则搭配,成为60对,称为"甲子"或"六十花甲子",周而复始,用以记录时辰、日、月、年。干支纪年法在中国古代一直使用,对于了解中国古代历史十分有帮助,非常容易推算历史时间,如黄巾起义口号为:"岁在甲子,天下大吉",由此可推断,黄巾起义年份为甲子年,则第二年是乙丑年。干支纪年法以60年一个周期类推,如1864年是农历甲子年,那么60年后的1924年,则循环到又一个农历甲子年。

天干:甲、乙、丙、丁、戊、己、庚、辛、壬、癸。

地支:子、丑、寅、卯、辰、巳、午、未、申、酉、戌、亥。

六十干支顺序如下:

甲子、乙丑、丙寅、丁卯、戊辰、己巳、庚午、辛未、壬申、癸酉、

甲戌、乙亥、丙子、丁丑、戊寅、己卯、庚辰、辛巳、壬午、癸未、

甲申、乙酉、丙戌、丁亥、戊子、己丑、庚寅、辛卯、壬辰、癸巳、

甲午、乙未、丙申、丁酉、戊戌、己亥、庚子、辛丑、壬寅、癸卯、

甲辰、乙巳、丙午、丁未、戊申、己酉、庚戌、辛亥、壬子、癸丑、

甲寅、乙卯、丙辰、丁巳、戊午、己未、庚申、辛酉、壬戌、癸亥。

五、年、月、日、辰及其记录方法

1. 年

年,原始的意义为庄稼收获一次。以地球环绕太阳运行一周天为一年,古人测365.25日为一太阳年。古代的纪年法有干支纪年法,还有用帝号和皇帝年号的方法:帝号纪年如"成王三年",皇帝年号纪年如"康熙六十年"。

2. 月

古代计算月亮绕地球与太阳一个"合朔"周期的时间为29.530 59日,叫一个月,有30日的大月,也有29日的小月,一般一年12个月,闰年13个月。

古代纪月也用干支。由于12个月与12地支相等,所以每月的地支是固定的。如果正月地支为寅,则二月为卯,三月为辰,其余依次下推,十一月为子,十二月为丑。再与天干相配成干支纪月。闰月不设独立的干支纪月。现在所说的"夏历",就是以正月为寅的。

古代把每月的第一日叫"朔",把最后一日叫"晦"。每月十五日(有时是十六日或十七日)叫"望"(太阳和月亮此升彼落,东西相望)。"望"的后一日叫"既望"。每月初三叫"朏"(月牙出现)。每月有"上弦"和"下弦",即月亮如弓弦。上弦指初七或初八,下弦指二十二日或二十三日。一个月又分为三部分,十天为一旬,共三旬,即上、中、下旬。

3. 日

古代以一昼夜为一日。纪日用干支在商代就实行了。因为两个月加起来是59天,

所以用干支纪日可依次下推,如正月初一是甲子,三月初一就是癸亥。

4. 辰

古代分一日为十二个辰,也叫时辰。纪辰用十二地支,每日 24 小时,每 2 小时为一个时辰。

表 2-1 时辰与现行时间的对应

时辰	现行时间	该时辰的其他古称
子	晚上 11 时至凌晨 1 时	子夜、中夜
丑	凌晨 1 时至凌晨 3 时	鸡鸣、荒鸡
寅	凌晨 3 时至早上 5 时	黎明、日旦
卯	早上 5 时至早上 7 时	日始、破晓
辰	早上 7 时至上午 9 时	食时、早食
巳	上午 9 时至上午 11 时	隅中、日禺
午	上午 11 时至下午 1 时	日中、日正
未	下午 1 时至下午 3 时	日跌、日央
申	下午 3 时至下午 5 时	日哺、夕时
酉	下午 5 时至下午 7 时	日入、日落
戌	晚上 7 时至晚上 9 时	黄昏、日暮
亥	晚上 9 时至晚上 11 时	人定、定昏

六、四时、节(气)

1. 四时

四时即春、夏、秋、冬四季,一季为三个月,有孟、仲、季等别称。

2. 节(气)

中国古代将每年日影最长定为"日至"(又称冬至),日影最短为"日短至"(又称夏至)。在春秋两季各有一天的昼夜时间长短相等,便定为"春分"和"秋分"。在商朝时只有这四个节气,到了周朝时发展到了八个,到秦汉年间,二十四节气已完全确立。二十四节气是我国古代人民为适应"天时""地利",在长期的农耕实践中,综合了天文与物候、农业气象的经验所创设,是我国劳动人民独创的文化遗产,能反映季节的变化,指导农事活动。由于 2000 年来,我国的主要政治活动中心多集中在黄河流域,二十四节气也就是以这一带的气候、物候为依据建立起来的。

二十四节气是:立春、雨水、惊蛰、春分、清明、谷雨、立夏、小满、芒种、夏至、小暑、大暑、立秋、处暑、白露、秋分、寒露、霜降、立冬、小雪、大雪、冬至、小寒、大寒。为便于记忆,人们编了一首"节气歌":

春雨惊春清谷天,
夏满芒夏暑相连,
秋处露秋寒霜降,
冬雪雪冬小大寒。

七、生肖

也称为十二属相。生肖发端于战国,东汉时已有明确记载。以十二地支配十二种动物构成:子鼠、丑牛、寅虎、卯兔、辰龙、巳蛇、午马、未羊、申猴、酉鸡、戌狗、亥猪。

八、阴阳、五行、八卦

1. 阴阳

相传天地形成之前,宇宙一片混沌,盘古开天辟地,将混沌一分为二,天为阳,地为阴,由此有了阴阳的概念。"阴阳"最早见于《易经》,原指向日为阳,背日为阴的日照向背,例如:男—女,阳—阴,刚—柔。一般来说,凡是剧烈运动着的、外向的、上升的、温热的、明亮的,都属于阳;相对静止着的、内守的、下降的、寒冷、晦暗的,都属于阴。后扩展引申到相互对立或消长的两种现象、事物、联系等,总结出一套阴阳相互作用的学说,以解析说明世上万事万物的产生和发展。

阴阳也可用来表示山水方位,如古代以山南、水北为阳,以山北、水南为阴,例如《登泰山记》中:"泰山之阳,汶水西流;其阴,济水东流。"在我国古代,雕刻在器物上的文字,文字凸起的叫阳文,文字凹下的叫阴文。

2. 五行

"五行"最早见于《尚书》,先于"阴阳"观念产生。"五行"代表了五种基本物质(金、木、水、火、土),同时也代表了事物的五种基本作用、功能、属性和效果。它们之间相互影响,形成"相克""相生"的关系,构成了万事万物的变化发展。根据五行学说,"木曰曲直",凡是具有生长、升发、条达舒畅等作用或性质的事物,均归属于木;"火曰炎上",凡具有温热、升腾作用的事物,均归属于火;"土爰稼穑",凡具有生化、承载、受纳作用的事物,均归属于土;"金曰从革",凡具有清洁、肃降、收敛等作用的事物则归属于金;"水曰润下",凡具有寒凉、滋润、向下运动的事物则归属于水。

五行相生:木生火,火生土,土生金,金生水,水生木。

五行相克(胜):水克火,火克金,金克木,木克土,土克水。

3. 八卦

《周易》中的八种符号,由阴爻(--)阳爻(—)变化而来,以此说明自然和社会的一种现象,"无极生太极,太极生两仪,两仪生四象,四象生八卦。"八卦由此而来。

九、四书五经、三纲五常

1. 四书五经

四书五经是四书和五经的合称,是中国儒家的经典书籍。在南宋著名理学家朱熹的《四书章句集注》中始有"四书"之名,即将《大学》《中庸》《论语》《孟子》合为四书,宋代所定。五经是汉武帝时定的《诗》《书》《礼》《易》《春秋》五部儒家经典的合称。四书五经都是科举考试必读书。

2. 三纲五常

三纲和五常的合称,简称"纲常":"三纲",即"君为臣纲""父为子纲""夫为妻纲";"五常",即仁、义、礼、智、信,是儒家封建伦理道德的规范化教条,对维护封建统治秩序起了巨大的作用。

十、科举考试

中国古代科举制度最早起源在隋代。隋统一全国后,把选拔管理的权力收归中央,用科举制来代替九品中正制。隋炀帝在大业三年开设进士科,用考试的办法来选取进士,在中国选举官吏上开创了新的一页,开创了科举制度。唐朝完善了科举制度,唐太宗继承并发展了科举制度,这是唐代最主要的选拔人才的制度。唐代的科举每年定期举行,常设的考试科目有秀才、明经、明法、明书、明算等,比隋代有所增加。贞观八年加试经史。进士科每年应举者少则八九百人,多则一二千人,而其中能及第者不过十余人以至三十人左右,录取比例不过百分之一二。"太宗皇帝真长策,赚得英雄尽白头"诗句形象的刻画出进士登第的难度。

进士及第称"登龙门",第一名曰状元,同榜人要凑钱举行庆贺活动,选出两名最年轻者当"探花郎",游遍长安的大街名园,采摘各种早春鲜花。中唐诗人孟郊《登科后》是唐诗写科举的名作,诗中称"春风得意马蹄疾,一日看尽长安花"。虽然孟郊于贞观十二年及第之时,已经四十六岁,当不上"探花郎",却也酣畅淋漓地抒发了他神采飞扬、喜形于色的情态。及第者还要集体到杏园参加宴会,叫探花宴。宴会以后,同到慈恩寺的雁塔下题名以显其荣耀,所以把中进士成为"雁塔题名"。白居易及第时,年方二十七岁,有诗云:"慈恩塔下题名处,十七人中最少年。"武则天长安二年(702年)还产生了武举,考试科目有马射、步射、马枪、负重等。

宋代的科举大体同唐代,只是重文轻武,在形式和内容上都有了重大的改革。宋开宝六年,宋太祖下诏主持殿试,从此殿试成为科举制度下的最高一级考试,而被录取的人则都成为"天子门生"。南宋以后,还要举行皇帝宣布登科进士名次的典礼,并赐宴于琼苑,故称"琼林宴",以后各代仿效成为定制。宋英宗治平三年,开始推行三年一开科场的制度,为后来的各朝隔代沿用。在元代的科举没落时期后,明朝科举制度达到鼎盛。明代统治者高度重视科举制度,进学校也成了科举的必由之路。科举制发展到清代,日趋没落,弊端也越来越多。随着封建社会的没落,科考内容脱离实际的弊端凸显,八股文作为科举考试的主要内容,越来越束缚了人们的思想。1905年,慈禧太后迫于形势,不得不下诏改革科举,宣布废除科举,自此在我国历时1 300多年的科举制度终结了,对中国历史影响巨大。

八股文是明清科举考试的一种文体,也称制艺、制义、时艺、时文、八比文。其体源于宋元的经义,而成于明成化以后,至清光绪末年始废。文章就四书取题:开始先揭示题旨,为"破题";接着承上文而加以阐发,叫"承题";然后开始议论,称"起讲";再后为"入手",为起讲后的入手之处。以下再分"起股""中股""后股"和"束股"四个段落,而每个段落中,都有两股排比对偶的文字,合共八股,故称八股文。其所论内容,都要根据宋朱熹《四书集注》等书"代圣人立说",不许作者自由发挥。

以明清科举考试为例,简介科举制度规则:

1. 院试

又称郡试、道试,每三年举行两次,由皇帝任命的朝廷官员到各地主考,是参加过县试、府试后的童生取得生员资格的考试。考中者称为"生员",俗称"秀才",才有资格"入泮"(进学)学习,算是有了"功名",进入士大夫阶层,有免除差徭,见知县时不用下跪,知县不可随意对其用刑等特权。

2. 乡试

每三年一次在各省省城举行的具有秀才身份的人参加的考试,是正式科考的第一关。取中者称"举人",已有做官的资格。乡试第一名称"解元"。

3. 会试

每三年一次会集各省举人在京城举行的考试,由礼部主持。会试考中的称"贡士"(或"中式进士")。会试第一名称"会元"(或"会魁")。

4. 殿试

亦称"廷试",是皇帝在殿廷亲自对会试考中的贡士所进行的面试。按成绩分为"三甲"(即三等):

一甲:三名,叫"赐进士及第"。第一名称"状元"(亦称"殿元"),第二名称"榜眼",第三名称"探花"。三人同称"三鼎甲"。

二甲:若干名,均叫"赐进士出身"。

三甲:若干名,均叫"赐同进士出身"。

如果某人在乡试、会试、殿试中均考取第一名(即解元、会元、状元),就叫"连中三元",是科举中最高的成就,但连中三元十分困难,史上人数并不多。

十一、避讳

"避讳"是我国封建社会特有的现象,就是不直接称君主或尊长的名字。目前,一般认为避讳起源于西周,秦汉以后,随着皇权和宗法制度的日益加强,避讳也日益严格。凡遇到和君长名字相同的字,用改字、缺笔、空字等办法来回避,如汉高祖名刘邦,汉代改《论语》中"何必去父母之邦"为"何必去父母之国";汉文帝名刘恒,"恒山"改为"常山";汉光武帝名刘秀,"秀才"改为"茂才";唐太宗名李世民,唐代把"观世音"改为"观音"。

清人著作或清刻古书中,因康熙皇帝名"玄烨","玄鸟、玄武、玄黄"等中的"玄"改为"元";"玄武门"改为"神武门";"玄武大帝"改为"真武大帝"。采用缺笔画避讳的,如唐代"世"字写作"卅"等。

每一朝代的皇帝之名是当时的"国讳"或"公讳"。孔丘之名唐后各代均避讳。长辈之名是全家的"家讳"或"私讳",即避父母和祖父母之名。

避讳始于周朝,行于秦汉,盛于隋唐,严于两宋,苛于清代,民国成立后废除。避讳给古代文献造成了一定的混乱,也给今天的阅读者造成诸多的不便。

第三章

中国民俗文化

第一节 民族民俗概论

中华民族有着悠久的历史。从遥远的古代起，中华各民族人民的祖先就劳动、生息、繁衍在我们祖国的土地上，共同为中华文明和建立统一的多民族国家而贡献自己的才智。祖国广阔、富饶的土地，是中华各族人民共同开发的，各民族祖先在各个地区，以他们辛勤的劳动，为统一的多民族国家的建立打下了基础。

一、民族和民俗的概念

(一) 民族

"民族"有狭义和广义的两种概念：狭义的民族概念，是指人们在一定的历史发展阶段形成的具有共同语言、共同地域、共同经济生活以及表现于共同的民族文化特点上的共同心理素质的稳定共同体，如汉族、壮族等；广义的民族概念认为，民族一词的含义包括处于不同社会发展阶段的各种人们共同体，如古代民族、现代民族，或者用以指一个国家或一个地区的各民族，如中华民族是中国境内 56 个民族的总称。

(二) 民俗

民俗，就是民间的风俗，是创造于民间又传承于民间的具有世代相习的传承性现象（包括思想和行为），是广大中下层劳动人民所创造和传承的民间社会生活文化，是传统文化的基础和重要组成部分。民俗作为文化现象，一般具有社会性和集体性、类型性和模式性、稳定性和变异性、传承性和播布性四大特性，以区别于其他文化现象，并且这四者之间又是一个不可分割的整体。

中国地域辽阔、民族众多，"千里不同风，百里不同俗"。各民族各地区在长期历史发展中形成了鲜明的独特的民俗，也称风俗习惯或风俗民情。我国 56 个民族在居住、饮食、服饰、生产、交换、交通、婚姻、家庭、村落、结盟、岁时、节日、丧葬、信仰、风尚、礼仪、禁忌等方面的民间风俗习惯，统称为中国各民族的民俗。在与各族人民交往过程中，应该尊重"其保持和改革自己风俗习惯的自由"的权利,做到入乡问俗,入乡问禁,入乡随俗。

二、中国民族概况

中国土地广阔、物产丰富,在这片富饶的土地上,生活着56个民族。这56个民族互相融合、互相促进,已经形成了一个和谐而美好的大家庭。其中,汉族人口最多,约占全国人口总数的92%左右,其他55个民族总人口偏少,约占全国总人口的8%左右,故称其为少数民族。在全国55个少数民族中,人口最多的是壮族,为1 600多万人;人口最少的珞巴族,不足3 000人。

人口在百万以上的有18个民族,他们是:蒙古、回、藏、维吾尔、苗、彝、壮、布依、朝鲜、满、侗、瑶、白、土家、哈尼、哈萨克、傣、黎等族;人口在百万人以下10万人以上的民族有15个,他们是:傈僳、佤、畲、拉祜、水、东乡、纳西、景颇、柯尔克孜、土、达斡尔、仫佬、羌、仡佬、锡伯等族。人口在10万人以下1万人以上的民族有15个,他们是:布朗、撒拉、毛南、阿昌、普米、塔吉克、怒、乌孜别克、俄罗斯、鄂温克、德昂、保安、裕固、京、基诺等族。人口在1万人以下的民族有7个,他们是:门巴、鄂伦春、独龙、塔塔尔、赫哲、高山、珞巴等民族。

三、汉族概况

汉族主要源于黄炎、东夷等部落联盟,同时吸收了周围的部分苗蛮、百越、戎狄等部落联盟的成分而逐渐形成。其先民经夏、商、周三代,至春秋战国时已形成以"华""夏"单称,或"华夏"连称的族体,以与周边各族相区别。汉以后,周边的各族即以"汉人"称呼中原人,逐渐地,汉族成为中国主体民族百世不易的族称。

汉族以先秦华夏为核心,在秦汉时形成的统一的、稳定的民族,又经秦汉以后2 000余年的繁衍生息,并不断吸收其他民族的血统与文化,得以发展成为拥有灿烂的古代文明、众多人口的民族。目前,汉族不仅是中国也是全世界人口最多的民族。

汉族语言简称汉语,属汉藏语系。

汉族的传统节日如下。

(一)春节

春节,是中国传统历法夏历(俗称阴历、农历)的一岁之首,即新年。以辞旧迎新为主旨,是节庆时间最长、流传历史最久、流传地域最广、过节人数最多、庆祝活动最隆重的中华民族第一大传统节日。除汉族以外,还有诸多少数民族如满族、蒙古族、鄂温克族、回族、土家族、侗族、瑶族、壮族、白族等等也过春节。

在中国,春节也叫过年,要持续相当长一段时间,从旧年腊月祭灶拉开序幕,一直要到新年的正月十五闹完元宵才落下帷幕。其中,旧年的最后一天(除夕)和新年的第一天因为处在辞旧迎新的关键点上,尤为人们所看重。

在民间,腊月二十三(有些地方为二十四)家家户户都要扫除污秽,祭拜主宰吉凶祸福的"灶神"——民间通常亲切地称之为"灶王爷",以求神祇庇佑。祭灶之后,就开始正式忙年了。有首民谣唱得好:"二十五,做豆腐;二十六,蒸馒头;二十七,赶集上店买东西;二十八,把猪杀;二十九,做黄酒;年三十,家家户户捏饺子。"包饺子、磨豆腐、打年糕都是汉族传统的年节民俗项目。饺子形似银元宝,过年吃饺子除了表示辞旧迎新以外,还有招财进宝的吉祥寓意。豆腐谐音"都福",年糕谐音"年高",意在博得个好彩头,同理还有吃鱼(年年有余)。除了准备节日食品,同样重要的还有贴门神、贴春联、贴倒"福"、剪窗花、挂旗、放鞭炮等。

旧年的最后一天,俗称"除夕",也叫"年三十",是家家团圆、户户喜庆的日子。俗话说:"有钱没钱,回家过年。"这一天,无论多忙,人们总要回家与亲人团聚。除夕吃"年夜饭",是一年里最温馨最快乐的时刻。年夜饭往往吃到很晚,但结束后人们并不睡觉,而是紧闭家门,开始"守岁",等候新年的足音。

拜年是春节岁后的主要活动,是人们在度过旧岁迎来新年之际,互相庆贺、祝福的活动。在许多地方,拜年是有时间与辈分次序的,一般来说是先拜神祇,再拜祖宗,然后拜亲长,最后拜亲戚。拜年十分重视登门入户,面致祝福。当小辈当面向长辈叩头恭贺新禧后,长辈将红纸包着的银元或者崭新的纸币送给他们,叫作"压岁钱"。邻居、朋友、亲戚之间拜贺则可以从正月初一持续到正月结束。

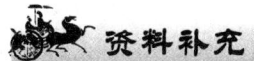

春节的确立

"春节",在1911年辛亥革命以前被称为新正、元日、元旦、正旦等。新年习俗定型于汉代,此后历代相沿。辛亥革命以后,为了在时间上与世界同步,打破王朝纪年,推行西历(俗称阳历、公历),使用公元纪年,政府将公历一月一日定为元旦,将夏历正月初定为"春节"。因为新年一般都在"立春"前后,所以人们在庆贺新年的同时喜迎新春。可以说现代的春节可谓包括了近代以前的"立春"与"岁首"两大节日,所以人们用"春节"称谓新年名正言顺、合情合理。

(二)元宵节

每年中国农历的第一个月圆之夜都是中国人民传统的元宵节。元宵节也叫"灯节""灯夕",因为这个节日的主要活动是夜晚放灯。此外,元宵节也叫"元夕""上元节"。

挂灯赏灯、燃放烟火是元宵节的传统庆祝方式。据研究,张灯的习俗来源于上古以火驱疫的巫术,后世随着佛教燃灯祭祀的风俗流传中土,燃火夜游的古俗就演变为元宵张灯的习俗。在唐代时,元宵节已经非常兴盛了,彩灯的制作趋于成熟。

烟火兴起于宋朝,当时皇宫元宵的高潮就是燃放烟火。在东北和新疆等寒冷地区,则是制作晶莹剔透的冰灯。俗话说:"正月十五闹元宵。"最能表现元宵节"闹"的,还是民间的盛大演出,有的地方叫"闹红火"。在锣鼓铙钹的喧闹声中,龙灯要起来了,狮子舞起来了,高跷踩起来了,旱船跑起来了,打花鼓的、扭秧歌的、骑竹马的、赶黑驴的,无不用他们特有的形式表达喜悦之情。到了晚上,全家还要围坐在一起,品尝美味的元宵,也就是"汤圆",象征家庭和睦幸福,团团圆圆,吉祥圆满。

(三)清明节

中国汉族传承至今的民俗大节中,唯有清明是以节气兼节日的民俗大节。作为二十四节气之一,清明主要是作为时令的标志,时间在公历的4月5日前后。汉魏以前,它是与农事活动密切关联的一般节令,而其祭祀活动最初是由寒食节所承载。

祭祖扫墓是清明节俗的中心。湖北有谚语说"三月清明雨纷纷,家家户户上祖坟"。无论是城市还是乡村,清明祭祖扫墓都显得很隆重,上坟祭扫一般包含祭拜和培坟两项内容。坟墓历来被视为亡人之归处,死者之所居,添坟就是为死者修补加固房屋。从唐代起人们就很在意这种习俗。由墓上有无新土判断墓主有无子孙存在,民间也有"有后人,挂清明;无后人,一光坟"的说法。这样,在传统的家族宗法社会里就自发形成了习俗压力,使人们对祭祖义务不能等闲视之。

除了扫墓和踏青,荡秋千、放风筝、插柳或戴柳也是清明的风俗。

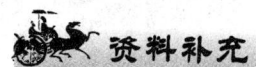

寒食节

寒食节在清明前两日或一日,是春秋五霸之一的晋文公为纪念被误杀的忠臣义士介子推而设立的。

春秋时期,晋献公的妃子骊姬为了让自己的儿子奚齐继位,就设毒计谋害太子申生,申生被逼自杀。申生的弟弟重耳,为了躲避祸害,流亡出走。公子重耳与介子推流亡列国,在危难之中,介子推割股(即大腿)肉供重耳充饥。公子重耳复国后,即是后来的晋文公,介子推不求利禄,与母归隐绵山。文公焚山以求之,介子推坚决不出山,抱树而死。文公葬其尸于绵山,修祠立庙,并下令于介子推焚死之日禁火寒食,以寄哀思,后相沿成俗。

寒食日初为节时,仅禁烟火、吃冷食,后来发展为集祭扫、踏青、秋千、蹴鞠为一体的民间第一大祭日。由于寒食节和清明节时间相连,随着时间推移,到唐宋之时,扫墓已延伸至清明时节。明清时节,寒食节基本消失,其风俗归并到清明之中。

(四)端午节

在中国人的阴阳观念中,五是阳数,五月五更是阳中之阳,故也称端阳节。

在迷信的封建社会,人们一直视五月为不利于人的"恶月",甚至五月生的孩子也是非常不吉利的,故而有"五月子不举"的说法,《史记》中对此也有记载。事实上,五月天气炎热,暑毒盛行,蛇虫出没,瘟疫多发,也的确是人们在一年里生存威胁最大的月份。

在这种情况下,人们就会准备可以辟邪的兰草,煮汤沐浴,并采集多种药物,驱除毒气。这就是端午节起源之初习俗活动的由来。汉代时期,端午节正式形成。到魏晋南北朝时,端午节成了一个重要的节日,习俗活动更加丰富。节日期间,人们不仅将艾叶悬挂门上以禳毒气,将五彩丝系于臂上以除病瘟,还举行吃粽子、采草药、竞渡、踏百草等活动,大约也在此时,有关屈原的传说被引入端午节,赋予了端午节厚重的伦理内涵。

(五)七夕节

七夕又叫乞巧节,少女节。相传起源于牛郎织女鹊桥相会的神话传说。现存最早关于牛郎织女传说信息的是《诗经》:"维天有汉,鉴亦有光。跂彼织女,终日七襄。虽则七襄,不成报章。睆彼牵牛,不以服箱。"可见此时织女星与牵牛星已经人格化。到了后世,传说更是充满了戏剧色彩,被无数文人所歌咏。《古诗十九首》有"迢迢牵牛星,皎皎河汉女"的诗句,秦观《鹊桥仙》更是以美丽哀婉的爱情故事、天长地久的爱情描写,打动了无数人。

七夕节最普遍的习俗就是青年女子在七月初七的夜晚,进行各种乞巧活动。乞巧的方式大多是姑娘们穿针引线,做些小物品赛巧,摆上些瓜果乞巧。除此之外还有乞子、乞智、乞美的习俗。

最近几年随着人们对传统文化的重视,七夕节作为中国的情人节,再次焕发生命的活力。

(六)中秋节

中秋节是中国的传统佳节,明清以来,一直是仅次于春节的第二大传统节日。按中国古代历法的解释,八月是秋季的第二个月,称"仲秋",八月十五又在仲秋之中,所以叫"中秋"。中秋节月亮圆满,象征团圆,因而又叫"团圆节"。

每逢中秋,秋高气爽,丹桂飘香,一轮圆月东升时,人们便在庭院、楼台,摆出月饼、柚子、石榴、芋头、核桃、花生、西瓜等时令果品,边赏月,边畅谈,直到皓月当空,再分食供月果品,其乐融融。

赏月是由祭月发展而来的。祭月是中秋节最重要的一项活动,历代都有祭月的礼仪,最早可以上溯到周代。隋唐以前,祭月作为主要季节祭祀礼仪被列入皇家礼法,寻常百姓无缘祭祀。明清以后,祭月已成民间极为重视的中秋习俗。各地至今遗存着许多"拜月坛""拜月亭""望月楼"的古迹。北京的"月坛"就是为皇家祭月修造的。

如同端午节的粽子,月饼自然也成了中秋节的另一象征。月饼在宋代已经出现,苏东坡曾作诗赞曰:"小饼如嚼月,中有酥与饴。"自古以来,中国人就有很强的家族伦理观念,历来把家人团圆、亲友团聚,共享天伦之乐看得极其珍贵,中秋节正是寄托了人们"花好月圆人团聚"的祈望。

(七)重阳节

重阳节在农历九月九日。中国古人以九为阳数,九月初九,两阳相重,故名"重阳"。重阳节,又有"老人节"之称,体现了中华民族敬老的传统美德。

重阳登高是节日主要习俗。登高的原始意义在于避祸。在神秘的阴阳观点里,九九重阳意味着阳气盛极,是阴阳的失调。为了避开不吉,人们以外出登高野游的方式脱离有可能发生灾祸的日常时空。历代以来,汉族官民到九月九日全都成群结队去爬山野宴。住在江南平原的百姓苦于无山可登,无高可攀,就仿制米粉糕点,再在糕面上插上彩色小三角旗或其他饰物,借以示登高(糕)避灾之意。

重阳节还有插茱萸,饮菊花酒,赏菊等风俗。但在宋代以后,插茱萸的习俗就比较少见了。这是因为随着生活的改善,人们不仅关注眼前的现实生活,而且对生活充满了希望,祈求长生与延寿最终更加为人接受,这也是重阳节演变祝寿节、老人节的原因。

第二节 中国北方部分少数民族民俗

满族、蒙古族、维吾尔族、回族、朝鲜族是我国北方的主要少数民族。满族是历史影响显赫、人数众多的少数民族之一。蒙古族是一个历史悠久而又富于传奇色彩的民族,千百年来,蒙古族过着"逐水草而迁徙"的游牧生活,中国的大部分草原都留下了蒙古族牧民的足迹,因而被誉为"草原骄子"。"维吾尔"是维吾尔族本族自称,一般认为含有"联合""协助"的意思,主要分布于新疆维吾尔自治区,大多聚居在天山以南的各个绿洲。回族是回回民族的简称,其先民主要是13世纪蒙古人3次西征后大批东迁的"回回"人,以及远在唐宋时期侨居中国东南沿海的穆斯林"蕃客",在长期历史过程中吸收了汉、蒙古、维吾尔族等生活习俗,逐渐形成了回回民族。朝鲜族主要分布在黑龙江、吉林、辽宁三省。

一、满族

(一)概况

满族主要分布在东北三省,尤以辽宁最多,少数聚居在一些大中城市。清代以来,由于满汉长期杂居,满族与汉族差异逐渐缩小。满族有自己的语言、文字,满语属阿尔泰语系,17世纪40年代后,满族普遍使用汉语和汉文,现在只有黑龙江的少数老人会说满话。

满族信奉萨满族,萨满意为"巫师",以后还信奉佛教。

(二)民俗

居住 "口袋房,万字炕,烟囱出在地面上",这句俗语形象、集中地反映了满族民居独特的建筑风格。

满族的居室(图3-1)构造和习俗,很适于北方气候的特点。满族早期的住宅,多坐北朝南,东南向开门,形如口袋,便于保暖,俗名"口袋房"或"斗室"。满族的住房,过去一般院内有一影壁,立有供神用的"索伦杆"。满洲族传统住房一般为西、中、东三间,大门朝南开,西间称西上屋,中间称堂屋,东间称东下屋。西上屋设南、西、北三面炕。满族人喜欢睡火炕,家家户户都是南北大炕,屋子西面沿着山墙还有一溜儿窄炕,把南北炕连接起来,俗称"万字炕"。他们以西炕为尊,南炕为大,北炕为小。南炕居长辈老人,北炕住小辈,西炕则为祖宗神位,墙上供着祖先神板,炕上设摆香案,一般不住人,最忌小辈和妇女坐,只有老人和亲姑爷可以坐。

图3-1 满族民居

满族房舍的南北西三面,"皆辟大窗户",且分上下两层,窗棂以万字或工字为格,窗外糊纸,开关朝外,"恐夜间虎来,易于闯入"。居室内没有地桌,只有炕桌,吃饭、写字都用它。此外,房梁上常悬着悠车,用桦木皮(木威)做成长方形或椭圆形,出生的婴儿就放在里面睡觉,母亲边悠车边哼着摇篮曲。所以有民谣说:"东北有三怪:窗户纸糊在外,大姑娘叼烟袋,生了孩子吊起来。"

饮食 长期以来,满族从事农业,兼有狩猎、采集等多种经营,由于种植五谷杂粮,所以主食虽是小米,但喜黏食;善于养猪,喜食白肉血肠和猪肉酸菜炖粉条,喜庆宴会设满洲席;逢年过节吃饺子,农历除夕必须吃手扒肉。他们虽然以小米为主食,却更喜欢吃黏食,春季做豆面饽饽,夏季做苏子叶饽饽,秋冬季做年糕饽饽。

满族的点心,种类繁多,为人们所喜食的是萨其马。萨其马是满族话,汉译为糖缠,至今在各地有售。萨其马是中华著名的点心之一,深得满族人喜爱,相传,清代驻防广州的满族将军姓萨,喜骑马打猎,爱吃点心,每次必备点心,且不重样,长此以往,厨师难以再出花样,为此常遭训斥,并以杀头相逼,厨师无奈,随便取些面粉,拌上鸡蛋,用油炸成七零八落的面皮,淋上白糖水,硬度切成块,送给萨将军,出乎意料的是,这食品大受将军喜爱,问其名,仆人将"杀骑马"错传为"萨其马",从此,"萨其马"便世代流传下来,并因其酥松易化,蜜甜清香而出名。

满族人逢年过节喜爱杀猪,然后吃白肉血肠。满族人习惯养猪,每年春节杀的年猪,把一部分肥肉腌在坛子里,以备一年食用。

八大碗的满洲席源于古代祭祀活动中人们所用的供品,后来在民间广泛流传,特别是在村镇操办红白喜事时,人们多用此席。八大碗以本乡本土的原料为主,多用炖、焖、烩等技法烹制,盛器用瓦钵、瓦罐,甚至将铁锅直接上桌。全席一般由4组凉菜、8个热菜组成。凉菜均为双拼,共8种原料,因此,前清时八大碗又称八大碗水席,但实际上是12个菜。八大碗中的大碗一般用整只的鸡鸭、肉方、蹄膀制成,称为大件。全席配有3个大件,分别要有鸡、鱼和一种野味组成,本地人称为上三碗;另五碗的配制比较灵活,可荤可素,但要有豆腐、山蘑和粉条,全席反映了前清时满族的生活特点。

满族春节的饺子讲究有褶,不能捏光边的"和尚头"饺子,恐日子过"秃"了;饺子要码得横竖成行,象征新的一年财路四通八达;饺子不能摆成圈,恐日子过得没有门路。

服饰 旗袍、"旗头"和"旗鞋"是满族妇女的传统服饰。"旗头"是满族妇女头上的配饰,其特点是又宽又长、似扇非扇、似冠非冠(图3-2),这种头饰为全世界满族妇女所独有，从而成为典型的民族服饰特征。

满族女子喜穿长及脚面的旗装，或外罩坎肩。服装喜用各种色彩和图案的丝绸、花缎、罗纱或棉麻衣料制成，有的将旗袍面上绣成一组图案，更多在衣襟、袖口、领口、下摆处镶上多层精细的花边。满族女子脚着白袜，穿花盆底绣花鞋，裤腿扎青、红、粉红等各色腿带；盘头翅，梳两把头或旗髻。

历史上满族男子多穿带马蹄袖的袍褂，顶上留辫子，剃去周围的头发。腰束衣带，或穿长袍外罩对襟马褂，夏季头戴凉帽，冬季戴皮制马虎帽。衣服喜用青、蓝、棕等色的棉、丝、绸、缎等各种质地的衣料制作，裤腿扎青色腿带，脚穿棉布靴或皮靴，冬季穿皮制乌拉。

图3-2　满族头饰

丧葬　一般实行土葬。

节日

上元节：即正月十五日，俗称"元宵节"。同汉族一样，满族也有元宵挂彩灯和吃元宵的习俗。

走百病：满族妇女的节日。一般在正月二十日。当晚，妇女们三五成群，结伴远走，或走沙滚冰，或嬉戏欢闹，叫作"走百病"。

二月二：俗称"龙抬头日"。当日晨，满族人家把灶灰撒在院中，灰道弯曲如龙，故称"引龙"。然后在院中举行仪式，祈求风调雨顺。全家人还要吃"龙须面"和"龙鳞饼"。妇女们这天不能做针线活。

虫王节：六月天，易闹虫灾。居住在辽宁省岫岩、凤城一带的满族过去在六月初六这天，一户出一人到虫王庙朝拜，杀猪祭祀，求虫王爷免灾，保证地里的收成好。如今不搞虫王节祭祀扫活动，但家家要在这一天晾晒衣物，以防虫蛀。

中元节：满族以七月十五为中元节，也视为超度亡灵的"鬼节"。届时，各处寺院设立道场，燃灯念经，要举行各种超度仪式。院内西侧向东摆一架木屏风，屏风上挂有鸡冠花、毛豆枝、鲜藕等，为供月兔之用。屏风前摆一张八仙桌，桌上供一大月饼。祭时，焚香磕头，妇女先拜，男人后拜。

禁忌　最突出的禁忌是不准杀狗、不吃狗肉、不戴狗皮帽子、不穿戴狗皮袖头的衣服，也忌与戴狗皮帽子的人接触。在满族人家里做客，不要当着主人的面赶狗，更不能说狗的坏话，否则主人会以为你是当面羞辱他，会不客气地下逐客令。这与满族的犬图腾崇拜、祖先崇拜有关，也与狗在满族人生活、生产中曾起过重要作用有关。还忌讳打喜鹊和乌鸦。以西为上，特别忌讳一般人尤其是青年人坐西炕，更忌讳妇女在西炕上生孩子。索罗杆是满族人的神杆，满族人在院内影壁墙东南角竖一索罗杆，杆长13尺，杆底立一有孔石墩，顶端则安放一个锡斗(有木板做成的方斗型)，内装切碎的猪肠、心、肝、肺和五谷杂粮以饲乌鸦、喜鹊等，在锡斗下边挂一根猪的颈骨。忌在索罗杆上拴牲口，在索罗杆的地面四周，不能堆放杂物和拴牲畜，必须保持洁净。

二、蒙古族

(一) 概况

蒙古族主要聚居在内蒙古自治区,其余多分布于新疆、辽宁、吉林、黑龙江、甘肃、青海等省区,少数散居和聚居于宁夏、河北、河南、四川、云南、北京等省市区。蒙古族有自己的语言和文字,蒙古语属于阿尔泰语系蒙古语族,至今仍在使用传统的蒙古文。

蒙古族早期信仰萨满教,自17世纪初开始信奉藏传佛教。蒙古族是中国北方古老的游牧民族,以畜牧业为主,兼营农业。在漫长的发展过程中,创造出了历史、文学、医学、天文、地理等方面的大量珍贵典籍。其中,《蒙古秘史》是中国最早用蒙古文写成的历史文献和文学巨著,已被联合国教科文组织定为世界著名文化遗产。蒙古族的口头文学以英雄史诗《江格尔》最为著名,它以巨大的概括力生动地反映了蒙古族部落战争时代的社会历史,是中国文学史上著名的英雄史诗之一,它与藏族的《格萨尔》、柯尔克孜族的《玛纳斯》并称为我国三大英雄史诗。

(二) 民俗

居住 蒙古包(图3-3)古代称作穹庐、"毡包"或"毡帐",是蒙古游牧民族的一种传统民居,建造和搬迁都很方便。蒙古包的架木——哈那、乌尼、套脑、门,都是分开的,外面覆盖的顶毡、围毡都是单个的,任何一件,一个女人都可以举起来放在车上。蒙古包用骆驼驮运,用车装载,都特别适合。

蒙古包呈圆形尖顶,顶上和四周以一至两层厚毡覆盖。普通蒙古包,高约3~5米,包门朝南或东南开,包内有四大结构:哈那(即蒙古包围墙支架)、天窗(蒙语"套脑")、椽子和门。蒙古包以哈那的多少区

图3-3 蒙古包

分大小,通常分为40个、60个、80个、100个和120个哈那。包内的陈设颇为讲究:室内空间分三个圆圈,东西的摆布分八个座次,从正北开始,西北、西、西南方都放男人用的东西,相反的东北、东、东南半边都放女人用的东西。

蒙古包是蒙古族人民智慧的结晶。近年来,尽管很多蒙古族人民住上了红砖瓦房,过上了安定的日子,但蒙古包作为一种传统民族文化一定还会源远流长。

饮食 蒙古民族饮食讲究,品种多样,传统食品以奶食、肉食为主,粮食为辅。牧区中奶食、肉食和粮食差不多"三分天下"。蒙古族传统饮食离不开肉和奶,肉以牛、羊肉为

主,喜将新鲜骨带肉一起煮熟后用手拿着吃,著名的有手扒肉和全羊席等。

在长期的游牧生活中,蒙古族创造了一套制作和保存奶食品的方法,鲜牛奶经发酵、蒸、煮、晒等工序后,可以制成黄油、奶油、奶酒、奶干、奶皮等。炒米、奶茶、奶油、奶皮、奶酪和酸奶子等是蒙古族牧民最有特色的日常食品。

蒙古民族颇注重饮食的文化气氛,歌舞常伴,隆重场合还要朗诵专门的祝词或赞歌。每逢节日或客人朋友相聚,都有饮奶茶的习惯。蒙古族还喜欢将很多野生植物的果实、叶子、花用于煮奶茶,煮好的奶茶风味各异,有的还能防病治病。

服饰　服饰具有浓厚的草原风格,蒙古族长期生活在塞北草原,蒙古族人不论男女都爱穿长袍。长袍身端肥大,袖长,多红、黄、深蓝色。男女长袍下摆均不开衩,红、绿绸缎做腰带。蒙古族服饰除长袍外还包括腰带、靴子、帽子、首饰等,但因地区不同在式样上有所差异。蒙古族男子穿长袍和围腰,在盛装时戴硬檐尖顶帽,顶上结缨穗。现代男子头饰简单,或用包头巾缠头,或戴大圆礼帽、八角鸭舌帽。妇女衣袖上绣有花边图案,上衣高领。妇女喜欢穿三件长短不一的衣服,第一件为贴身衣,袖长至腕,第二件外衣,袖长至肘,第三件无领对襟坎肩,钉有直排闪光纽扣,格外醒目。

蒙古族摔跤服(图3-4)是蒙古族服饰工艺。摔跤比赛服装包括坎肩、长裤、套裤、彩绸腰带。摔跤服图案粗犷有力,色彩对比强烈,套裤上图案丰富,一般为云朵纹、植物纹、寿纹等,纹样大方庄重,表示吉祥如意,服装各部分配搭恰当,浑然一体,具有勇武的民族特色。

丧葬　丧葬礼仪极简单,一般分土葬(无坟丘)、火葬和野葬(也叫天葬)。

节日　节日大致上与汉族相同,也过春节、端午、中秋、重阳节等,但在具体过法上有其特色。当然,蒙古族也有独具本民族特色的节日,如那达慕大会、祭敖包,等等。

图3-4　蒙古摔跤服

"白节",是蒙古族的春节,也是蒙古族一年之中最盛大的节日。蒙古族自古以来,以白色为纯洁、吉祥之色,他们最崇尚的是白色,故称"春节"为"白节"。这一习俗可以追溯到元朝初年,元世祖忽必烈在位时,就非常重视过白节。意大利旅行家马可·波罗在他的游记中,对此做了非常详细的描绘。

除夕那天,家家都吃"手把肉",也要包饺子、烙饼。初一的早晨,晚辈要向长辈拜祭,敬奶茶,敬酒,另外,纵情歌舞、赛马、娱乐,以祝贺家人吉祥如意也是蒙古族重要的习俗。佛教传入蒙古后,敬献洁白的哈达也是"白节"期间很重要的活动,并一直持续至今。

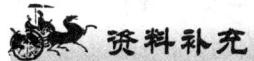

那达慕大会

"那达慕"大会是蒙古族历史悠久的传统节日,一般在每年七八月秋高气爽、牧草丰盛、牲畜肥壮的季节举行。这是人们为了庆祝丰收而举行的文体娱乐大会。"那达慕",蒙语的意思是娱乐或游戏。"那达慕"大会上有惊险动人的赛马、摔跤,令人赞赏的射箭,有争强斗胜的棋艺,有引人入胜的歌舞。大会召开前,男女老少乘车骑马,穿着节日的盛装,不顾路途遥远,都来参加比赛和参观。"那达慕"大会又是农牧物资交易会,除了工业和农副产品外,还有具有民族特色的饮食,如牛羊肉及其熏干制品、奶酪、奶干、奶油、奶疙瘩、奶豆腐、酸奶。

禁忌 游客骑马坐车到蒙古包时,务必要轻骑慢行,进包时要将马鞭放在门外。入包后坐在右边,离包时走原路,待送你的主人回去后再上车或上马。忌讳坐蒙古包的西北角,睡和坐时忌伸向西北方,不能在火盆上烤脚。主人献茶时,客人应欠身双手去接。赠送礼品忌单数,接受礼品必须身子稍屈或跪下一腿伸出右手或双手接受。如果家里有产妇或病人,蒙古族忌接待客人来访。蒙古族对守门的狗和猎犬都很爱护和重视,禁止外人打骂,否则即被认为是对主人的不礼貌。

三、维吾尔族

(一)概况

维吾尔族是新疆维吾尔自治区的主要居民,是中国西北部的一个古老的民族。他们自称"维吾尔",其意为"团结""联合"。维吾尔族主要分布在新疆维吾尔自治区,一小部分在湖南省桃源、常德等地。

维吾尔族有自己的语言文字。语言属阿尔泰语系突厥语族,文字原用阿拉伯字母,后创制了拉丁化的新文字,现在新、旧文字并用。

维吾尔族人善于在盆地和河谷边缘开发绿洲,并开挖地下暗沟渠,称作"坎儿井",用以灌溉农田,建成独特的绿洲灌溉农业经济;维吾尔族棉花种植历史早,品种优良;瓜果生产闻名全国。

维吾尔族曾信奉过佛教等宗教,后全民信奉伊斯兰教。

维吾尔族是一个能歌善舞的民族。"十二木卡姆"(十二部大曲)是古代维吾尔族人民创作的长达340多首的大型民族音乐舞蹈史诗,是长期在民间流传歌舞音乐形式,它包括了声乐、器乐和舞蹈等成分。相传,在维吾尔族祖先从事渔猎、畜牧生活时期就产生了在旷野、山间、草地即兴抒发感情的歌曲,这种歌曲叫作"博雅婉",意思是"旷野之歌",后来经不断融合、演变发展形成了组曲——木卡姆。乐曲舞蹈是以传统大型曲十二木卡姆为主,开始时一人独唱,接着几个人打起手鼓,参加的人男女成双结对,翩翩起舞,舞蹈的动作不断变化,节奏越来越快,所有的人单独旋转,直到疲乏或头晕退下,最后只剩下一二人时达到高潮,这时人便成了舞场上的佼佼者。这样,一轮结束,一曲又起,反复几次。

民间乐器有"独他尔""巴拉曼"和手鼓"达甫"等,弹拨、吹奏和打击乐器数十种之多。维吾尔族的舞蹈轻巧、优美,以旋转快速、多变而著称,有顶碗舞、大鼓舞等,"赛乃姆"是最普遍的民间集体舞蹈。

(二) 民俗

居住 维吾尔族的建筑物有其独特风格。房屋方形,有较深的前廊;室内凿壁龛,并饰以各种花纹图案。旧式房屋多系土木结构,窗子较小,房顶开一个窗,通风采光差;室内进门有一连灶土炕,用来做饭取暖。随着生活条件的改善,维吾尔族人住房质量逐渐提高,有的住进了楼房。即便是自建的平房,一般也比较宽敞明亮通风。厅室布置整洁朴雅,四壁呈白色泛蓝,挂壁毯,靠墙置床,被褥均展铺于床罩或毛毯之下,床上只摆设一对镂花方枕。室中央置长桌或圆桌,家具及陈设品多遮盖有钩花图案的装饰巾,门窗挂丝绒或绸类的落地式垂帘,并衬饰网眼针织品。(图3-5)地面多装饰民族图案。维吾尔族人喜欢在庭院中种植花卉、果树和葡萄,整个环境显得雅静、清新。石膏雕花是维吾尔族民居最常采用的装饰手法之一,主要用于庭院前廊端部和室内外窗间墙壁等处,以花卉、植物、几何纹饰等作为边框陪衬,看上去像是一幅完整的装饰图画,又像是一幅镜框。

图3-5 维吾尔民居的装饰

饮食 维吾尔族以面粉、玉米、大米为主食,手抓饭是维吾尔族的传统风味食品,是用羊油、胡萝卜、葡萄干、洋葱、大米做成的民族风味甜味饭,因用手抓食,故又叫"抓饭",是节日和待客不可缺少的食品。在新疆维吾尔、乌孜别克等民族地区,逢年过节,婚丧嫁娶的日子里,都必备抓饭待客。他们的传统习惯是请客人围坐在桌子旁,上面铺上一块干净的餐巾。随后主人一手端盘,一手执壶,逐个让客人净手,并递给干净毛巾擦干,然后主人端来几盘抓饭,置餐巾上(习惯是二至三人一盘)。现在有些家庭招待客人手抓饭时,一般都备有小勺。

维吾尔族人很少吃蔬菜,夏季多拌食瓜果。维吾尔族人离不开果肉、果仁,据说维吾尔族人每人每年食用的干鲜瓜果平均达100千克。

服饰 在服饰上,维吾尔服饰形式清晰,纹饰多样,色彩鲜明,图案古朴,工艺精湛(图3-6)。花帽是维吾尔族服饰的组成部分,也是维吾尔族美的标志之一。维吾尔族花帽作为一种民族特有的工艺品,越来越受到人们的青睐,每逢重大节庆活动,维吾尔族人都要精心绣制或选购小花帽装饰打扮自己。

现代的维吾尔族男装,是以"袷袢"式服饰为主要款式,式样多以长外衣过膝,对襟、长袖过手指、无领、无纽扣,一拢腰巾束系,既紧身连体,又舒畅保暖。维吾尔妇女爱穿裙装,喜选择鲜艳的丝绸或毛料裁制裙装,常见的有红、大绿、金黄等色的质料,内穿淡色对裙。

丧葬 盛行土葬、速葬。维吾尔族的葬礼是一件隆重而又严肃的礼仪。维吾尔族信仰伊斯兰教后,葬礼仪式皆按伊斯兰教的礼仪进行,盛行土葬。许多民族都有"落叶归根"的习俗,而维吾尔族却更为讲究这一点。维吾尔族实行速葬,一般情况下,人死后,尸体在家停放时间不长,早亡晚埋,晚亡午葬。

图3-6 维吾尔族服饰

节日 节日与伊斯兰教的信仰有关,一年一度的肉孜节、古尔邦节最为隆重。"古尔邦节"是伊斯兰教重大的节日,"古尔邦"在阿拉伯语中称作尔德·古尔邦,亦称尔德·阿祖哈。"尔德"的意思是"节日""古尔邦"或"阿祖哈",都含有"牺牲、献身"的意思,因而又称为"宰牲节"。伊斯兰教创立后,承认先知易卜拉欣为圣祖,并把伊斯兰教历十二月十日定为"古尔邦节"。节前,穆斯林们家家户户打扫得干干净净,忙于宰杀牛羊,精制糕点。节日这天,穆斯林们便沐浴礼拜;各家宰羊,杀驼或屠牛,分发贫民,接待宾客,馈赠亲友,在清真寺里举行聚礼,听阿訇朗诵《古兰经》等教义;还有的穆斯林成群结队,到亲友家中拜访,主人按照传统的礼节,摆出丰盛的筵席,大家同食羊肉、油食糕点和瓜果等,亲密畅谈;盛装的青年男女尽情地在许多庭院中、广场上载歌载舞,沉浸在无比欢乐之中。

"肉孜节"是伊斯兰教的重大节日。"肉孜"就是"封斋",即减食的意思。传说,古时候为了躲避异族统治者的侵犯,人们就躲在深山里,白天不生火,月亮出来以后才开始做饭吃,历代沿袭,成为习俗,因此每逢肉孜节那天,白天人们滴水不饮,粒米不沾,要到晚上才吃东西,这样的生活连续一个月,然后才恢复日常的饮食习惯。早在肉孜节到来之前一个月,人们就要粉刷房屋、打扫庭院、理发、洗澡等,不仅要为节日准备吃的,还要忙于赶缝节日的服装,商店里储备了大量的节日货品。节日(五月二十三日)清晨,街上红男绿女,熙熙攘攘,成年男女到清真寺去做礼拜,接着就去扫墓、诵经,全家吃"粉汤",然后结伴拜年。

禁忌 禁忌习俗跟伊斯兰教的信仰有关,不能在麻扎和清真寺以及河坝、伙房等地携带、遗弃不洁物品;探望卧床病人时忌站在病人头和脚的方向;衣忌短小,最忌户外着短裤;在屋内坐下时忌双腿伸直,脚底朝人;吃饭时忌随便拨弄盘中食品或剩食物在碗中;接受物品时忌用单手,尤忌左手;睡觉时忌头东脚西或四肢平伸仰面。

四、回族

(一) 概况

回族是中国少数民族中散居全国、分布最广的民族,全国绝大多数县市都有分布。宁夏回族自治区为主要聚居区,其次是甘肃、青海、新疆、河南、河北、山东等省区。北京的牛街和宁夏的纳家户就是著名的回族聚居地。回族分布具有大分散、小聚居的特点。

由于长期和汉族杂居,回族逐渐习惯于以汉语作为本民族的共同语言。受阿拉伯、波斯等文化的影响,同时吸收汉族文化是回族文化的两大特点,但在共同心理状态、经济生活、宗教信仰和风俗习惯等方面,回族仍然表现出自己的特点。

回族主要从事农业,也经营牧业、手工业和商业。回族工匠在制香、制药、制革等方面较为著名,尤以善于经营珠宝玉石、运输和服务业等著称。

回族是全民信仰伊斯兰教的民族。

(二) 民俗

居住　回族的清真寺和民居建筑基本摆脱了阿拉伯和中亚建筑风格,采纳了中国传统的殿宇式四合院为主的建筑式样,但布局和装修独具民族风格。

饮食　由于回族分布较广,各地自然条件、经济发展差异很大,各地回族的食俗、饮食结构及烹调技法也不完全一致,如宁夏的回族以米、面为日常主食,喜食面条、面片,在面汤中加入蔬菜、调料和红油辣椒,称为汤面或连锅面;将清水煮好的面条、面片捞出,浇上肉汤料或素汤料,称为臊子面;民间特色食品有酿皮、拉面、大卤面、肉炒面、豆腐脑、牛头杂碎、臊子面、烩饸饹等。多数人家常年备有发酵面,供随时食用,而甘肃、青海的回族则以小麦、玉米、青稞、马铃薯为日常主食。油香、馓子是各地回族喜爱的特殊食品,是节日馈赠亲友不可少的。

回族也喜饮茶和用茶待客,云南的回族喜饮绿茶,西北地区回族的盖碗茶很有名,宁夏回族还饮用八宝茶。

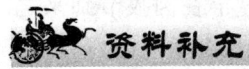

羊肉泡馍

古称"羊羹",西北回族风味美馔,尤以陕西西安最享盛名的牛羊肉泡馍为佳。宋代苏轼有"陇馔有熊腊,秦烹唯羊羹"的诗句,其特点是料重味醇,汤鲜味浓,馍筋爽滑,香气四溢,诱人食欲,是一味难得的高级滋补佳品。羊肉泡馍的烹饪技术要求很严,煮肉的工艺也特别讲究。与肉合烹的"饦饦馍"酥脆甘香,入汤不散。用餐之前,须把"饦饦馍"掰成碎块。掰馍讲究越小越好,这是为了便于五味入馍。然后再由烹饪师烹调。煮馍讲究以馍定汤,调料恰当,武火急煮,适时装碗,以达到原汤入馍,馍香扑鼻的要求。羊肉泡馍不仅讲究烹调,更讲究"会吃"。食用方法有三种:一是干泡,要求煮成的馍,汤汁完全渗入馍内,吃后碗内无汤无馍无肉;二是口汤,要求煮成的馍,吃后碗内仅剩一口汤;三是水围城,馍块在中间,汤汁在周围,汤、汁、馍全要吃光。这三种吃法,都得事先将馍掰成碎块。

服饰 服饰有鲜明的民族特色,最显著的特征便是穆斯林服饰(图3-7)。回族服饰的主要标志在头部,男子多带小白帽,女子带各种花色的头巾。男子们都喜爱戴用白色制作的圆帽。圆帽分两种,一种是平顶的,一种是六棱形的。回族妇女常戴盖头,盖头也有讲究,老年妇女戴白色的,显得洁白大方;中年妇女戴黑色的,显得庄重高雅;未婚女子戴绿色的,显得清新秀丽;不少已婚妇女平时也戴白色或黑色的带沿圆帽。

图3-7 回族服饰

老汉爱穿白色衬衫,外套黑坎肩(称"马夹")。回民根据不同的季节,穿不同的坎肩,有夹的、棉的,还有皮的,既可当外套,又可穿在里面。回族男子的青坎肩,在襟边、袋口处用针扎出暗线,使衣服各边沿平挺工整,突出服装造型的线条美,同时,用相同的衣料做小包扣,显得雅致。回族妇女的传统衣服一般都是大襟为主,装饰内容很丰富。少女和媳妇很喜欢在衣服上嵌线、镶色、绲边等,有的还在衣服的前胸、前襟处绣花,色彩鲜艳,起到画龙点睛的作用。2006年5月20日,该民俗经国务院批准列入第一批国家级非物质文化遗产名录。

婚俗 婚礼多在"主麻"日举行,由阿訇证婚。

丧葬 葬礼按伊斯兰教教规,实行速葬、薄葬、土葬。

禁忌 饮食禁忌比较严格,严禁食猪肉,忌养猪,忌别人提着猪肉进回族的商店和住处;不吃马、驴、骡、狗肉;不食用自死的禽畜和畜血;禁食非经阿訇念经宰杀的牲畜和一切凶猛禽兽的肉及没有鳞的鱼;盛过上述那些禁食的炊具、碗筷、器皿也都禁用;忌在用餐时开玩笑;回族所用的水井或水塘,非信伊斯兰教的人不能动手取水,如有需要必须请回族人代取或征得主人的允许,但一定要保持清洁,取水容器中若有剩水忌倒回井中或水塘;忌在水井、水塘附近洗涤衣物,尤其忌到回族的住房里洗澡;忌说杀字,只说宰鸡宰牛。

节日 民间节日主要有:开斋节(也叫肉孜节)、古尔邦节、圣纪节等。

开斋节:即从日出后到日落前,不得进食,直到回历十月一日开始为开斋,届时要欢庆3天,家家宰牛、羊等招待亲友庆贺,并要做油香、馓子等多达二三十种的节日食品。

古尔邦节:即献牲节,在回历十二月十日。节日当天不吃早点,到清真寺做过礼拜之后宰牛献牲。献牲的牛羊,要体态端正,无缺损,宰后的牲畜按传统分成三份,一份施散济贫,一份送亲友,一份留自己食用,但不能出售。

五、朝鲜族

(一) 概况

朝鲜族主要居住在东北三省及内蒙古,吉林省占60%以上,主要聚居在吉林延边朝鲜族自治州和长白山朝鲜族自治县。

朝鲜族有自己的语言和文字。少数与汉族交错居住的朝鲜族居民通用汉语言文字。

朝鲜族在我国少数民族中,是物质生活较好、文化水平较高的民族。朝鲜族长期以垦荒为业,开发培植我国高寒水稻,为种植我国东北优质大米做出了贡献。朝鲜族的歌舞蜚声全国。朝鲜族人酷爱体育,注意卫生,讲求礼貌,特别是尊老爱幼的美德受到各族人民的称赞。

(二) 民俗

居住 朝鲜族的房屋都是以木搭架,屋顶四面斜坡用谷草或稻草、瓦片覆盖,墙壁多为泥墙刷白灰,现在砖瓦结构的住宅日益增多。每栋房子一般分为三间:一大间的2/3设炕,1/3作灶间炊事之用;一大间作仓库之用;一大间全部铺成炕,并隔成两间,其中朝阳一间为客房,北面的一间作卧室。每个房间都是一扇门。因是满屋炕,进门要脱鞋,席炕而坐。

饮食 主食一般是大米和小米,用大米面做成的片糕、散状糕、发糕、打糕、冷面等也是朝鲜族的日常主食,以鱼肉蛋奶制品和海鲜产品为辅。朝鲜族的传统风味食品很多,其中最有名的是打糕、冷面、泡菜,泡菜在饮食中不可缺少。

饮食文化反映一个民族的生活特性和生活质量,朝鲜族的饮食文化在全世界也有独秀的鲜明特色。朝鲜族的"汤文化"堪称世界一绝,无论在农村,还是在城市,无论是喜庆节日,还是日常生活,他们都对汤情有独钟,有各种肉汤、鱼汤、海菜汤、豆腐汤、酱汤等等,素有"宁无菜肴也要有汤"之说,而其中最受青睐的是大酱素菜汤。朝鲜族日常菜肴常见的是"八珍菜"和"酱木儿"(大酱菜汤)等。喝"耳明酒"是朝鲜族的风俗,正月十五早晨,空腹喝耳明酒,以祝耳聪。"狗肉汤"是朝鲜族"汤文化"的集大成之代表性作品,朝鲜族款待客人,奉上一桌狗肉宴席,是一种较高的礼遇。

狗肉是朝鲜族喜吃的肉食之一,除婚丧及节日不吃狗肉外,其他季节都可吃狗肉。但多半是在伏天或患者康复时为补养而杀狗。杀时将狗吊起,四蹄放血,用其肉、皮及五脏做汤,肉加调料凉食,其味鲜美可口。

服饰 服装是一个民族文化的象征,朝鲜族是我国少数民族之一,主要生活在我国东北地区,其丰富多彩的民族服装,是朝鲜族人民思想意识和精神风貌的体现。其文化与朝鲜半岛的文化有着深厚的渊源。朝鲜族服装呈现出素净、淡雅、轻盈的特点,不仅给我们带来了美的享受,更充实了服饰艺术的宝库。朝鲜民族服装(图3-8)的结构自成一格,上衣自肩至袖头的笔直线条同领子、下摆、袖肚的曲线,构成曲线与直线的组合,没有多余的装饰,体现了"白衣民族"古老袍服的特点。

妇女穿短衣长裙,这也是朝鲜族妇女服装的一大特色。短衣朝鲜语叫"则高利",是一种斜领、无扣用带子打结、只遮盖到胸部的衣服;长裙,朝鲜语叫"契玛",腰间有细褶,宽松飘逸。这种衣服大多用丝绸缝制而成,色彩鲜艳。

朝鲜族男子一般穿素色短上衣,外加坎肩,下穿裤腿宽大的长裤,裤脚系上丝带,外出时多穿斜襟以布带打结的长袍,现在改穿制服或西服。

婚俗 婚礼仪式隆重,分别在女方和男方家两次举行。朝鲜族家庭"男主外、女主内"风俗盛行。

节日 节日除春节、清明节、中秋节外,还有家庭的节日,如回甲节(诞生60周年纪念日)、回婚节(结婚60周年纪念日)等。

图 3-8　朝鲜族服饰

礼仪 礼节很严,晚辈对长辈说话必须用敬语;平辈之间初次见面也要用敬语;与长者同路时,年轻者必须走在长者后面;路遇认识的长者,要问安让路;就餐时,父子不同席,儿媳恭顺地侍候,待老人吃完,全家才能就餐;晚辈不能在长辈面前喝酒,席间若无法回避时,年轻人应举杯背席而饮。

禁忌 非常尊重长者,饭桌有多人桌和单人桌,单人桌忌讳年轻人用,因为单人桌给老人用;饮酒吸烟父子忌同席;酒席上按年庚依次倒酒和举杯,长者举杯后,其他人才可依次举杯;吸烟时年轻人不能向老年人借火,更忌讳接火,否则便是大不敬的行为;客人来访时,男客进客房,女客进灶间大铺炕,忌进儿女的卧室。此外就是忌婚丧或佳节杀狗、吃狗肉。

第三节　中国西南地区部分少数民族民俗

苗族妇女盛装上的银饰近10千克,藏族男女都喜爱戴藏式金花帽,上身穿绸布长袖短褂,外套宽肥的藏袍,常常把右手脱出袖外。彝族除了过春节外,最主要节日是火把节;一苦、二甜、三回味,饱含人生隐喻的是白族的三道茶。傣族为什么过泼水节?神秘的纳西族以东巴文化召唤着远方的客人。这些极具特色的民族就是我国西南地区主要的少数民族。

一、苗族

(一)概况

苗族主要居住在贵州、云南、湖南等省,其余分布在广西、四川、海南等地。在黔东南和湘鄂川黔的交界处地带有较大的聚居区,其中以贵州的黔西南、黔南、黔东南等自治州最集中,有苗族人约368万。

苗族语言属汉藏语系苗瑶语族。苗族原无统一文字,新中国成立后创制了拼音文字,并通用汉文。苗族有自己的语言,苗语分三大方言:湘西、黔东和川黔滇。

苗族创造了丰富多彩的文化艺术,苗族人常用歌舞表达自我情感,苗族所独有的银饰工艺品、蜡染、织锦、刺绣等享誉国内外,其中苗族的蜡染工艺已有千年历史。苗族的挑花、刺绣、织剪纸、首饰制作等工艺美术瑰丽多彩,驰名中外。苗族服饰多达130多种,可以同世界上任何一个民族的服饰相媲美。

苗族的宗教信仰有自然崇拜和祖先崇拜,苗族信仰万物有灵或多神鬼,云南、贵州、四川等地少数苗族群众信仰天主教、基督教。

(二)民俗

居住 苗族大多居住在山区,只有少数居住在山间平旷之地,这里的自然条件号称"天无三日晴,地无三里平",于是山区先民创造出了独特的"吊脚楼","吊脚楼"也就成了苗族民居的一大特色。苗族的吊脚楼建在斜坡上,把地削成一个"厂"字形的土台,土台下用长木柱支撑。每幢木楼,一般分三层,上层储谷,中层住人,下层楼脚围栏成圈,作堆放杂物或关养牲畜用。吊脚楼的优点明显,人住楼上通风防潮,又可防止野兽和毒蛇的侵害,这种住宅在西南山区至今仍有建造。吊脚楼是苗族传统建筑,是中国南方特有的古老建筑形式。楼上住人,楼下架空,被现代建筑学家认为是最佳的生态建筑形式。

资料补充

吊脚楼(图3-9)也叫"吊楼",为苗族、壮族、布依族、侗族、水族、土家族等族传统民居,在湘西、鄂西、贵州地区的吊脚楼最多。吊脚楼多依山就势而建,呈虎坐形,以"左青龙,右白虎,前朱雀,后玄武"为最佳屋场,后来讲究朝向,或坐西向东,或坐东向西。吊脚楼属于干栏式建筑,但与一般所指干栏有所不同。干栏应该全部都悬空的,所以称吊脚楼为半干栏式建筑。

图3-9 湖南凤凰吊脚楼

吊脚楼最基本的特点是正屋建在实地上,厢房除一边靠在实地和正房相连,其余三边皆悬空,靠柱子支撑。吊脚楼有很多好处,高悬地面既通风干燥,又能防毒蛇、野兽,楼板下还可放杂物。吊楼还有鲜明的民族特色,优雅的"丝檐"和宽绰的"走栏"使吊脚楼自成一格。这类吊脚楼比"栏杆"较成功地摆脱了原始性,具有较高的文化层次,被称为巴楚文化的"活化石"。

饮食 以大米为主食,油炸食品以油炸粑粑最为常见。四川、云南等地的苗族喜吃狗肉,有"苗族的狗,彝族的酒"之说。苗家的食用油除动物油外,多是茶油和菜油。苗族的菜肴种类繁多,常见的蔬菜有豆类、瓜类、青菜、萝卜,大部分苗族都善作豆制品,以辣椒为主要调味品,有的地区甚至有"无辣不成菜"之说。

在众多苗族菜肴中,以酸汤最为著名,其酸香丰富,是苗族传统的风味名菜。苗族同胞居住于大山之中,山高路远,于是乎家家都有酸菜坛,少的一两个,多的有几十个。

服饰 苗族服饰(图3-10)是我国和世界上服饰种类最多、保存最好的区域,有200余种之多,苗族服饰从总体来看,保持着中国民间的织、绣、挑、染的传统工艺技法;从内容上看,服饰图案大多取材于日常生活中各种活生生的物象,有表意和识别族类、支系及语言的重要作用,这些形象记录被专家学者称为"穿在身上的史诗";从造型上看,采用中国传统的线描式或近乎线描式的、以单线为纹样轮廓的造型手法;从制作技艺看,采用了服饰发展史上的五种形制,即编制型、织制型、缝制型、拼合型和剪裁型;从用色上看,她们善于用多种强烈的对比色彩,努力追求颜色的浓郁和厚重的艳丽感,一般均为红、黑、白、黄、蓝五

图3-10 苗族服饰

种;从构图上看,它并不强调突出主题,只注重适应服装的整体感的要求;从形式上看,分为盛装和便装,盛装为节日礼宾和婚嫁时穿着的服装,繁复华丽,集中体现苗族服饰的艺术水平,而便装,样式比盛装样式素静、简洁,用料少、费工少,供日常穿着之用。

头饰 包括银角、银扇、银帽、银围帕、银飘头排、银发簪、银插针、银顶花、银网链、银花梳、银耳环、银童帽饰。前胸戴银锁和银压领,胸前、背后戴的是银披风,下垂许多小银铃。耳环、手镯都是银制品。苗家姑娘盛装的服饰常常有数公斤重,有的是几代人积累继承下来的,素有"花衣银装赛天仙"的美称。这正是苗族服饰被称为是"穿在身上的百科全书"的所在。

婚俗 青年男女恋爱婚姻比较自由,通过"游方""跳月"等社交活动,自由对歌,恋爱成婚。游方,旧称"摇马郎",是黔东南、黔南苗族青年男女公开的社交和娱乐活动,这些苗族青年男女往往通过游方这种方式,交结朋友,选择伴侣。苗族有同姓同宗不婚的

习俗,有的地方同姓不同宗也可通婚。为了青年男女社交,每一个苗寨都有供青年男女谈情说爱的场所,叫"游方坡",或"游方坪"。节日一到,母亲为女儿做花衣,父亲存钱打首饰,把女儿打扮起来去游方。男青年往往要跋山涉水几十里,甚至上百里,主动到游方坡去游方——用吹口哨、木叶、夜箫、芦笙或唱山歌等信号邀请女青年出门。有的地方平时夜间也可以游方,姑娘们身着崭新的衣裙,头戴银首饰,颈配银项圈,用以表示自己的富有,并以自己美丽的容貌和姿态,吸引小伙子的爱慕。他们在游方坡见面后,小伙子十分礼貌的和姑娘打招呼,称赞姑娘的美貌,然后通过对山歌互相介绍。夜幕降临后,小伙子吹起芦笙,姑娘在芦笙的伴奏下翩翩起舞,舞步随着舞曲变换,进、退、回、旋,整齐而优美,多样而和谐,时而强健有力,时而轻盈舒缓,尤其在月光下,悠扬的芦笙伴着优美的舞姿,朦朦胧胧,像到了另一个天地,特别富有诗情画意,可以说苗族青年男女的恋爱是在舞蹈和对歌中进行的。

深夜,男女青年围着火塘对唱。这时候的对歌往往是小伙子用歌声赞美姑娘的美丽、聪明等,抒发爱的情意,把一切赞美的语言都拿出来。姑娘也可以"海誓山盟",表达出非他不嫁的决心。

通过多次的游方后,双方互相了解后,小伙子便到女方父母家中走访。这时,姑娘对小伙子表现出特殊的爱慕,女方父母杀鸡宰鸭,取出美酒款待。晚上男女二人又互唱山歌,这时的山歌情深意切,即景生情,现编现唱,随口对唱,订立婚约,交换信物。苗族游方活动是很讲礼貌的,毫无粗鄙、浪荡行为,体现了高尚的情操和品德。

每到中秋之夜,明亮亮的月光照遍了苗家山寨,苗族男男女女全家团聚后,都要到山林空地上,载歌载舞,举行"跳月"活动。苗族有个古老传说,月亮是个忠诚憨厚、勤劳勇敢的青年。有个年轻美丽的水清姑娘,她拒绝了来自九十九州九十九个向她求婚的小伙子,深深爱上了月亮,最后,她还经历了太阳制造的种种磨难,终于和月亮幸福地结合在一起。苗族父老为了表示对他们幸福爱情的怀念,世世代代都要在中秋之夜,沐浴着月亮的光辉,跳起苗家歌舞,并把这一风俗称为"跳月"。青年男女在"跳月"中,相互寻找心上人,倾吐爱慕之情,表示要像水清和月亮一样,心地纯洁明亮,永结白头之好。

丧葬　行土葬、火葬。

节日　民间的传统节日较多,有苗年、四月八、龙舟节、吃新节、赶秋节等,其中以过苗年最为隆重。

苗年相当于汉族的春节,是苗族人民最隆重的传统节日,一般在秋后举行,盛行于贵州黔东南和广西的苗族聚居区。过苗年的日期,各地不尽相同,一般来说以十一月三十日为除夕,次日为过年的最多。

打糯米粑、酿米酒、打豆腐、发豆芽,一般还要杀猪或买猪肉等等,是苗族为过年准备的年货。在苗年三十的晚上,全家都要在家吃年饭,守岁到午夜才打开大门放鞭炮,表示迎接龙进家。在天刚拂晓时,每家都由长辈在家主持祭祖。早餐后,中青年男子便上邻居家拜年,苗语称为"对仰",表示祝贺新年快乐。在新年的头两天,家里有若干禁忌,如:不出外挑水,不上山砍柴、割草;不扫地;妇女不做针线活;有的地区,妇女不做饭,由男人代替;男人不外出拾粪,等等。苗乡的男婚女嫁,一般都选在过苗年的时间。苗年的民俗活动很丰富,主要有祭祀祖先,吹芦笙踩堂,走寨结同年。

禁忌 苗族人不吃羊肉,忌狗肉上灶,忌在屋里煮蛇肉,险恶环境中忌嬉笑,忌刀口朝上,忌用凶器指人。父母或同村人去世,一个月内忌食辣椒。忌在家里或夜间吹口哨。

二、藏族

(一)概况

藏族分布在中国辽阔的青藏高原上,主要聚居在西藏自治区以及青海、甘肃、四川、云南四省部分地区。藏语属汉藏语系藏缅语族。藏族文字是参照梵文某些字母创造的,至今通用。藏族以牧业为主,也从事农业。藏族普遍信仰藏传佛教,也有少数人信仰本土原始宗教苯教。藏族的医药、天文、历学、戏曲、文学、歌舞、唐卡(具有浓郁民族特色的卷轴画)等,都有较高水平。成书于8世纪的医学巨著《四部医典》是古代藏族人民智慧的结晶。著名的《甘珠尔》《丹珠尔》是藏文大藏经的两大组成部分,堪称藏族文化的百科全书。《格萨尔王传》中国著名史诗之一,也是世界历史上最长的史诗之一。

(二)民俗

居住 藏族民居极具特色,藏南谷地的碉房(图3-11)、藏北牧区的帐房、雅鲁藏布江流域林区的木构建筑各有特色。藏族民居在注意防寒、防风、防震的同时,也采用开辟风门,设置天井、天窗等方法,较好地解决了气候、地理等自然环境不利因素对生产、生活的影响,达到通风、采暖的效果。

藏族最具代表性的民居是碉房。碉房多为石木结构,外形端庄稳固,风格古朴粗犷。碉房外墙向上收缩,依山而建,内墙仍保持竖直。碉房一般分两层,以柱计算房间数,底层为牲畜圈和储藏室,层高较低;二层为居住层,大间作堂屋、卧室、厨房,小间为储藏室或楼梯间。若有第三层,则多作经堂和晒台之用。

图3-11 藏族碉房

碉房具有坚实稳固、结构严密、楼角整齐的特点,既利于防风避寒,又便于御敌防盗。

帐房是牧区藏民为适应逐水草而居的流动性生活方式而采用的一种特殊性建筑形式。帐房的平面一般为方形或长方形,用木棍支撑高2 m左右的框架,上覆黑色牦牛毡毯,四周用牦牛绳牵引,固定在地上。帐房正脊留有宽15 cm左右、长1.5 m的缝隙,供采光和通风。帐房内部、周围用草泥块或土坯垒成高40~50 cm的矮墙,上面堆放青稞、酥油袋和牛粪。帐房内陈设简单,中间置火灶,灶后供佛,四周地上铺以羊皮,供坐卧休憩之用。这种帐房制作简单,拆装灵活,运输方便。

藏族民居室内外的陈设显示着神佛的崇高地位。不论是农牧民住宅,还是贵族上层府邸,都有供佛的设施,最简单的也设置供案,敬奉菩萨。

饮食 藏族的饮食,牧区与农区稍有不同,但有共同的嗜好,都喜欢吃青稞面、酥油茶和牛肉、羊肉、奶制品。牧民吃肉喜欢用白水煮,把带骨大块肉放锅里煮,肉煮至半熟时就可捞出来吃。对尊贵的客人要奉敬一盘羊尾,尾捎上还要留有一塔象征吉祥的白羊毛。绝大部分藏族以糌粑为主食,喝青稞酒、酥油茶。在藏族民间,无论男女老幼,都把酥油茶当作必需的饮料。血肠和奶酪也是藏族传统的菜肴。藏族食用牛、羊肉讲究新鲜,在牛羊宰杀之后,立即将大块带骨肉入锅,用猛火炖煮,开锅后即可捞出食用,以鲜嫩可口为最佳。

藏历腊月二十九日是藏族的年饭称为"古突",本意是腊九粥,由9种物质熬成粥:麦粒、杏、羊毛、辣椒、瓷片、内向捻线团、外向捻线团、豌豆、木炭,每种物质都有一定意义。

服饰 藏族服饰的最基本特征是肥腰、长袖、大襟、右衽、长裙、长靴、编发、金银珠玉饰品等。由于长期的封闭性生存,藏族服饰发展的纵向差异并不大,其基调变化亦小。藏族服饰的形制与质地较大程度地取决于藏族人民所处生态环境和在此基础上形成的生产生活方式。

藏袍是藏族的主要服装款式,种类很多,特点是长袖、宽腰、大襟。妇女冬穿长袖长袍,夏着无袖长袍,内穿各种颜色与花纹的衬衣,腰前系一块彩色花纹的围裙。从衣服质地上可分锦缎、皮面、氆氇、素布等,藏袍花纹装饰很讲究,过去僧官不同品级,严格区分纹饰。藏袍可分牧区皮袍、色袖袍、农区为氆氇袍。

藏帽式样繁多,质地不一,有金花帽、氆氇帽等一二十种。藏靴是藏族服饰的重要特征之一,常见的有"松巴拉木"花靴,靴底是棉线皮革做的。头饰佩饰在藏装中占有重要位置,佩饰以腰部的佩褂最有特色,镶以金银珠宝。头饰的质地有铜、银、金质雕镂器物和玉、珊瑚、珍珠等珍宝。

藏族婚俗有旧婚俗和新婚俗之分,旧婚俗多数是包办,父母有养育和解决子女婚姻的责任,子女只有服从和孝敬父母的义务,过去找媳妇或赘女婿,子女是没有权利过问的。新婚俗是恋爱结婚基本上父母不包办代替,多为自由婚姻,男女恋爱,告知父母,再行习惯手续,最终成婚,但仍然基本遵循过去遗留下来的求婚、订婚和婚礼程序。

礼仪 在藏族的礼俗中,欢迎亲友互献哈达是最普遍的一种礼节。哈达通常以白色为主。现在,上级向下级、长辈对晚辈称赐给哈达,接受人应低头躬身,让上级或长者将哈达挂在脖子上;平级、平辈称互赠哈达,献哈达给对方手上即可,对方接受后应回赠一条哈达。

节日 藏族传统节日很多,几乎每个月都有一个节日。在众多节日中,藏历新年和雪顿节是其中最重要的节日。

藏历新年,藏语称为"甲布罗萨",是藏族传统节日,也是藏族最为隆重的节日。每年藏历正月初一开始,三至五天不等。藏历十二月初,人们便开始准备年货。除夕晚上,各家在佛像前摆好各种食品,这天的晚饭,各家要吃面团突巴(古突)。在面团突巴中特意制作几个包有石子、辣椒、木炭、羊毛等夹心不同的面团,每一种夹心都有一种说法,石子预示心肠硬,木炭预示心黑,辣椒预示嘴如刀,羊毛说明心肠软,而吃到这些夹心的人,均即席吐出引起哄堂大笑,以助除夕之兴。

大年初一天不亮,家庭主妇便从河里背回"吉祥水",然后唤醒全家人,按辈排位坐定,长辈端来五谷斗每人先抓几粒,向天抛去,表示祭神,然后依次抓一点送进嘴里。此后长辈按次序祝"扎西德勒"(吉祥如意),后辈回贺"扎西德勒彭松措"(吉祥如意,功德圆满)。仪式完毕后,便吃麦片土巴和酥油煮的人参果,接着互敬青稞酒。初二亲友之间相互登门拜年祝贺,互赠哈达,男女老少都穿上节日的盛装,见面互道"扎西德勒""节日愉快"。此活动持续三五天。

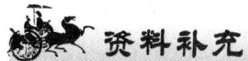

雪顿节

每年藏历六月三十日的雪顿节是藏族传统节日。雪顿是藏语音译,意思是"酸奶宴",于是雪顿节便被解释为喝酸奶子的节日。按藏传佛教格鲁派(黄教)的规定,每年藏历六月十五至七月三十日为禁期,大小寺庙的喇嘛不许外出,以免踩死小虫,待七月三十日解禁之后方可下山。喇嘛下山时,农牧民拿出酸奶敬献,形成雪顿节。后来逐渐演变成以演藏戏为主,因此又称"藏戏节"。

节日期间有哲蚌晒佛、藏戏表演、逛林卡等活动。每年的藏历6月30日,拉萨市西郊的哲蚌寺都举行盛大的"展佛"活动,让更多的信徒有机会膜拜佛祖。

丧葬 藏族的葬仪分塔葬、火葬、天葬(鸟葬)、水葬、土葬五种。

禁忌 藏族人遇到寺院、嘛尼堆、佛塔等佛教设施,都必须下马并从左往右绕行。藏族佛像、佛寺里的经书、钟鼓以及活佛的身体、佩带的念珠等物被视为圣物,忌别人随便触摸;转经筒、转寺院、叩长头要按顺时针方向转动,等等;忌吃狗、驴、马肉;忌吃尖嘴动物的肉、有爪动物的肉及鱼虾等水生动物的肉;忌讳用脚蹬踩灶台或坐于灶台上,互不熟悉的男女忌讳在一个碗里揉糌粑和吃糌粑;忌男女混坐,男女入室后男坐左、女坐右,就座时忌双腿伸直,脚底朝人;忌讳在家中吹口哨、拍巴掌;忌讳别人对自己的孩子过分夸奖;做奶制品的家具不能放别的东西,接羔犊季节非亲属不能进入帐篷,拴牲口的地方忌大小便;平时点火时,忌烧猪、狗粪或旧鞋、破布等不洁之物;忌有骨头扔于火中;忌讳有缝或有豁口的碗、碟等器皿待客,饮食用的碗和茶具忌扣着放置;忌讳当着当事人的面谈其婚事;扫地时忌讳直接从对方手中接过扫帚,亲人出门后忌讳马上扫地;家有病人或妇女生育时,忌生人来访;在藏区偶见身挂红、黄、绿布标的牛羊徜徉于郊野,可不要随意驱赶、伤害,那是藏民敬神的祭品;切勿以猎枪对准鹰鹫,藏民忌讳伤害他们的神鸟;未经同意不可入庙,入庙后不可吸烟,庙内物品观看无妨,不可擅自触摸佛像、经书及拍照。

三、彝族

(一) 概况

彝族主要分布在云南、四川、贵州和广西等省区,四川凉山彝族自治州是全国最大的彝族聚居区。彝族的经济生活以农业为主,畜牧业是主要的副业。彝人世代在云贵高原和康藏高原的东南部边缘地带的高山河谷间生产劳作,繁衍生息。彝族有自己的语言文字,属汉藏语系藏缅语族,文字是一种音节文字,经整理的规范彝文,已正式使用。彝族宗教信仰主要是多神与祖先崇拜,部分地区彝族还受道教和佛教影响。天主教和基督教也于19世纪末先后传入彝区。

(二) 民俗

居住 我国彝族分布范围较广,为适应不同地区的自然地理环境和气候条件,创造发明了富有特色的各式民居,互板房、闪片房、土掌房、三房一照壁、干栏房等,是彝族丰富的民居建筑的典型代表。其中,滇南彝族的"土掌房"(图3-12)最有特色。土掌房是一种夯土筑墙、墙上架梁的平顶土房。土掌房的最大特点是房顶的建造,先是搭放圆木梁,梁上铺一层松柏枝,然后再覆撒一层松毛,再摊一层细泥,最后压一层沙土。这样的房顶可做到防晒、防寒、防雨,并由于其铺建结实,又可作为夏日纳凉的阳台和晒粮食的晒台。

图3-12 彝族"土掌房"

饮食 彝族的主食为玉米、荞麦、大小麦等。彝族人喜欢吃"坨坨肉"、饮"转转酒",大多数彝族习惯于日食三餐,以杂粮面、米为主食,狩猎所获取的鹿、熊、岩羊、野猪等也是日常肉类的补充。彝族常吃的典型食品有:荞粑,彝族风味主食;面糊酸菜肉,彝族农家常菜;白水煮乳猪等。山地还盛产蘑菇、木耳、核桃,加上菜园生产的蔬菜,使得蔬菜的来源十分广泛,除新鲜食用外,大部分都要做成酸菜。彝族日常饮料有酒、有茶,以酒待客,民间有"汉人贵茶,彝人贵酒"之说。饮茶之习在老年人中比较普遍,以烤茶为主,彝族饮茶每次只斟浅浅的半杯,徐徐而饮。

服饰 彝族服饰多姿多彩,风格独具。历史上,由于彝族支系众多,居住分散,因此,各地服饰区别明显,样式各异,带有浓厚的地域色彩。彝族男子多穿黑色窄袖且镶有花边的右开襟上衣,下着多褶宽脚长裤,头顶留有约三寸长的头发一绺,汉语称为"天菩萨",彝语称为"子尔"。这是彝族男子显示神灵的方式,千万不能触摸。妇女一般上身穿镶边或绣花的大襟右衽上衣,戴黑色包头、耳环,领口别有银排花。除小凉山的彝族穿裙子外,云南其他地区的彝族妇女都穿长裤,许多支系的女子长裤脚上还绣有精致的花边,已婚妇女的衣襟袖口、领口也都绣有精美多彩的花边,尤其是围腰上的刺绣更是光彩夺目。滇中、滇南的未婚女子多戴鲜艳的缀有红缨和珠料的鸡冠帽。

居住在山区的彝族,过去无论男女,都喜欢披一件"擦耳瓦"——羊皮披毡。它形似斗篷,用羊毛织成,长至膝盖之下,下端缀有毛穗子,一般为深黑色。彝族少女15岁前,穿的是红白两色童裙,梳的是独辫,满15岁,有的地方就要举行一种叫"沙拉洛"的仪式,意即"换裙子、梳双辫、扯耳线",标志着该少女已经长大成人。15岁以后,要穿中段是黑色的青年姑娘的拖地长裙,单辫梳成双辫,戴上绣满彩花的头帕,把童年时穿耳的旧线扯下换上银耳坠。

婚俗 男女青年相识和相恋后,双方都情投意合,称心如意,男方父母选取一吉日,并征得女方父母同意后,就为他们举行婚礼。婚礼举行前几天,姑娘要减饭减水,临出嫁前更是不准吃喝。

节日 彝族除了过春节外,最主要的是过火把节。火把节是西南地区彝、白、布朗、纳西等族人民的传统节日,一般在农历六月二十四前后举行,节期3~7天。彝族火把节来自一个古老的传说:名叫十大力的恶魔到人间破坏人们的幸福生活,地上的一名叫包聪的大力士与他摔跤定胜负,恶魔斗输后放出各种害虫来糟蹋人们的庄稼,包聪又集合起人们点燃一支支火把去烧死害虫,保卫了人民的幸福生活,这一天正好是农历六月二十四日。在彝族山寨,到了火把节之夜,村村寨寨都要竖起一个高丈余的大火把,各家的小火把放在大火把周围,以示团结齐心。人们穿上节日盛装,围着火把唱歌跳舞。在最高潮的时候,人们还要举着熊熊燃烧的火把,绕住房和田边地头,边走边唱,并发出阵阵洪亮的歌声和吼声,火把相连,形成条条火龙,蔚为壮观。火把节期间的白天,男子们参加摔跤、赛马、斗牛、斗羊、爬杆等活动和比赛;妇女们的活动主要是唱歌、跳舞,有的向摔跤、斗牛等比赛的优胜者敬酒。

礼仪 彝族是一个文武并重、讲究文明礼貌的民族。长幼之间,谁长谁幼,谁大谁小,不仅论年龄,还依据父家谱牒或母系谱牒的长晚来定,不许喊错;在特殊的公共场合里,就座排位要以辈数大小排列,长辈在场时发言不准抢先;彝族有"客人长主三百岁"之俗话,凡有客人来,必须让位于最上方,至少也要烟茶相待。

禁忌 彝族男子头上都蓄有一蓬头发,这是男子最高贵的地方,忌旁人用手触摸;彝族有敬神树的习惯,神树严禁砍伐;祭祀时忌外人观看;忌外人骑马进寨子,到寨门的竹篱笆前必须下马;到彝族家里做客,要坐在火塘的上方或右方,忌用脚踏三脚架;彝族人对待客人,一般都用酒肉盛情款待,他们给你东西吃你必须吃,即使不喝酒也要少喝一点,以表谢意,不然,他们会认为你看不起他们;彝族人忌把款待客人的食品带走,认为带走这种食品是不讲义气。彝族民间禁忌很多,在社会、生产、生活各个方面都有表现,且各地有别。

四、白族

(一) 概况

白族大多聚居在云南大理白族自治州,其余分布在云南省各地及四川省凉山彝族自治州和贵州省毕节地区等地。白族有自己的语言,白语属汉藏语系藏缅语族彝语支,多数人通晓汉语言文字。白族人民大多信仰佛教,有少数人信仰道教。奉祀"本主"(保护神)是白族宗教信仰的一个明显特点。白族在天文、历法、气象、医学、建筑、雕刻、绘画等方面有很高的成就。大理古城是中国历史名城之一,大理崇圣三塔、剑川石钟山石窟等佛教圣地及文化古迹,都是白族人民智慧的结晶。

(二) 民俗

居住 白族民居,是白族建筑艺术的一大景观。大理石头多,白族民居大都就地取材,建筑材料多以石头为主。石头不仅用在打地基、砌墙壁,也用于门窗的横梁。白族民居的平面布局和组合形式一般有"一正两耳""两房一耳""三坊一照壁""四合五天井""六合同春"和"走马转角楼"等。采用什么形式,由房主人的经济条件和家族大小、人口多寡所决定。白族民居的大门大都开在东北角上,门不能直通院子,必须用墙壁遮挡,遮挡墙上一般写上"福"字。

白族很讲求住宅环境的优雅和整洁。多数人家的天井里一般都砌有花坛,种上几株山茶、缅桂、丹桂、石榴、香橼等乔木花果树。花坛边沿或屋檐口放置兰花等盆花。种花爱花是白族的传统美德。

饮食 白族的主食有稻米和小麦;喜食酸辣味。白族人善于腌制火腿、腊肉、弓鱼,制作香肠和猪肝榨等风味菜肴,"砂锅弓鱼"是白族最负盛名的宴席菜肴;住在坝区的白族以稻米为主食,兼食小麦面;住在山区的白族以玉米、荞麦为主食;喜酸辣,爱吃凉菜,爱喝烤茶,有比较著名的"三道茶";大理地区的白族喜欢吃"生皮""剁生";白族妇女会做雕梅和蜜饯。

服饰 白族崇尚白色。男子多穿白色对襟衣,套黑领褂。大理一带妇女多穿白色上衣,外套黑丝绒短褂或红色坎肩,下着蓝布宽裤,以绣花布或彩色毛巾缠头;已婚者绾髻,未婚者垂辫或盘辫于顶,脚穿绣花鞋,一般都佩戴银饰。外出时,男女多戴"大理草帽"。

婚俗 男女青年可以自己选择对象,自由恋爱结婚。

丧葬 行土葬。

节日 白族的节日主要是春节、三月街等,还有年节、绕三灵、火把节、渔潭会。三月街,又称"观音市""观音街",是白族人民的盛大节日和传统盛会。每年农历三月十五至二十日在大理城西的点苍山中和峰下举行。

礼节 白族热情好客,即使是陌生的不速之客,也会受到主人热情款待,在人称谓前往往加一个"阿"字,表示尊敬和亲切;客人光临,必以烤茶招待。白族茶礼一般斟三道,俗称三道茶,一道为纯烤茶,二道加核桃片、乳扇和红糖,三道加蜂蜜和几颗花椒,是白族对尊贵的客人的招待;吃饭时,长辈坐首位,晚辈依次坐在两旁或对面,随时为长辈添饭加汤,热情伺候。

禁忌 夏历七月十五日接送祖先亡灵时,不能出门;火把节的晚上,岳父家不能接女婿来家中过节;访友或探望病人,不要在上午,以下午或晚间为宜;年节正月初一这天,不能到别家串门;斟茶只能斟半杯,喝完再续,斟满杯茶端给客人,被视为不礼貌;妇女分娩,忌外人上门。

五、傣族

(一)概况

傣族主要聚居在云南西双版纳傣族自治州和德宏傣族景颇族自治州,其余分布在云南各县市。傣语属汉藏语系壮侗语族。傣文为传统的拼音文字。傣族信仰上座部佛教(小乘佛教),佛教对傣族风俗习惯的影响十分明显,未成年男子都要入寺为僧,过一段僧侣生活,方能还俗回家。傣族有自己的历法和文献,民间文艺活动丰富多彩,著名的孔雀舞和"赞哈"(歌手)演唱民间叙事长诗和民歌,为傣族人民所喜闻乐见。

(二)民俗

居住 傣族居住的地区多为河谷平坝,地势较低,终年无雪,雨量充沛,属亚热带气候。傣族的建筑受气候、海拔、地形、建筑材料等自然环境和人口、经济、宗教、政治、科技、思想意识等社会环境的影响,主要有以西双版纳傣族民居为代表的优美灵巧的干栏式建筑,以元江、红河一线傣族民居为代表的厚重结实的平顶土掌房,以及典雅富丽的佛寺建筑。

西双版纳傣族竹楼(图3-13)多为方形,分上下两层,上层为居住层,堂屋、卧室各一间,外有开放的前廊和晒台;楼下架空,堂屋中设火塘,供日常饮食、待客,火塘常年火不灭;卧室为一大通间,在楼面上铺垫、挂帐,席地而卧。家中数代同室而寝,睡觉位置按长幼次序排列,长辈靠里,晚辈靠外。傣族一般不欢迎外人进入卧室。傣族竹楼屋顶为歇山式,脊短,坡陡,下有披屋面(即偏厦),有

图3-13 西双版纳傣族的竹楼

重檐屋顶遮阳挡雨,一般没有窗户,墙及楼板多缝隙,可以通风,达到了室内阴凉的效果。

饮食 傣族是一个居住在海拔较低坝子上的民族,因气候、气温等多种自然因素的影响,形成了独特饮食特点。傣族饮食以大米为主,肉类以猪肉为主,牛、鸡、鸭、鹅等次之。傣族用糯米加工成的食品多样,有香竹饭、黄米饭、紫米饭、米干、米线、粽子、千层年

糕,各种糯米粑粑等,多达数十种。

傣族的菜肴多喜好酸辣味,故有"酸摆夷"之称,是傣族饮食中的亮点和最能体现民族特点的一种文化。傣族居住地都较燥热,酸性食品不仅能消食,而且能刺激食欲,预防中暑。在傣族闻名遐迩的菜谱中,其名菜几乎都离不开酸的成分。

傣族饮食文化的另一个特点是喜欢吃一些野生的动植物,如食蝉、野生的蕨菜、刺苞、鱼腥菜、攀枝花、芭蕉花等,傣族人民将其佐以调料做成美味绝伦的佳肴。

服饰　傣族妇女的穿着打扮,是全世界最美丽的,它就像孔雀开屏一样,五彩缤纷,美不胜收,因此素有"金孔雀"的美称。傣族妇女一般喜欢穿窄袖短衣和筒裙(图3-14),上面穿一件白色或绯色内衣,外面是紧身短上衣,圆领窄袖,有大襟,也有对襟,有水红、淡黄、浅绿、雪白、天蓝等多种色彩,上衣前后衣襟刚好齐腰,紧紧裹住身子,再用一根银腰带系着短袖衫和筒裙口;下着长至脚踝的筒裙,腰身纤巧细小,下摆宽大。傣族妇女的这种装束,充分展示了女性的胸、腰、臀"三围"之美,加上所采用的布料轻柔、色彩鲜艳明快,无论走路或做事,都给人一种婀娜多姿、潇洒飘逸的感觉。

图3-14　傣族女子服饰

傣族男子一般都穿无领对襟或大襟小袖衫,下穿长管裤,用白布、青布或绯布包头,有的戴呢礼帽,显得潇洒大方。

婚俗　傣族青年婚前社交自由,串寨子、丢包是选择对象和表达爱情的方式。但是缔结婚姻还要托媒说亲。傣族还流行招赘婚。

节日　傣族的节日大多与宗教信仰有关,主要有泼水节、关门节、开门节等。泼水节即傣历新年,又称佛诞节、浴佛节或堆沙节,一般在农历清明前后举行,节期3~5天。泼水节是在傣历六月(公历四月)举行,传说很早以前,有七位善良民女杀死了霸占她们的魔王,但遭魔火烧身,众人见此情景,皆泼水灭火相救,人们为了永远怀念为民除害的七姐妹,每逢新年,便用水相泼,洗尘去污,祝福在新的一年里消灾祛祸,身体健康。

礼节　傣族老人受尊敬,村中红白喜事都要专门送饭菜给老人;说话和气,家庭、邻里关系和睦,很少吵架;晚辈从长辈面前经过,要弯腰细步,以示对长者的尊敬;热情好客,过往客人,都会受到主人的盛情款待,有的家庭还备有专门招待客人的被褥,比自己用的还漂亮。

丧葬　行土葬、火葬和水葬,以土葬为主。

禁忌　每寨都有佛寺,进寺要脱鞋袜,妇女进佛寺忌任意走动;忌触摸神像及法器;忌摸小和尚的头顶;进入傣族人的住房时,到楼口要脱鞋,进门后,禁用脚踩楼板;房内的中柱楼上部分忌挂东西和用背靠,楼下部分忌拴马;忌从家中火塘上面跨过;忌在傣族人家中吹口哨和玩响乐器;忌男招待女客,女招待男客。

六、纳西族

(一)概况

纳西族主要聚居在云南省丽江纳西族自治县和滇川间的泸沽湖畔,其余有少量分布在四川和西藏。

纳西语属汉藏语系藏缅语族。早在7世纪,纳西族人民创造了象形表意文字"东巴文"和音节文字"哥巴文",但是没有普遍推广。东巴文是目前世界上唯一保留完整的象形文字,被称作"活着的象形文字"。由于纳西族同汉族一直保持着密切关系,因此,纳西族人民通用汉语言文字。

纳西族信仰东巴教。部分纳西人信仰喇嘛教,极少数信仰道教、基督教。

东巴教是一种原始多神教,在长期的历史发展过程中,纳西族人民的生产生活、民间风俗、精神生活都受到了东巴教的深刻影响,从而形成了一种独特的文化,通称为"东巴文化"。

(二)民俗

居住 丽江坝区纳西族的房屋多系土木瓦结构,普遍采用"三房一照壁"的形式,正房较高,偏房略低;山区居民多系木楞房,上盖石片。

饮食 纳西族以小麦、玉米、大麦、荞麦等为主食。肉食有牛肉、羊肉、鸡肉、猪肉等,以水煮为主,佐料较少。蔬菜种类较多,多晒成干菜,以备冬季食用。

纳西族早餐一般食用小麦面粑粑,喝酥油茶或浓砖茶;中餐和晚餐则吃大米饭,配以各类汤菜,特别喜食以腊肉或排骨汤熬成高汤后,再炖入豆腐、粉丝、粉皮、芋头、洋芋、韭菜根等干鲜蔬菜煮成的杂烩菜。猪肉比较特色的吃法是将猪肉进行腌、晾、晒等加工后制成腌肉、火腿,是当地最为有名的食品。此外还有一个特色是腌酸鱼。

纳西族传统名菜"酿松茸",是用松茸菌盖抹入肉泥,蒸熟后作为祭祀,特别是祭祖的一道专用菜肴。纳西族最负盛名的佳馔有"八碗八碟""丽江粑粑""琵琶肉"等。

服饰 纳西族妇女以勤劳能干、贤德善良而著称。她们的传统服饰具有鲜明的民族特色,形成了自己独特的风格,并且各地的服饰也有着差异:丽江市大研一带纳西妇女上穿大襟宽袖布袍,袖口挽至肘部,外加紫色或藏青色坎肩;下着长裤,腰系用黑、白、蓝等色棉布缝制的围腰,上打百褶,下镶天蓝色宽边;背披"七星羊皮"(图3-15),羊皮上端缝有两根白色长带,披时从肩搭过,在胸前交错又系在腰后。

图3-15 纳西族服饰

资料补充

纳西族的"披星戴月"

"披星戴月"就是纳西族的羊皮披肩,它是丽江纳西妇女服饰的重要标志。它一般用整块纯黑色羊皮制成,剪裁为上方下圆,上部缝着6厘米宽的黑边,下面再钉上一字横排的七个彩绣的圆形布盘,圆心各垂两根白色的羊皮飘带,代表北斗七星,俗称"披星戴月",象征纳西族妇女早出晚归,披星戴月,以示勤劳之意。另有一种看法认为,上方下圆的羊皮是模仿青蛙的形状剪裁,而缀在背面的圆盘纳西人称为"巴妙",意为"青蛙的眼睛",这是崇拜蛙的丽江土著农耕居民与崇拜羊的南迁古羌人相融合后形成的纳西族产物。

婚俗 纳西族人因居住地区不同,婚姻习俗各有特点:主要聚居区丽江等地已经是一夫一妻制父系家庭,部分地区却仍保留着古代婚姻家庭形态的残余。如云南宁蒗县永宁和四川盐源县的泸沽湖畔的部分地区,直到1956年仍以母系氏族社会的对偶婚为主要形式,他们互称为阿注。阿注婚的主要特点是:男不娶妻,女不嫁夫。成年男子夜间到相好的女子家里过偶居生活,次日黎明返回自己的母亲家里,故彼此不算夫妻,而以阿注相称,所生子女归女方,男子不承担任何义务;男女双方均保持另交阿注和拒绝对方的自由,婚姻关系很不稳定。目前家庭形态仍以母系为主,但出现了向父系家庭过渡的现象。

节日 主要节日有春节、清明节、端阳节、中秋节、火把节,不少节日如:春节、清明、端午、中秋等均与当地汉族大致相同。春节是最大的传统节日,并且伴有许多祭祀活动。纳西族有本民族独特的节日"三朵节"。三朵是纳西族千百年来笃信的保护神,过去每年农历的二月和八月的羊日,各地纳西族人都到丽江白沙三朵阁(俗称北岳庙)和各地三朵阁举行隆重的祭拜活动,并进行各种文娱活动。1986年8月,丽江市决定将每年农历二月初八日,祭拜三朵活动的三朵节定为纳西族传统节日。

丧葬 丽江地区以土葬为主;中甸三坝一带火葬土葬并存;泸沽湖地区仍保留火葬古俗,且有以母系氏族为单位的公共墓地。

禁忌 到纳西族人家里不能将马拴在祭天堂的地方;忌触动大门两旁所立的石头"门神";忌乱砍伐神树;不能蹬踏做饭用的三脚架,不能翻弄灶里的灰;有的地方还忌在家里唱山歌;有的地方骑马到寨前必须下马,不能蹬踏架锅做饭用的三脚架;祭天堂、祖先、战神时,忌外人观看;进屋后不能靠神位就座,最好坐在灶下方或周围。

第四节 中国中南地区少数民族民俗

壮族、土家族、黎族是我国中南地区主要的少数民族。壮族具有悠久灿烂的民族文化。土家族的文化艺术丰富多彩,土家锦和摆手舞并称为土家族人民的艺术之花。黎族主要分布在海南省中南部,地域特色十分明显。

一、壮族

(一)概况

壮族是我国少数民族中人口最多的一个民族。壮族大部分聚居在广西壮族自治区,其余分布在云南、广东、贵州及湖南等省。壮族有本民族的语言文字,属汉藏语系壮侗语族。壮文是以拉丁字母为基础创制的文字,在壮族地区全面推行使用。壮族信仰多神,崇拜自然物和祖先,道教、佛教对壮族影响也很大。

壮族具有悠久灿烂的民族文化,在集中本民族民间文学、音乐、舞蹈、技艺的基础上,壮族人民创造了壮戏。广西南部的花山原始崖壁画是壮族古代文化艺术精华。壮族人民铸造使用铜鼓已有2000多年历史,素有"铜鼓之乡"的誉称。壮锦是壮族妇女独创的传统纺织工艺品,与湘绣齐名,享誉海内外。

(二)民俗

居住　壮族喜欢依山傍水而居。在青山绿水之间,点缀着一栋栋木楼,这就是壮族人的传统民居(图3-16)。木楼上面住人,下面圈牲畜。无论是什么房子,都要把神龛放在整个房子的中轴线上。前厅用来举行庆典和社交活动,两边厢房住人,后厅为生活区。屋内的生活以火塘为中心,每日三餐都在火塘边进行。

图3-16　壮族干栏式民居

壮族人喜欢把村子建在山脚下向阳、通风好的地方。后山和村边栽上树木,规定不得乱砍滥伐,以保持村庄的生活安全。壮族称屋为"干栏"。住房的主要形式有全栏式、半栏式和平房三种。全干栏房属全楼居式,上层住人,下层养牲畜和存放农具,是传统的住房形式。这种居住习俗,过去主要是为了防猛兽和防盗贼偷盗牲畜。现在看来,由于楼下圈养牲畜,臭气上升,很不卫生,因此,随着社会的进步,干栏式民居已逐渐改变成人畜分居的平房或楼房式建筑。半栏房以一开间为楼房,楼上住人,楼下放牛羊、农具等,另一间为平房;平房多为三开间,这是当今壮族住房的主要形式。

饮食 壮族的主食是稻米,喜食大米饭、大米粥,喜欢用糯米制成各种粽子、糍粑、糕饼等食品,爱食酸品。在山区以玉米、小米、薯类为主食,玉米仅次于稻米,品种齐全,其中的糯玉米是壮人培育的优良品种之一,可以用来做粽子和糍粑,和糯米一样可口。壮族人都喜欢吃猪、牛、鸡、鸭、鱼肉,有的地方喜欢吃蛇肉、生鱼、豆腐圆等。

壮族的节日特殊主食,代表了食品的民族特色,有色、味、香俱全的五色饭、糍粑、油堆和沙糕;有外形奇特的各种粽子;有吃法与众不同的包生饭;有金灿灿的黏小米饭;还有无论是节日或平时都受欢迎的米粉。

服饰 壮族妇女擅长纺织和刺绣,所织的壮布和壮锦,均以图案精美和色彩艳丽著称,风格别致的"蜡染"一直为人们所喜爱。壮族服饰主要有蓝、黑、棕三种颜色。

壮族男装多为破胸对襟的唐装,以当地土布制作,不穿长裤,上衣短领对襟,缝一排(六至八对)布结纽扣,胸前缝小兜一对,腹部有两个大兜,下摆往里折成宽边,并于下沿左右两侧开对称裂口;穿宽大裤,短及膝下,有的缠绑腿,扎头巾。壮族妇女一般的服饰是一身蓝黑,裤脚稍宽,头上包着彩色印花或提花毛巾,腰间系着精致的围裙;上衣着藏青或深蓝色短领右衽偏襟上衣(有的在颈口、袖口、襟底均绣有彩色花边),分为对襟和偏襟两种,有无领和有领之别。上衣的长短有两个流派,大多数地区是短及腰,少数地区上衣长及膝。男女裤子式样基本相同,裤脚有绲边,俗称"牛头裤"。已婚妇女有绲花边的肚兜,腰裤左边悬挂一个穗形筒。壮族妇女普遍喜好戴耳环、手镯和项圈。到了现代,壮族的穿着已基本现代化,但老一辈人,仍普遍以穿蓝、黑两色为主。

节日 壮族的主要节日是歌圩节。歌圩节多在春秋两季举行,为期数天。

丧葬 行火葬、土葬。

禁忌 壮族称猪肝为"猪湿",称猪舌为"猪利",因为当地汉语"干"和"舌"有亏本之意;忌食牛肉和蛙肉;忌用脚踩踏锅灶;夜间行走禁止吹口哨;无论家人、客人,忌坐门槛中间、忌筷子跌落在地上,认为不吉利;吃饭时忌用嘴把饭吹凉,更忌把筷子插到碗里;忌从晾晒的妇女裤子下走过;家有产妇时,门上悬挂草帽一顶暗示外人不得入内。

二、土家族

(一)概况

土家族聚居在湖南、湖北、四川、贵州四省交界之地,主要在湖南省湘西土家族苗族自治州和湖北省恩施土家族苗族自治州。清雍正之后,土家族跟汉族之间全面交流,政治、经济、文化发展加速。

土家族的语言属汉藏语系藏缅语族,现在绝大多数人使用汉语,仅有少数聚居区还保留着土家语。土家族无本民族的文字,通用汉文。

土家族迷信鬼神,崇拜土王(整个土家族的祖先),尊奉土老师(巫师),相信兆头。道教、佛教、基督教对土家族的宗教信仰也有一定影响。

土家族的文化艺术丰富多彩;"西兰卡普"(土家语,即土花铺盖)是土家族著名的传统工艺品,又称"土家织锦";摆手舞是土家族比较流行的一种古老的舞蹈,每年春节期间都要举行摆手舞会。土家织锦和摆手舞并称为土家族人民的艺术之花。

(二) 民俗

居住 土家人多住干栏式的木屋,其中土家山乡的吊脚楼最具特色。吊脚楼的楼台腾空,楼上一般做"姑娘楼",是姑娘们的活动场所。木屋中间的房间用来祭祖迎客,左右两间用壁板隔成前后两小间,后为卧室,前为厨房,为饮食起居之所。

饮食 土家族日常主食除米饭外,以苞谷饭最为常见。苞谷饭是以苞谷面为主,适量地掺一些大米用鼎罐煮或用木甑蒸而成。土家族人有时也吃豆饭,即将绿豆、豌豆等与大米合煮成饭食用。土家族菜肴以酸辣为其主要特点,民间家家都有酸菜缸,用以腌泡酸菜,几乎餐餐不离酸菜,辣椒不仅是一种菜肴,也是每餐不离的调味品。

土家族民间十分注重传统节日,尤其以过年最为隆重,届时家家户户都要杀年猪、做绿豆粉、煮米酒或咂酒等。猪肉合菜是土家族民间过年、过节必不可少的大菜。

服饰 土家族女装(图3-17)为短衣大袖,右开襟,绲镶2~3层花边,下着镶边筒裤或八幅罗裙,喜欢佩戴各种金、银、玉质饰物。在土家族的心中,繁多的色彩中,红色则最受人青睐,因为红色有着热烈、鲜艳、醒目、祥和之感,因此喜红者居多,有色必有红,久而久之,不但在服饰上而且在生活上也形成了无红不成喜,有喜必有红之俗。"改土归流"后,由于受封建王朝的压制,以及中原文化的强大影响,土家族的服饰男女服装均为满襟款式,加以土家族的家织花边,保持着本民族服装的浓厚特色。男装为对襟短衫。土家族男子穿琵琶襟上衣,缠青丝头帕。织绣艺术是土家族妇女的传统工艺。土家织锦又称"西兰卡普"。

婚俗 清雍正之后,土家族的婚姻制度逐渐和汉族接近,但仍保留着一些原始婚俗的残余,如"以山歌为媒"的自由择偶、婚礼中"哭嫁"的习俗等。

图3-17 土家族女装

节日 土家族民间十分注重传统节日,尤其以过年最为隆重。届时家家户户都要杀年猪,做绿豆粉,煮米酒等。猪肉合菜是土家族民间过年、过节必不可少的大菜。每年农历二月二日称为社日,届时要吃社饭。端阳节吃粽子。糯米粑粑是土家族民间最受欢迎的食品之一。

丧葬 土家族过去多实行火葬,后来受汉族影响实行土葬。

资料补充

土家族赶年节

所谓"赶年",就是"往前赶一天过年"或"提前过年",即赶在汉族过年的前一天过年。汉族腊月三十过年,土家族就在二十九过年。汉族在二十九,土家族就在二十八过年。

相传明嘉靖年间,倭寇屡犯我东南沿海,烧杀抢掠,无恶不作。朝廷下令征调湘鄂士兵前往征剿,而且限期到达指定海防前线。战事紧急,军令如山,可又新年在即,无奈,老人们决定,提前过年。让孩子们过完阖家团圆的新年再启程上路,高高兴兴地奔赴前线,驱逐倭寇,安定海疆,保卫祖国的神圣领土不受侵犯。从此,便形成了过赶年的习俗。

过年时,家家户户首先要在堂屋中用青布围出一个幕帐,象征当年士兵们宿营的营房。帐中置祭桌,上摆传统的年饭、腊肉、粑粑。粑粑上插饰松枝、梅花,旁边用一小竹篓盛装一大把筷子。松枝梅花表示郊野,筷子代表箭,象征当年土家族子弟出征前赶年的情景。

禁忌 土家族禁食狗肉;忌随意移动火炕中的三脚架;忌用脚踩踏或坐在灶上以及将衣裤、鞋袜和其他脏物放在灶上;忌在家里吹口哨和随意敲锣打鼓。

三、黎族

(一)概况

黎族主要分布在海南省中南部的琼中、白沙、三亚、通什、乐东等地,语言属汉藏语系壮侗语族。黎族无本民族的文字,通用汉文。黎族的宗教信仰以祖先崇拜为主,其次为自然崇拜,有些地方还保留着原始的氏族图腾崇拜的痕迹;近年来,有少数人信仰基督教。

(二)民俗

居住 黎族是海南岛独有的少数民族,具有悠久的历史和古老的文化。黎族村寨都依山傍水,村寨建在山坡上,一间间一幢幢的茅屋、竹楼,有小河在村前流过,构成了一幅田园式的生活画卷。黎族民居因各个支系的不同而各具特色。通过民居的不同特点可以区分出支系来,如:杞黎以船形屋为代表,而润黎则以龟形屋(图3-18)为代表。

在不同形状的房屋中,船形屋是最具有原始风貌的建筑,相传在3 000年前的殷周,黎族的祖先乘木船漂流过海,克服了种种险阻,来到了美丽富饶的海南岛,并决定在此定居,于是木船就成了他们避风挡雨的屋舍。后代为了纪念祖先并崇拜祖先,木船形的草屋便代代相传,而且取名叫"船形屋"。如今,船形屋已不多见了,主要保存在五指山腹地。

龟形屋是润黎所特有的。龟形屋远看像只乌龟,是所有黎式民居中较大的一种。屋呈圆形,主要以竹木为墙架。

黎家茅草屋的搭建是十分原始的:首先,以竹木捆扎的方式,搭成屋的框架;然后,把选好的稻草根放在水里泡3天,等到腐烂以后与有黏度的红土掺和在一起,再把它一块一块捞出来,糊在搭好的竹架上;当"墙"修好后,就开始搭建屋顶。屋

图3-18 黎族龟形屋

顶的主要用料是茅草和竹条,先用竹条把晒干的茅草一捆一捆夹好,运上屋顶后,再把一捆一捆的茅草间用竹条捆扎连结,这样屋顶就非常结实,不管是倾盆大雨,还是台风,都没有被风吹倒和漏雨的现象。屋顶的茅草1~2年换一次。

在黎族家的屋门上,常会悬挂牛头和牛角,这是他们喜爱牛、崇敬牛的表现。如果跟随自己十几年的牛死后,他们会把牛的额骨、牛角留下,悬挂在自家门口。牛角是成对搭配的,一头公牛、一头母牛,母牛角置于公牛角的上边。黎族人以这种方式表达对牛的怀念和喜爱,同时也象征着主人要像牛一样勤劳与不畏艰辛。

饮食 黎族以稻米、玉米、番薯为主食,竹筒烧饭是黎族日常生活中独特的野炊方法。黎族人喜爱嚼槟榔,槟榔是待客、订婚不可缺少的佳品。

服饰 黎族传统织绣工艺技艺精湛,风格独特,不仅品种多样,内容广泛,而且广为应用,经久不衰,尤其以东方美孚黎族妇女的扎染工艺和白沙润黎妇女的《人龙图》绣最为出名,而五指山地区的黎绣则以艳丽闻名。黎族妇女多挽髻于脑后,插以骨簪或金属簪,披绣花头巾;上衣无扣,对胸开襟;下身穿筒裙;喜欢锡、银等制作的耳环、项圈、手镯等装饰品。男子结发于额前或脑后,以红布或黑布缠头,穿无领对襟上衣,下身穿前后两幅布的"吊幨",有些地区居民仍然保留有文面、文身习俗;文身部位主要有脸、颈、胸和四肢等处,不同地区,文身图案差别很大。

婚俗 黎族儿女成年后住在屋外的寮房里,俗称放寮。黎族盛行不落夫家的婚俗,婚后妻子一经在夫家定居,夫妻便与父母分居。

节日 黎族的传统节日主要有三月三,因在每年三月三日举行而得名。

禁忌 忌头朝门口睡觉,如过路客人无意犯忌,主人会以为有祸临头;妇女文身忌男人参与或偷看。

第四章

中国旅游景观

第一节 山地旅游景观

一、地貌景观

中国的地貌环境复杂、千姿百态，构成了各具特色的风景。若以自然景观为基础，以成因为主要依据，综合考虑景观美学与人文特征，可将其分为花岗岩地貌、丹霞地貌、流纹岩地貌、熔岩地貌、岩溶地貌、雅丹地貌、冰川地貌、海岸地貌等类型。

（一）花岗岩地貌

花岗岩是一种酸性侵入岩，是由地球内部岩浆侵入地表处冷却凝固而成，由石英、长石和云母等矿物组成，俗称"麻石"。花岗岩颜色呈肉红色或灰白色，花纹美丽，岩性坚硬，不易风化，发育良好，美丽的色泽还能保存百年以上。

花岗岩地貌依据海拔高度和造型地貌的尺度，可分为花岗岩山地、花岗岩丘陵和花岗岩石块三种特色迥异的景观。

花岗岩山地都是构造运动形成的断块抬升山地，具有山体高大、主峰突出、群峰簇拥、峭拔危立、雄伟险峻、岩石裸露的特征；局部多奇峰、深壑、怪石、球状风化明显。许多花岗岩山峰顶部轮廓圆滑，犹如含苞待放的莲花，故多以花山命名，如华山、九华山（因古代"华"同"花"）、黄山的莲花峰等（图4-1）。中国的花岗岩山地分布极广，尤以东部沿海地区

图4-1　黄山莲花峰

最为集中,典型的有泰山、华山、衡山、黄山、九华山、大别山、三清山、天台山、天柱山、崂山、千山等。

花岗岩丘陵一般是早期构造运动中形成的断块山地,成山后长期处于外力的持续作用下,因此山体高度较小,起伏和缓。其著名的有浙江的普陀山、福建厦门的鼓浪屿和泉州的清源山、天津蓟县的盘山等。

花岗岩石块在球状风化的作用下形成各种轮廓浑圆、造型奇特的石头蛋和"风动石",遍布在花岗岩山地、丘陵和沿海岸的海滩上,以海南及福建沿海景观特征最典型,如黄山的"猴子观海"、普陀山的"磐陀石"(图4-2)、海南岛的"天涯海角"、辽宁千山的"无根石"、福建漳州东山岛的风动石等。

图4-2 普陀山的磐陀石

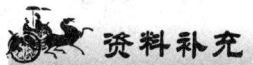

黄山天下奇

黄山位于安徽省黄山市,古称黟山,相传古代轩辕黄帝曾在此采药炼丹,唐玄宗因此令改名为黄山。景区内有72峰,最高峰莲花峰,海拔1 864 m;峰顶小峰簇拥,俨若新莲初开,仰天怒放,故名"莲花峰";天都峰、光明顶海拔皆在1 800 m以上。黄山重峦叠嶂,峰峰竞秀,怪石林立,巍峨挺拔,雄奇瑰丽,集天下奇景于一山,兼有泰山之雄伟、华山之险峻、衡山之烟云、庐山之飞瀑、峨眉之清秀、雁荡之怪石,素有"天下第一奇山"之誉,并以奇松、怪石、云海、温泉四绝闻名于世。明代大旅行家徐霞客曾赞叹道:"五岳归来不看山,黄山归来不看岳。"黄山于1990年被列入《世界遗产名录》,为世界自然与文化双重遗产地。

(二)丹霞地貌

丹霞地貌是在红色沙砾岩地区发育而成的。红色沙砾岩结晶大,硬度小,易受流水侵蚀、重力崩塌等外力影响,地质历史时期由红色沙砾岩构成的山间盆地在内外引力作用下,易形成中尺度的造型地貌,多由方山、奇峰、赤壁、岩洞等构成,因最早发现于广东仁化的丹霞山最典型,故地质学家将其命名为丹霞地貌。

丹霞地貌的景观特征:碧水丹山,玲珑精巧。广东仁化丹霞山景区20多座冈丘临江拔起,如垒如堡,如柱如塔,色泽如丹,灿若明霞,给人以俊秀挺拔、奇特优美之感(图4-3)。

我国丹霞地貌分布较广,集中分布在东南部、西南部以及西北部干旱区的26个省区。其中广东丹霞山、福建武夷山、江西龙虎山、四川青城山、安徽齐云山、贵州梵净山、甘肃麦积山及崆峒山等,都是著名的游览胜地。

(三)流纹岩地貌

流纹岩是一种酸性火山喷出岩,致密坚硬,有流纹状构造,在外力作用下,形成丰富多彩的造型地貌,并且有变幻之妙,故被誉为"变幻造型地貌博物馆"。这种地貌主要分布在浙闽一带,以浙江雁荡山最为典型。雁荡山主峰灵峰,白天观如双掌相合,曰"合掌峰";晚上看则如夫妻相会,故名"夫妻峰";月夜下从特定角度观看,又似双乳高悬,故名"双乳峰";再移步则形似雄鹰,故又名雄鹰峰。若采取特殊的姿态:背对该峰,仰面后看,那鹰更有振翅欲飞之动感。郭沫若有诗赞曰:"灵峰有奇石,入夜化为鹰。势欲凌空去,苍茫万里征。"(图4-4)为雁荡山灵峰之不同造型(左为合掌峰,右上为夫妻峰,右下为雄鹰峰)。

图4-3 广东丹霞山风光

图4-4 雁荡山灵峰之不同地貌造型

(四)玄武岩地貌

玄武岩是一种基性火山喷出岩,也称熔岩,由地下岩浆喷出地表后经结晶、冷却、凝固而形成。地貌形态主要有火山锥、火山弹、火口湖、熔岩台地、喷气锥、熔岩隧道、堰塞湖等,此外火山地貌区常伴有温泉出露。这种地貌主要分布在地壳活动地带,如云南腾冲、山西大同、黑龙江五大连池、吉林长白山、台湾大屯等地,最典型的有黑龙江五大连池火山群,历史上多次爆发,最后一次爆发于1719—1721年,留下了14座火山锥及5个水体相连的火山堰塞湖,五大连池由此得名。火山地貌形态完整,保存完好,熔岩流动景象清晰,岩浆喷发的场面跃然如初,地貌复杂多样,形态各异,面积达64 km^2,奇丽壮观。地质专家称其是"中国少有,世界罕见",被誉为"火山地貌博物馆"。

(五)岩溶地貌

岩溶地貌在国际上通称为喀斯特地貌,是以碳酸岩类岩石(主要是石灰岩)为主的可溶性岩石在以水的溶蚀为主的内外引力作用下形成的地貌。石灰岩在纯水中溶解度很小,只有水中含有二氧化碳时,溶解作用才会显著增加,而且这个过程是可逆的。

岩溶地貌的基本特征:地表山地高度不大,石峰林立或孤峰突起,而且造型丰富。地下溶洞遍布,洞内常有地下湖或地下暗河,以及由石灰岩溶解沉淀而形成的石钟乳、石笋、石柱、石花等千姿百态的洞穴景观。

岩溶地貌在我国分布极广,面积达 1 300 000 km^2,主要以广西、云南、贵州最为广泛和典型,粤西、鄂西、湘西、重庆、川东、川南、苏南、浙西、辽中、北京等地也有分布。2007年,中国南方喀斯特(云南石林、贵州荔波、重庆武隆)被列入世界自然遗产名录。

岩溶地貌观赏价值较高的地貌形态主要有峰林、石林、石灰华、溶洞、天生桥、天坑地缝等。

1. 峰林地貌

是一种发育成熟典型的岩溶地貌。峰林即成群分布、基座不相连的石峰,以地面奇峰为主,孤峰、峰林遍布,以广西桂林山水为代表。桂林至阳朔一段 83 km 的漓江两岸(图 4-5),奇峰突起,怪石峥嵘,江流弯转,岩洞幽深,形成所谓桂林四绝:山清、水秀、洞奇、石美。漓江蜿蜒曲折穿行于峭拔挺秀的群峰之间,沿途竹翠林荫,田园似锦,绘成一幅天然山水画卷,故赢得古人赞美:"江作青罗带,山如碧玉簪""桂林山水甲天下,阳朔风景甲桂林"。清诗人袁枚《由桂林溯漓江至兴安》:"江到兴安水最清,青山簇簇水中生;分明看见青山顶,船在青山顶上行。"作者抓住漓江的水清来写,着笔于水中的倒影,幻化出船行江中如行山顶的感觉,构思新奇,为写漓江山水的绝句。

图 4-5 桂林山水

2. 石林

地貌上称石芽。众多石芽排列如莽莽森林,又似刀锋剑林,故称石林,以云南路南石林为代表。数十米高的石峰如林,层理明显,寸土不受,寸草不生,峭拔尖利,有的似刀锋剑林,有的状如各种人物、鸟兽,姿态万千,如"凤凰灵仪""孔雀梳翅""阿诗玛"(图4-6)、"万年灵芝""母子偕游""双鸟捕食"等,故被称为"天然雕塑博物馆"。

图 4-6 路南石林中的"阿诗玛"

3. 石灰华

在四川松潘黄龙寺地区,还分布有一类特殊的岩溶地貌类型——石灰华,即碳酸盐沉积物,一般出现于溶洞底部或岩溶泉露头处,很少形成于地表,而黄龙寺所在的黄龙沟谷坡则有上下近 600 m,一连串起伏的乳黄色石灰华,犹如梯田,凹处积水,水藻丛生,而呈现蓝、绿、橙、红、紫等色调,共有 3 400 多个彩池,五彩缤纷,异常壮观,其景色同美国黄石公园相似,只是规模稍逊。

4. 溶洞

溶洞是地下水沿可溶性岩层层面、裂隙、节理或断裂带进行溶蚀扩大而成,大小不一,形态多样,既具观赏、疗养治病的功能,又具探险和科学考察的意义,因洞中既有山、水、河、湖、瀑布,还有众多微地貌景观如钟乳石、石笋、石柱、石幔、石花、石珍珠、太湖石、上水石等,多姿多彩,观赏价值极高。其中太湖石是古典园林中不可缺少的部分,用于堆叠假山或作为独立的观赏石(如上海豫园的"玉玲珑");上水石是制作盆景艺术的材料。我国溶洞资源非常丰富,分布极为广泛,如桂林芦笛岩、南宁的伊岭岩、柳州都乐岩、安顺织金洞、宜兴三洞、桐庐瑶琳仙境、辽宁本溪洞、肇庆七星岩、湖北腾龙洞(图4-7)等,其中腾龙洞是目前我国已探明的最大的岩溶洞穴,有洞口 80 多个,已探明长度 52.8 km,为中国之最,已入选"中国最美六大旅游洞穴——震撼腾龙洞"溶洞之一。

图 4-7 湖北腾龙洞

5. 天生桥

天生桥多由溶洞顶部两侧崩落或地下河不断溶蚀形成，顶板未全部崩塌，两侧与地面相连，而中间悬空的桥状地形，如贵州黎平县天生桥高 78.8 m，宽 112 m，拱高 38.8 m，跨度 118.9 m，为世界最大的天生桥。

6. 岩溶漏斗（天坑）

是一种碟形或漏斗形的洼地，宽数十米，深数米至十多米，主要由流水沿裂隙溶蚀而成，如重庆奉节小寨天坑、云阳县云阳天坑及兴文县天泉洞后洞大漏斗，均为典型的岩溶漏斗，有些天坑区会形成地缝奇观，旅游价值极高。

（六）风沙地貌

风沙地貌是干旱地区由于风力的侵蚀、搬运和堆积作用所形成的地貌形态的总称，主要有风积地貌和风蚀地貌两种类型。

风积地貌的形态有沙丘和鸣沙。沙丘中最具观赏价值的是新月形沙丘和金字塔形沙丘。鸣沙是沙漠中的奇观，流沙在沙丘上滚动，会发出巨大的轰鸣声，被称为"会唱歌的沙丘"。甘肃敦煌鸣沙山、宁夏中卫沙坡头（图4-8）、内蒙古达拉特旗银肯沙丘是我国著名的三大响沙胜景。

"雅丹"源于维吾尔语，意为"有陡壁的小丘"，是最典型的风蚀地貌，是指巨厚的河湖相沉积岩层经强风侵蚀及瞬时洪水冲刷后形成的地貌，常呈现风蚀垄脊、土墩、石笋、石兽、石亭、石塔、风蚀沟槽、洼地等形态，远望犹如废弃的古城堡，嶙峋古怪，然而人迹全无，故俗称"魔鬼城"，因最早发现于新疆罗布泊附近的雅丹地区，故此命名为雅丹地貌。此外，新疆的乌尔禾、将军崖的魔鬼城非常典型。中国的雅丹地貌面积约 20 000 km² 之多，主要分布于青海柴达木盆地西北部、甘肃疏勒河中下游、新疆罗布泊周围和乌尔禾地区。

图4-8　宁夏中卫沙坡头

（七）冰川地貌

主要由冰川的侵蚀和堆积作用形成，包括冰川侵蚀地貌和冰体地貌。冰川侵蚀地貌有冰斗、角峰、刃脊、冰川槽谷、峡湾、羊背石等冰蚀地貌形态；冰体地貌是冰碛物堆积的各种地形及未融化的冰体构成地貌的总称，有冰碛丘陵、终碛堤、鼓丘、冰砾扇等冰碛地貌形态，冰体融化所形成的冰桌、冰桥、冰蘑菇、冰塔林、冰瀑等。冰川地貌发育在高纬地带或高山地区的现代冰川分布区。冰川地貌主要是科学考察的对象，同时也有较高的旅游价值。目前已有一些地区开发了冰川旅游风景区，如四川贡嘎山的海螺沟、新疆阿尔泰山的喀纳斯冰川湖、天山的扎木尔峰、云南的玉龙雪山（图4-9）等。其中，海螺沟已建成我国第一座冰川公园。

（八）海岸地貌

是指海岸在地质构造运动、海浪、潮汐冲刷和堆积、生物作用和气候因素等共同作用下形成的

图4-9　云南玉龙雪山

各种形态，从总体上可分为海岸侵蚀地貌和海岸堆积地貌。

侵蚀海岸地貌又称岩岸、基岩海岸，主要分布在山地丘陵海岸地区。在海浪、海潮等的强冲蚀作用下，易形成海蚀穴（龛）、海蚀崖、海蚀平台、海蚀拱、海蚀蘑菇等海蚀地貌景观，多具很高的欣赏价值，如大连的金石滩、台湾的清水断崖和野柳海岸等。我国的侵蚀海岸地貌主要分布在杭州湾以南的大部分海域以及杭州湾以北的山东半岛和辽东半岛。

海岸堆积地貌又可分为沙砾质海岸、淤泥质海岸、生物海岸等三种类型。其中沙砾质海岸简称为沙岸或砂岸，主要发育于平原地区及岬角与港湾相间的平阔基岩海岸。在波浪、潮汐等的搬运和沉积作用下，易形成由沙、砾石堆积而成的沙滩、砾石滩、沙嘴、连岛沙洲等海积地貌。其中，沙粒细软、沙质纯净、坡度相宜的宽阔沙滩海岸，是开展海滨度假旅游的最佳场所，可进行海水浴、日光浴、沙滩浴等活动，如大连、青岛、北戴河、厦门、北海、三亚等都为著名的海滨胜地。值得一提的是，我们常见的多是金色或银色沙滩，实际上世界上还有多处彩色沙滩，同样也是很好的旅游胜地，如澳门的黑沙滩、巴哈马哈伯岛的粉色沙滩；夏威夷群岛既有黑色沙滩，更有罕见的红色沙滩和绿色沙滩。淤泥质海岸简称泥岸，目前未用于旅游活动，但可开辟为海盐场，如海南的莺歌海，为我国最大的海盐场。沙岸和泥岸主要分布在杭州湾以北的海域及杭州湾以南岬湾相间的海岸地区。

生物海岸又有红树林海岸、珊瑚海岸之分，两者都是在热带、亚热带气候条件下形成的特殊堆积地貌。红树林是一种稀有的木本胎生植物，在中国共有37种树种。其生态奇特，根系发达，耐盐碱度高，繁殖方式特殊。红树林较易成林，形成天然防波堤，且外形美观，极具观赏价值。我国的红树林海岸主要分布在海南、台湾、广东、广西、福建及浙江南部海岸。珊瑚海岸是造礁珊瑚、有孔虫、石灰藻等生物残骸构成的海岸。珊瑚自古即视为宝玩，还是佛教七宝之一。活珊瑚生长在温度高于20℃的海水中，形态多样，有鹿角状、枝状、板状、蘑菇状等，色彩鲜艳，有红、绿、白、黄等多种颜色，极具观赏价值。珊瑚礁区域又是热带鱼类的理想生活环境，热带鱼类聚居，因而珊瑚海岸往往成为潜水旅游胜地。世界著名的以观赏珊瑚和鱼类为特色的旅游地当属澳大利亚大堡礁，纵贯澳洲东北沿海，绵延2 000 km之多，是世界最大最长的珊瑚礁群，也是世界最大的海底大花园。我

国的珊瑚海岸主要分布在台湾东南海岸、海南岛沿岸和雷州半岛沿岸,此外,南海诸岛中有众多的珊瑚岛礁。

(九)黄土地貌

我国的黄土高原是世界上最大的黄土分布区,深厚的黄土层在流水的侵蚀、切割作用下形成了黄土塬、黄土梁、黄土峁、黄土柱、黄土坪等千沟万壑的地貌形态,以及独特的窑洞民居形式。位于陕西延安的洛川黄土国家地质公园(图4-10)是世界上独一无二的以黄土剖面和黄土地质地貌景观为特色的公园。公园以黑木沟为主体,沟内黄土微地貌发育,如:黄土滑坡、崩塌、黄土悬沟、黄土落水洞、黄土桥、黄土柱、黄土墙等。这些微地貌构造奇特,天然成趣,观赏性极强。

图4-10　陕西洛川黄土地貌

二、山地旅游景观

《诗经·小雅·车辖》:"高山仰止,景行行止。"中国人自古就爱山、敬山、崇山、朝山,对山有着特殊的心理。山承载着我们太多的情感:精神的寄托、文学的源泉、宗教的圣地、隐士的家园;山又深藏着无数自然的奥秘,记录着地球的历史、地质地貌的成因、生物的神奇;提起山,总会令人想起"高山仰止""气吞山河""山摇地动""泰山北斗"等成语。

由于历史的原因,我国的名山众多。名山一说起源很早,相传《山海经》中即列出当时有名山451座。我国传统的风景名山是指在具有自然美的典型山岳景观基础上,渗透人文美的山地空间综合体:从海拔高度来看,多为中低山;从地区分布来看,南方居多,但历史悠久的传统名山则多分布在北方;根据我国名山的文化价值取向,可将其分为以下几类——五岳名山、宗教名山、传统山水文化名山、近现代历史名山、当代风景名山。

（一）五岳名山

源于远古人们对"山神"的敬畏和天地信仰而形成的历史名山。"五岳"是由历代帝王根据封禅祭天、巡幸天下的需要，按地理方位加封的五座大山。封禅活动起源很早，相传夏、商、周三代曾有72位君王登泰山祈祷，但自秦始皇开始才有史记载。新帝登基，须前往高山祭告上苍，感谢上天保佑自己取得了政权，并祈祷上天继续保佑帝祚永存，借助天神的力量来达到巩固统治的目的。帝王的举动当然会产生较大的影响，封禅地点便成为天神的化身，常被用作封禅的五座山被称为"五岳"。道教产生后，五岳又成为道教的圣地，影响也就更大。

五岳最早的记载出自《尔雅·释山》："泰山为东岳，华山为西岳，霍山为南岳，恒山为北岳，嵩高为中岳。"后隋炀帝改南岳为衡山，沿袭至今。在中国的名山中，五岳占有显著的地位。

从自然景观特色而言，东岳泰山之雄，西岳华山之险，北岳恒山之幽，中岳嵩山之峻，南岳衡山之秀，早已闻名于世界，而清代魏源在《衡岳吟》中更以"恒山如行，岱山如坐，华山如立，嵩山如卧，唯有南岳独如飞"来形容五岳之势，形象地再现了五岳的特点。

（二）宗教名山

宗教名山是指在历史发展过程中，因宗教的因素而形成的名山，包括佛教名山和道教名山。

1. 佛教名山

佛教自东汉传入中国以来，尤其是唐代禅宗兴起之后，远离尘世、风景优美、环境清幽的山林之所，成为僧侣修持和信徒礼佛的主要选址，由此也形成了"天下名山僧占尽"的态势。其中山西五台山、四川峨眉山、浙江普陀山、安徽九华山分别被设为文殊、普贤、观音、地藏之道场，分别象征大智、大行、大悲、大愿，历史上兴建众多寺庙，香火旺盛，成为地方佛教中心，故被称为四大佛教名山。明代起有"金五台、银普陀、铜峨眉、铁九华"之说，以此反映四座山在信徒心目中的不同地位。此外，还有八小佛教名山：北京香山、陕西终南山、河南嵩山、浙江天台山、云南鸡足山、湖南衡山、江西南山、江苏狼山。

2. 道教名山

道家的理想是长生不老、得道成仙，因此道教更崇尚云雾缥缈的高山胜岳、奇峰异洞，以期修身养性，采药炼丹，得道成仙，并常与佛教争占名山胜地，道教称之为"洞天福地"，为神仙居所，并由此形成了"十大洞天""三十六小洞天""七十二福地""十洲三岛"等一大批道教名山。其中十大洞天所依山岳依次是：河南王屋山、浙江黄岩委羽山、青海西倾山、陕西华山、四川青城山、浙江天台赤城山、广东罗浮山、江苏茅山、太湖西洞庭山、浙江括苍山。此外，人们又常把武当山、龙虎山、青城山、齐云山称为四大道教名山。

3. 传统山水文化名山

主要指以突出的自然山水美或具有世外桃源般的田园风光美著称，渗透中国传统山水审美文化的名山，如安徽黄山、福建武夷山、浙江雁荡山、江西庐山等。

4. 近现代历史名山

指由近现代政治、军事、经济、文化等重大历史活动和历史过程，尤其是社会变革过程所形成的风景山岳,如井冈山、韶山、延安宝塔山等。

5. 当代风景名山

主要指经新发现、新开发而成的当代旅游名山,也包括可部分为旅游利用、具突出自然特色的著名山地自然保护区,如武陵源、梵净山及中国最美十大名山等。

第二节 水体旅游景观

一、海滨旅游景观

海洋,作为一种康乐性旅游资源,大致可以分为海面风光、海滨(海岛)风光、海底世界、海洋生态景观和海洋历史文化景观。

良好的气候和海水条件,让海滨成为疗养度假的好去处。地中海沿岸、夏威夷、加勒比海、东南亚、我国的海南等地区气候适宜、阳光充足,是世界著名的避暑、疗养、度假胜地。我国主要海滨旅游胜地有:

(一)大连海滨

大连市位于辽东半岛南端,是个港口城市。海岸线长 30 km,山水相连,礁石错落,具有观赏价值的海蚀柱、海蚀崖、海蚀洞、海蚀拱桥等景观甚多。大连海滩坡度小,潮差不大,夏季海表水温达 20°以上,是优良的海滨浴场。旅顺港地势险要,保留了许多战争遗迹,新开发的金石滩海岸带由四大景区五十多个景点组成。西南方的老铁山是候鸟的乐园;西北海中的蛇岛是我国唯一的蝮蛇保护区。

(二)北戴河海滨

北戴河海滨位于河北省秦皇岛市,背依联峰山,面临渤海。其夏季气候凉爽宜人,全年适于海水浴的天数约 110～120 天;春无大风沙,附近海域海水清澈,沙滩绵延 10 多 km,沙软潮平(图4-11)。北戴河海滨海岸地区也发育了海蚀地貌,老虎石、鹰角石、骆驼石、对语石等形象逼真,栩栩如生;联峰山上奇峰异石遍布,松柏竞秀;登望海

图4-11 北戴河海滨

楼可俯瞰海滨全景,远眺秦皇岛码头及昌黎碣石山。此外,附近还可观览山海关古长城、关城、姜女庙等古迹。

(三) 青岛海滨

青岛市是胶东半岛东南的港口城市(图4-12),港阔水深,风平浪静,不冻不淤。城市随山而建,高低错落,具有青山、碧海、绿树、红墙之美景。海滨最热月均温只有25°,是避暑佳地。青岛在汇泉湾、太平湾一带开辟了广阔的海滨浴场。海岸线曲折多港湾,岩礁星罗棋布,有"石老人""玉女盆"等海蚀景观。青岛市南青岛湾中伸入大海的栈桥及回澜阁是青岛十景之一,也是青岛的象征。栈桥东南海中小青岛(琴岛)上有高15.5 m的白色八角灯塔,构成"琴岛飘灯"一景。

图4-12 青岛海滨

(四) 三亚海滨

三亚市位于海南岛最南端。三亚市东南有著名的亚龙湾海滨,海滩长7 000 m,沙细软洁白,海碧天澄,风平浪静,四季可浴,被称为"东方夏威夷"。三亚海底有美丽的珊瑚景观。三亚市西天涯海角海滨,海滩上巨石罗列,有立有卧,其中二石上分别镌刻着"天涯""海角",另一巨石上镌刻"南天一柱"四字,海滩平坦,海水洁净,是海水浴和海滨观赏胜地。

二、江河旅游景观

众多的河流不仅可用于灌溉、航运和舟楫,而且很多河流自身就是景观,或与其他景观相结合构成了风景优美或历史文化悠久的河段景观旅游资源。我国旅游名河有:

(一) 长江三峡

长江三峡是长江中最为壮丽的一段(图4-13)。它西起重庆奉节白帝城,东止湖北宜昌南津关,全长193 km,由瞿塘峡、巫峡和西陵峡组成。瞿塘峡长8 km,两壁对峙狭窄,最窄处不到百米,最宽处不过150 m,以雄伟险峻著称。巫峡以巫山得名,长45 km,是三峡中最整齐的峡谷,以幽深秀丽著称。西陵峡全长76 km,其特点是峡中有峡,滩内含滩,江流回环曲折,以险著称。不过,随着举世闻名的三峡水利枢纽工程的建设,这里已是"高峡出平湖"的壮观景象。三峡沿岸分布有纪念大禹治水的黄陵庙、古悬棺、古栈道、白帝城、屈原故里等名胜古迹而美不胜收。

图 4-13　长江三峡

(二) 黄河

黄河是我国第二大河,是中华民族的母亲河。它发源于青海省巴颜喀拉山北麓,全长 5 464 km,流经我国 9 个省市自治区。由于黄河中游流经土质疏松的黄土高原,使得黄河成为世界上含沙量最多的河流。它像一条金黄色的巨龙,横卧在祖国北部辽阔的大地上。

黄河上游分布约 19 个峡谷,如龙羊峡、刘家峡、青铜峡等,并在内蒙古高原上冲积形成有"塞上江南"之称的银川平原和河套平原。黄河中游则形成含沙量高居世界各大河之冠的浑浊黄水,并在此段形成著名的龙门和壶口大瀑布。在流入河南孟津之后的下游河段,在华北平原上形成举世闻名的"地上河",全长 900 km。

(三) 雅鲁藏布江

雅鲁藏布江(图 4-14),在古代藏文中称央恰布藏布,意为从最高顶峰上流下来的水,是中国最长的高原河流,位于西藏自治区,也是世界上海拔最高的大河之一。雅鲁藏布江全长 2 840 km(包含支流全长 3 848 km),流域面积约 93.5 万 km^2,其中在中国境内长度 2 057 km,流域面积 24.6 万 km^2,以中国境内长度来

图 4-14　雅鲁藏布江

说为中国第5大河(仅次于长江、黄河、黑龙江和珠江)。其水能蕴藏量丰富,在中国仅次于长江。雅鲁藏布江大拐弯处的雅鲁藏布江大峡谷是世界第一大峡谷。

(四)黑龙江

黑龙江源自海拉尔河,中段与俄罗斯相邻约 2 800 km 之多,下游进入俄罗斯境内。在我国境内的支流有松花江、乌苏里江、松花江的支流嫩江、牡丹江等。该区域的景观以莽莽苍苍的森林、绚丽的冰雪景观、珍奇的野生动物、奇特的文化古迹而闻名遐迩。

(五)京杭大运河

京杭大运河隋代开凿,全长 1 764 km,是世界上开凿最早、最长的人工河。这条古老的运河流经北京、天津、河北、山东、江苏、浙江 6 个省市,连接了海河、黄河、淮河、长江和钱塘江 5 大水系。大运河沿河分布的古城、工商业城市和风景名城有杭州、嘉兴、苏州、无锡、常州、镇江、扬州等,不仅具有交通功能,而且将燕赵、楚汉、鲁豫、吴越文化连环成链,成为贯穿南北的重要旅游景观。当下,江苏、浙江和上海都相继开辟了运河水上游览线。

三、湖泊旅游景观

湖泊是陆地上洼地积水形成的水域宽阔、水量交换缓慢的水体,也是陆地上最大的水体。在我国各地分别有不同的称呼,如海、海子、库尔、库勒、泡子、诺尔、淖、茶卡、错、荡、淀等。我国湖泊不仅数量多,且类型齐全。

(一)按水质分类

按湖水水质,可将其分为三种类型,即淡水湖、咸水湖、盐湖。

1. 淡水湖

湖水矿化度<1 g/L 的为淡水湖,如中国五大淡水湖:鄱阳湖、洞庭湖、太湖、洪泽湖和巢湖。

2. 咸水湖

湖水矿化度在 1~35 g/L 之间的为咸水湖,如中国最大的咸水湖是青海湖。

3. 盐湖

湖水矿化度>35 g/L 的为盐湖,如我国最大的盐湖是位于柴达木盆地的察尔汗盐湖。

(二)按成因分类

根据湖泊的成因,可将其分为河迹湖、构造湖、堰塞湖、海迹湖、火口湖、冰川湖、岩溶湖、风蚀湖和人工湖 9 种类型(表4-1)。

表4-1 湖泊类型

类别	成因及特点	分布	代表性湖泊
河迹湖	因河流改道、在废弃的河道积水而形成的湖泊,湖形似弯月。水质一般为淡水	大多分布于大河中游平原地区,如长江中游地区	洞庭湖、湖北洪湖、惠州西湖
构造湖	因地壳断裂、沉陷、褶皱等地质活动形成的洼地积水而形成的湖泊。湖水一般较深,湖形多呈椭圆或狭长形,湖岸平直,岸坡陡峭	云贵高原及青藏高原	滇池、洱海、抚仙湖、青海湖
堰塞湖	因山崩、火山熔岩、泥石流等物质堵塞河道而形成的湖泊	东北地区较多	黑龙江省的镜泊湖、五大连池等
海迹湖	是由古海湾封闭而成的湖泊,又称泻湖	主要分布于滨海三角洲冲积平原地区	无锡太湖、杭州西湖、江苏洪泽湖
火口湖	因火山喷发后遗留的火山口积水而成的湖泊。其特点是湖泊外形近圆形或马蹄形,湖岸陡峭,湖水较深	火口湖在我国分布广泛,长白山地、大兴安岭、云南、广东、台湾等地均有分布	长白山天池、腾冲大龙潭火山口湖
冰川湖	由冰川侵蚀的洼地积水而成的湖泊	多分布于高山高原或高纬度地区。我国主要分布于青藏高原和新疆等地	天山天池、阿尔泰山的喀纳斯湖
岩溶湖	岩溶作用的溶蚀洼地积水而成的湖泊	分布于岩溶地貌发育的广西、云南和贵州等省区	贵州草海、肇庆星湖
风蚀湖	因强风侵蚀的洼地积水而成的湖泊	主要分布于我国西北的干旱、半干旱地区	敦煌鸣沙山月牙泉、内蒙古苏古诺尔湖
人工湖	即人工水库,是指人工拦堤筑坝修筑的具有蓄水、防洪、发电、灌溉、养殖等多种功能的蓄水水体	多修筑在大江大河的中上游地区	浙江千岛湖、吉林松花湖、丹江口水库、三峡水库

(三)风景名湖

湖泊素称"大地明珠"。其构景水天一色,视野开阔,幽美静谧,是水域风景中最能体现相对静态的形、影、光、色等审美特征的水体,尤其是湖与山结合,湖光山色,岛屿缥缈,更加妩媚动人。此外,湖泊还可开展游泳、泛舟、垂钓、滑水、品尝海鲜等休闲娱乐活动,一定条件下也可开展冬季冰上运动等。湖区气候又往往适于休闲度假,因此湖泊是陆地水域休闲度假活动最重要的场所。

1. 杭州西湖

杭州西湖为海迹湖,原属古海湾的一部分,北面的宝石山和南面的吴山在当时是这个海湾的岬角,由于泥沙淤积,海退陆进,形成了举世闻名的西湖。杭州西湖位于杭州城西面,面积5.6 km^2,三面环山,一面临城,湖中和谐地点缀着一山二堤三岛:一山即是孤山,景区名胜古迹多达30多处;二堤为苏堤和白堤,分别为纪念历史上整治开发西湖有功的苏轼和白居易而命名,而苏堤和白堤把西湖分隔成外西湖、里西湖、北西湖、岳湖和小南湖五个部分;三岛是小瀛洲、湖心亭和阮公墩。古诗云:"天下西湖三十六,其中最好是杭州。"

图4-15　雷峰夕照

西湖之美,妙在不管晴雨风雪,它总是别具风韵,奥妙无穷,令人百看不厌。正如北宋大文豪苏轼在《饮湖上初晴后雨》中所描述:"水光潋艳晴方好,山色空蒙雨亦奇;欲把西湖比西子,淡妆浓抹总相宜。"更为难得的是丘壑林泉之间深藏着数不清的人文胜迹:岳飞墓、灵隐寺、雷峰塔(图4-15)、放鹤亭、楼外楼、西泠印社等。自然与人文如此巧妙地结合在一起,构成人人称誉的"人间天堂"。

2. 洞庭湖

洞庭湖位于湖南省北部,北通长江,南纳湘、资、沅、澧四水,最大面积曾达6 000 km^2,史有"八百里洞庭"之称,现存面积3 900 km^2,为我国第二大淡水湖。湖区烟波浩渺,气象万千。江南三大名楼之一的岳阳楼临湖矗立。岳阳楼因宋代名臣范仲淹的《岳阳楼记》而名垂青史,其造型端庄,结构严谨,飞檐盔顶,别具一格,历有"洞庭天下水,岳阳天下楼"之说。湖中秀丽的君山岛被古代诗人誉为"白银盘里一青螺"。洞庭湖风景秀丽,古迹遍布,著名的有湘妃墓、柳毅井、斑竹等。斑竹之说,相传舜帝南巡,不幸病故,其二妃娥皇、女英悲痛万分,泪水滴落在君山的竹子之上而留下斑斑泪痕,故名斑竹。后二妃悲痛而绝,葬于洞庭湖中岳阳楼附近的君山,化为湘水女神,所以"斑竹"极富神话色彩。

3. 天山天池和长白山天池

天山天池位于新疆天山主峰博格达峰北侧,是世界著名的高山湖泊。海拔1 980 m,湖形呈半月状,面积4.9 km^2,平均水深40 m,最深处达105 m。湖水清澈透明,水色瓦蓝碧绿,与天山雪峰相映衬,分外妖娆,是传说中周穆王会见西王母的"瑶池仙境"(图4-16)。

长白山天池位于吉林长白山主峰峰顶,海拔2 200 m,面积9.8 km^2,平均水深204 m,最深处达373 m,是中国最深的湖泊。湖水深邃,清澈湛蓝,湖岸陡峭,四周群山掩映,视野开阔,美不可言(图4-17)。天池北侧有一熔岩缺口,湖水从此飞泻而下,形成了著名的长白瀑布。近百年来,不时有人在此发现"天池怪兽",引起游人极大的兴趣,也成为长白山天池的一大奇谜。

图4-16 天山天池——"瑶池仙境"

图4-17 长白山天池风光

4. 五大连池

位于黑龙江省五大连池市,1719—1721年期间,由于火山连续喷发,阻塞了白河河道形成五个串珠状的湖泊,故称五大连池。纵长20 km,面积40 km²,最深处达100 m之多。五个湖泊之间,水体相连,姿态各异,周围有14座火山环绕,凝固的熔岩千姿万态,更有医疗价值极高的矿泉。

四、泉水旅游景观

地下水的天然露头称为泉。

(一)泉城

1. "泉城"济南

山东济南名泉密布,素以"泉城"闻名天下。古人有"齐多甘泉,甲于天下"的美誉。金代曾有人立"名泉碑",列举济南名泉72处,以"趵突泉"为首,享有"天下第一泉"之称。济南实际上仅市区就有百余处泉眼,形成了趵突泉(图4-18)、黑虎泉、珍珠泉、五龙潭四大泉群。百泉争涌,各具风采:或急湍翻滚,如狮吼虎啸,或晶莹灿烂,似串串珍珠。众泉之水汇

图4-18 济南趵突泉

集一处,形成了荷柳辉映、风景秀丽的大明湖。"家家泉水,户户垂柳""四面荷花三面柳,一城山色半城湖",这是我国古代诗人对济南泉城绮丽风光的赞美。此外,千佛山、四门塔等名胜荟萃,李清照、辛弃疾等名人辈出,使济南成为一座世人瞩目的历史文化名城。

2. "温泉城"福州

福建省会福州市是一座有着2000多年悠久历史的文化古城,背山依江面海,气候宜

人,古迹遍布,风景秀丽,雅称"榕城"。此外还有"温泉城"的美誉,这是因为福州市区有一条5 000 m长、1 000 m宽的温泉带,面积约占市区面积的1/7,在此地带,泉眼密布,且水压大,水量足,水温高,水质优异,尤其适于疗养。

(二)历史名泉

根据品茶的需要,冲泡茶宜用矿化度<1 g/L的淡水泉。淡水泉清纯甘洌,中无杂质,能泡出最纯真的茶味。我国唐代以来即盛行"好茶须用好水煮"的茶风,并由此评出了不少天下名泉。

1. 天下第一泉——镇江金山中泠泉

中泠泉位于镇江金山,又名南零水,早在唐代即已天下闻名。唐代品茶大师刘伯刍把宜于煮茶的水分为七等,中泠泉因"水质轻,无涩味,清甜有余,赛过甘露"而名列第一,自此之后有"天下第一泉"之誉。南宋文天祥曾有诗写道:"扬子江心第一泉,南金北来铸文渊,男儿斩却楼兰首,闲品茶经拜羽仙。"按理"天下第一泉"应该只有一个,但因历史上不同的人用不同的方法、标准来评定,故而出现多个"天下第一泉"。除中泠泉之外,有考证的"天下第一泉"还有北京玉泉、济南趵突泉、庐山谷帘泉、安宁碧玉泉等。

2. 天下第二泉——无锡惠山泉

位于无锡惠山景区,于唐代大历十四年(779年)开凿,至今已有1 200多年历史。惠山泉被茶圣陆羽、品茶大师刘伯刍都评为"天下第二",元代大书法家赵孟頫和清代吏部员外王澍分别书有"天下第二泉",刻石于泉畔,这就是"惠山天下第二泉"的由来。惠山泉分上、中、下三池,以上池水质最佳。相传唐代宰相李德裕极嗜饮此水,常令地方官吏用坛封装泉水,通过驿站从镇江运到京师长安,全程数千里,不惜劳民伤财。为此唐诗人皮日休有诗讽刺曰:"丞相常思煮茗时,郡催发只嫌迟。吴关去国三千里,莫笑杨妃爱荔枝。"此外,我国民间音乐家、双目失明的阿炳,长期在惠山一带流浪,受环境熏陶,在泪泪泉水声中,他思绪万端,谱写了二胡名曲《二泉映月》,惠山泉也因此而名扬海外。

3. 天下第三泉——杭州虎跑泉

位于杭州西湖以南的虎跑山下,相传唐代有一高僧性空居此,苦于无水,无奈只得准备迁往他处。这时佛祖托梦说:没水不要紧,当遣二虎送来。果然,第二天,有二虎跑地作穴,泉水涌出,故名"虎跑泉"。因其水质优异,宜于泡茶,乾隆皇帝评其为"天下第三泉"。"龙井茶虎跑水",自古即为西湖最佳茗品,号称"双绝"。

(三)著名温泉疗养地

我国温泉众多,已形成康体疗养度假地的有辽宁汤岗子,北京小汤山,内蒙古阿尔山,山东即墨,湖北应城,南京汤山,重庆南、北温泉,广西象州,云南安宁,贵州息烽,广东从化,台湾北投、阳明山、关子岭等温泉疗养地。

1. 内蒙古阿尔山温泉

位于内蒙古科尔沁右翼前旗阿尔山镇(今阿尔山市),在面积350 m²的范围内,大大小小密布着48口泉眼,温度各异,从3℃~48℃不等,水质也各不相同,医疗功能也因而不同,且对人体的不同部位各有疗效,称问病泉、头病泉、眼病泉、耳病泉、胃病泉、五脏泉,等等。凡来此疗养的游客先在问病泉处"问病",再去"对症下泉";而最神奇的还是五脏泉:五泉之水相距不过一尺,分别称心、肝、肺、脾、肾,水温也各异,各对一个脏器有疗效;引五泉之水汇于中央为浴泉,则主要治疗消化系统疾病。整个矿泉系统形同一个综合性医院。

2. 广东从化温泉

"从化温汤好,岭南第一泉"。从化温泉位于广东从化市,分布于流溪河河床及其两岸,有泉眼10多处,水温60℃左右,以礁石泉、沙滩泉最著名。泉水中含有钙、镁、钾、钠、氡、二氧化硅等多种化学元素和矿物质,尤以富含氡气为特色。氡是一种弱放射性气体,是由镭衰变而成,在其蜕变的过程中所产生的α、β、γ射线具有穿透能力和很强的电离能力,医药上用来治疗癌症,也叫镭射(激光)气。氡泉对神经衰弱、心律不齐、血压偏高或偏低、糖尿病、内分泌紊乱、皮肤瘙痒等30多种疾病都有不同程度的疗效,故有"矿泉之精"的美誉。

3. 陕西骊山华清池

位于西安临潼骊山脚下,有泉眼四处,水温43℃,无色透明,略有硫化物气味,水中富含钾、钠、氯、硅、氟、氡、硫酸根等微量元素和离子,适于沐浴疗养。

(四)神秘的"趣泉"

涌泉的动势,尤其是由较强的地热活动所形成的温泉动势,既具有特殊的动态景观美,也有极高的观赏功能;有的泉缓缓溢出并夹带着串串气泡,犹如颗颗珍珠——珍珠泉;有的泉喷涌而出,直冒空中,时喷时歇,定时而变——间歇泉;有的泉喷出时伴有巨大的爆炸声,泉水夹着大量蒸汽、泥沙直射高空,可达八九百米,极为壮观——水热爆炸泉;台南的关子岭温泉有"水火同源"奇观;陕西西安蓝田县的冰泉,此泉深数丈,水落进去,立刻成冰,夏天也是如此;云南安宁县(今安宁市)曹溪寺之北的间歇泉,每逢子、卯、午、酉时,准时喷水一次。此外,云南大理的蝴蝶泉、河北野三坡的鱼泉、广西桂平西山的乳泉、安徽寿县的喊泉、四川广元的羞泉、湖北神农架的潮泉,还有苦泉、盐泉、酸泉等都是较奇特的观赏性趣泉,为旅游事业的发展提供了丰富的泉水资源。

1. 大理蝴蝶泉

蝴蝶泉位于大理点苍山脚下,泉水从岩缝沙层中浸透而出,清澈若镜,而更令人称绝的是这里有"蝴蝶会"的奇景:泉边有一古树,是为蝴蝶树(合欢树),枝叶婆婆,每到春末夏初,古树花开,状如蝴蝶,且散发出诱蝶的香味,吸引着众多蝴蝶云集于此,一只只"连须钩足",形成一条条蝴蝶的彩带,从枝头悬至泉面,尤以四月中旬最为壮观,万蝶云集,人来不惊,投石不散,蔚为奇观。白族人民把这一天定为蝴蝶会。每年蝴蝶会,四方白族青年都要云集这里,"丢个石头试水深",用歌声寻找自己的意中人。故蝴蝶泉是一个象征爱情和忠贞的泉。

2. 台湾关子岭温泉

关子岭温泉位于台南县白河镇东面,四周群山环抱,清水一泓,为台湾南部第一温泉,又称水火同源、水火泉。因为那里岩隙涌泉时同喷烈焰,高达丈余,水不淹火,火不下水,泉水滚滚如沸,火焰从水中腾起,水火相容,蔚为奇观。

3. 河北野三坡鱼泉

位于河北涞水县的野三坡国家级风景名胜区内,泉水从山石窟中流出,极为清澈,而每到农历谷雨前后,会有活蹦乱跳的鲜鱼从泉眼中喷出,数量不少,达1 000 kg左右,甚为可观,而到9月份这些鱼又复归山洞越冬,就像候鸟一样,年复一年,周而复始,成为京畿鱼泉奇观,又称河北"八大怪泉"之一。

五、瀑布旅游景观

瀑布指从河床纵断面陡坡或悬崖处倾泻而下的水流,由溪流、跌水和深潭组成,具有形、声以及动态的景观特点,是陆地上最活跃、最生动的水景,极具美学欣赏价值。瀑布的大小、气势主要取决于地势落差和水量。由于瀑布的形成原因不同、所在环境各异,其景观也各具特色。秦岭淮河以南地区,由于地形的特点及潮湿的气候,形成的瀑布较多,特别是在雨季山区常可见到"山中一夜雨,处处挂飞泉"的胜景。

(一)黄果树瀑布

黄果树瀑布是黄果树瀑布群的主瀑(图4-19),位于贵州镇宁布依族、苗族自治县境内的白水河上,宽81 m,落差74 m,河水从断崖顶端凌空飞流而下,直捣犀牛潭,激起浪花飞溅,水珠轻扬,尤其到了夏秋,水量大增,那撼天动地的磅礴气势,简直令人惊心动魄。有时瀑布激起的雪沫烟雾,高达数百米,漫天浮游,竟使其周围经常处于纷飞的细雨之中。绝妙的是瀑布后的水帘洞,长134 m的洞内有6个洞窗、5个洞厅、3个洞泉和1个洞内瀑布。游人穿行于洞中,可在洞窗内观看洞外飞流直下的瀑布;每当日薄西山,凭窗眺望,犀牛潭里彩虹缭绕,云蒸霞蔚,苍山顶上绯红一片,迷离变幻,这便是著名的"水帘洞内观日落",而且风景区内瀑布成群,洞穴成串,峰峦叠翠,

图4-19 黄果树瀑布

植被奇特,伏流、溶洞、石林、石壁、峡谷比比皆是,呈现出层次丰富的喀斯特山水旖旎风光。

(二)黄河壶口瀑布

壶口瀑布位于山西省吉县城以西,是黄河流域的一大奇观。黄河一路奔腾,到山西吉县与陕西宜川一带,被两岸苍山挟持,约束在狭窄的石谷中。滔滔黄河,到此由300 m宽骤然收束为50 m之余,此时河水奔腾怒啸,山鸣谷应,形如巨壶沸腾,最后跌落深槽,形成落差达30 m之余的壶口大瀑布,故有"天下黄河一壶收"之说,因泥沙含量很高,已成为世界上最大的黄色瀑布,也因其气势雄浑而享誉中外。

(三)吊水楼瀑布

吊水楼瀑布位于黑龙江省宁安县(宁安市)的牡丹江上,由于火山熔岩阻塞牡丹江上游河谷,使其上游聚水成湖,即镜泊湖。后来熔岩在逐渐冷却凝固中出现多处裂口,湖水就从裂口处涌出,沿着熔岩造成的坝壁倾泻下来,形成宽约 40 m、高约 20 m 的大瀑布。因熔岩坝坡度较陡,瀑布好像从一座巍峨宽阔的高楼顶上泻下,故名"吊水楼"瀑布,又名镜泊湖瀑布,到了寒冬,瀑布凝成冰帘,又是一番景色。

(四)九寨沟瀑布

九寨沟是拥有"世界自然遗产"和"世界生物圈保护区"两项桂冠的自然风景名胜区。它位于四川省西北阿坝藏族羌族自治州的南坪县中南部,在岷山山脉南段,属长江水系嘉陵江源头的一个支流。九寨沟以绝天下的原始、神秘气氛而闻名。这里集雪峰、森林、草原、瀑布、溪流、湖泊之美于一身。九寨沟瀑布群,主要由诺日朗瀑布、树正瀑布和珍珠滩瀑布组成。其特点是从长满树木的悬崖或滩上悄悄流出,瀑布往往被分成无数股细小的水流,或轻盈缓慢,或急流直泻,千姿百态,妙不可言,加上四周群山叠翠,满目青葱,至金秋时节,层林尽染,瀑布之景就更为神奇秀丽了。

第三节 气象和天象旅游景观

气象是地球外围大气层中经常出现的大气物理现象和物理过程的总称。它包括:冷、热、干、湿、云、雨、雪、霜、雾、雷、电、虹、霞、光等。

天象是指发生在地球大气层外的现象,如太阳出没、行星运动、日月变化、彗星、流星、流星雨、陨星、日食、月食、极光、新星、超新星、月掩星、太阳黑子等。

一、大气景观

(一)云、雾、雨

淡云、薄雾、细雨好似奇妙的轻纱,赋予了大自然一种蒙眬美。透过云、雾观看风景时,景物若隐若现,模模糊糊,虚虚实实,令人捉摸不透,产生恍如仙境的虚幻,神秘的美感,让人思绪绵绵。宋代画家郭熙曾言"山无云则不秀"。我国各地云雾奇景颇多,如山东蓬莱的"狮洞烟云"、泰山的"云海玉盘"、杭州西湖的"双峰插云"等,再者如黄山、泰山、峨眉山、齐云山、三清山、阿里山的云海,庐山的云瀑等,都是享誉国内外的奇景,尤其黄山云海是黄山四绝之一。

生活和旅游中,人们常常遇到下雨,雨不仅是气象的主要因素,而且是具有观赏功能的自然美景之一,雨景往往指的是小强度降水所形成的景致。雨丝可以唤起人们的多种情感和遐想,春雨贵如油,秋雨几多愁,雷雨成灾,雨助苗苗,雨后春笋,雨意绵绵等。"雨中看山也莫嫌,只缘山色雨中添""水光潋滟晴方好,山色空蒙雨亦奇"都是用来赞颂雨景之佳句,说明了雨在整个景观配置中的作用。我国著名的雨景资源有:江南烟雨、巴山夜雨等,还有许多以八景、十景命名的古景中,其中不少都有雨景,如峨眉十景之一的"洪椿晓雨"、蓬莱十景之"漏天银雨"、羊城八景之"双桥烟雨",等等。我国江南,雨期较长,常常细雨如丝,呈烟雾状态,配以山林小景,小桥流水,炊烟缭绕,其意境十分耐人寻味。

(二)冰、雪景观

冰雪是高寒地区或寒冷季节才能见到的气象景观。我国江南在冬季寒潮来临之际才可能降雪,断桥残雪是西湖胜景之一。雪是具有特殊色彩美的气象景观,往往使大自然形成银装素裹的冰雪世界,在特定环境中对旅游者产生很强的吸引力。如果配以高山、森林等自然景观,可构成奇异的冰雪风光,如东北"林海雪原"、关中"太白积雪"、长沙"江天暮雪"等。素有"冰城"之称的哈尔滨,是我国冰雪艺术的发祥地,每年1月5日的国际冰雪节都举行大型冰雕比赛、冬泳比赛、冰球赛、冰上速滑赛、冰雪节诗会、冰雪摄影展等活动。

(三)霞与霞光

霞是日月斜射天空时由于空气的散射作用而使天空的云层呈现黄、橙、红等彩色的自然现象。霞光就是阳光穿过云雾射出的彩色光芒。霞和霞光多出现在日出或日落时,常与山地、水气、云雾等相伴随,在特定的地区才可看到,成为瞬息变化的光景之一。主要形式有:朝霞、晚霞、彩云、雾霞等。在我国许多名山和名胜区都有以霞光而著称的旅游资源,著名的如"骊山晓照"、东岳泰山之"晚霞夕照"、江西彭泽之"观客流霞"。

(四)凇景景观

凇景景观主要包括雾凇和雨凇。

雾凇俗称树挂,是雾气在低于0℃时,附着在物体上而直接凝华生成的白色絮状凝结物。它集聚包裹在附着物外围,漫挂于树枝、树丛等景物上。我国雾凇出现最多的是吉林省吉林市。该地位于松花江畔,冬季气温可降至零下20℃,由于气温低,多偏南风,空气湿度大,加之丰满水电站泄水增温影响,使水蒸气不断排放,水汽附在过冷的物体上,形成雾凇景观。

雨凇俗称冰凌或冻雨。它通常形成在树枝、电线上,并总是在物体的迎风面上增长,且在受风面大的物体上凝聚最多,是由过冷却雨滴降落到低于0℃的物体表面冻结而成透明或半透明的冰层,多分布在南方相对湿润的高山。峨眉山全年有141天左右会出现雨凇,极具代表性。

(五)佛光景观

当光线在传播过程中遇到障碍物的阻挡时,光线离开原来直线传播的方向,穿过障碍物的边缘或孔隙,发生绕射的现象,在物理学上称为光线的衍射作用。佛光是由光线的衍射作用产生的。在水汽丰富的山势高峻地区,半山腰常分布有白茫茫一片云海。当人站在山上,若光线从他背后射来,由于光线的衍射作用,会在他前面的云幕上出现人影或头影,影外围绕有彩色的光环,似佛像头上的彩色光圈,故称佛光。当人站在太阳与光环之间,三者在一条直线上时,会出现人行影亦行的奇景。四川峨眉山金顶是观赏佛光之地,人们常称其为"峨眉佛光",在山西五台山、安徽黄山等地,也常见到。

(六)蜃景景观

蜃景,即海市蜃楼奇景(图4-20)。它有上现蜃景与下现蜃景之分。春夏时节的白天,海面上的空气温度比陆地上低,空气密度较大,当陆地上暖空气流向海面上时,在海面上形成了上下密度不同的空气层结,当阳光穿过空气层时会产生折射和反射,下层密度大的空气像镜子似的把地面景物反射到半空中,于是在远处海面的半空中突然出现山峦、树木、楼阁等地面景物,缥缈不定,好像空中楼阁。这种幻景位于物体上面的,称上现蜃景。山东蓬莱仙境,就是这种上现蜃景。下现蜃景主要发生在沙漠、干旱草原烈日当空的旷野,这里贴近地面的低层空气温度高、密度小,高层密度大,当光线穿过密度大的空气,逐渐向下层密度小的气层中折射,并产生全反射时,半空中会出现前方物体的倒影。

图4-20　山东蓬莱海市蜃楼

二、天象奇观

(一)日出、日落与月色景观

日复一日,太阳天天东升西落。但日出奇观,始终吸引着众多旅游者。观赏日出,成为许多风景名胜区的重要一景。由于各地自然环境的差异,日出的形与色也会有变化。著名的观日出景地有泰山日观峰、黄山翠屏楼、庐山汉阳峰、峨眉山金顶、北戴河鹰角亭等。当日落西山时,"夕阳无限好"也是一种美好享受,如西湖"雷峰夕照"、泰山"晚霞夕照"、庐山天池亭是夕阳景观最佳观赏之地。

在大自然的景物里,月亮是很具有浪漫色彩的。苏东坡的一曲"人有悲欢离合,月有阴晴圆缺,此事古难全。但愿人长久,千里共婵娟",寄明月表达对人的美好祝愿,也使人产生丰富的联想。中秋赏月已成传统习俗,"洞庭秋月"(岳阳)、"三潭印月"(杭州)、"二泉映月"(无锡)、"风花雪月"(大理)都等是月色胜景。

(二)极昼极夜极光奇景

地球按照背向太阳的不同,分为两个半球,向太阳的半球,接受太阳光辉,称昼半球;

背太阳的半球,被地球本身的阴影所笼罩,称夜半球。如果地球既不自转又不公转,地球上的昼夜半球,永不变化。由于地球既有公转又有自转,所以昼夜两半球在不断地相互交替。同一日期的昼夜长短,因地理纬度而不同。在南北极圈以内的地区,会出现连续24小时的白昼和黑夜,它们分别被称为极昼和极夜。在南北两极,极昼和极夜各约半年;在南北纬80°,极昼和极夜各有三个多月;在南北纬70°,极昼和极夜各约两个月。这种天象景观,已成为高纬度地区一些国家或城市争相开发利用的旅游资源。

图4-21 极光

极光(图4-21)是由于太阳带电粒子(太阳风)进入地球磁场,在地球南北两极附近地区的高空,夜间出现的灿烂美丽的光辉,多呈带状、弧形等。北半球在距地磁极22°~27°处有一极光带,是吸引游客的主要景观之一。我国在黑龙江漠河和新疆阿尔泰,每年也能看到极光。

(三)日食、月食

日食是月球运动到太阳和地球中间,如果三者正好处在一条直线时,月球就会挡住太阳射向地球的光,月球身后的黑影正好落到地球上,这时发生日食现象。在地球上的人们开始看到阳光逐渐减弱,太阳面被圆的黑影遮住,天色转暗,全部遮住时,天空中可以看到最亮的恒星和行星,几分钟后,从月球黑影边缘逐渐露出阳光,开始发光、复圆。日食分为日偏食、日全食、日环食,其中日全食是一种相当壮丽的自然景象。2009年7月22日,我国长江流域发生了500年内最为壮观的日全食现象,日偏食也覆盖我国全境,这一现象吸引了成千上万的天文爱好者。

月食指当月球运行至地球的阴影部分时,在月球和地球之间的地区会因为太阳光被地球所遮蔽,就看到月球缺了一块。中国古代迷信的说法又叫作天狗吃月亮。月食可以分为月偏食、月全食和半影月食三种。月食只可能发生在农历十五前后。

(四)流星雨与陨石奇景

流星雨的成因与彗星有关,彗星是由冰块及沙石组成的球体,当彗星接近太阳时,彗星会因太阳的热力而使表面物质升华,这些升华了的物质就是日后的流星体,在彗星绕日运转中,部分流星体会和彗星分离,遗留在彗星的轨道上,流星体由于太阳光压及行星作用力,会不断扩散,互相远离,而且范围逐渐增大。当地球的运行轨道与彗星轨道相交时,流星体受地球地心吸力影响,会闯入地球大气层并且燃烧,而燃烧时所产生的火焰亮光,就是人们看到的流星雨了。如果散布在彗星轨道上的流星体又多又广的话,往往在彗星回归后的几年内,仍可看到由该彗星所产生的流星体所造成的流星雨。

我国是世界上最早发现陨石的国家之一,早在石器时代就发现了陨石。古时称陨石为"陨星"。所谓陨星是大的流星在经过地球大气层时没有完全燃毁而部分掉在地面上,所以古代也有称之为"流星石"的。现代科学根据陨石化学成分的不同,将陨石划分为三大类:铁陨石,主要成分为铁、镍金属;石铁陨石,主要成分为铁、镍金属及硅酸盐;石陨石,主要成分为硅酸盐。

第四节 动植物旅游景观

一、珍稀动物

(一)大熊猫

大熊猫是世界上最珍贵的动物之一,也是著名的珍稀子遗动物,亦称猫熊,哺乳动物。它体肥胖,形似熊,眼周、耳、前后肢和肩部黑色,其余均为白色。生活在海拔2 000～4 000m的高山竹林中,喜食竹子,有时也吃小动物。善于爬树,性孤独,不群栖。仅产于我国四川、陕西、甘肃的少数地方,是我国特有的珍稀动物,为国家一级保护动物。

(二)朱鹮

朱鹮也称朱鹭,是目前世界上最稀少的鸟之一。雄鸟体长80 cm,雌鸟稍小些。全身羽毛白色,头顶、额、眼周、下嘴、脚部有朱红色,故叫朱鹮,在展翅飞翔时翅下呈粉红色,美丽而壮观。生活在沼泽、山区溪流旁,栖息于树上。以蟹、蛙、小鱼、田螺为食。在1981年5月以前,全世界仅发现有5只这种鸟,号称"国际保护鸟"。1981年5月,我国科学工作者在陕西省洋县又发现了7只朱鹮,后来,又孵出了6只小朱鹮,使朱鹮的总数上升到18只。朱鹮是我国一级保护动物,也是国际一级濒危动物。现在我国已在陕西建立了"朱鹮群体观察站",观察和记录朱鹮的全部生活情况,其种群数量已达到1 700多只。

(三)金钱豹

金钱豹生活于非洲和亚洲南部。一般体重在50 kg左右,为大型食肉猛兽。身体强健、行动敏捷,有高超的爬树本领,性情凶猛狡猾。它的机警、灵敏、迅速和勇敢,在食肉猛兽中很少见,就连比它大一半的老虎,它也敢主动攻击。金钱豹的毛皮非常美丽,在一身金黄色中布满黑色圆环如古代铜钱,故而得名。目前,因金钱豹数量急剧下降,被列为国家一级保护动物。

20世纪50年代以前,金钱豹在我国分布较广,并时常有豹子伤害人畜的现象发生。20世纪50年代以后,由于森林锐减,林地面积急速缩小,以及人为捕杀等原因,金钱豹的数量越来越少,分布范围亦越来越狭小。目前,仅偶然在四川、云贵等地偏远地区的森林内发现有其踪迹。

(四) 金丝猴

金丝猴是我国特有动物,属国家一级保护动物,因其长着一个"朝天鼻",所以又有"仰鼻猴"之称。中国金丝猴包括川、滇、黔三种。滇金丝猴远居滇藏的雪山杉树林,数量仅千余只;黔金丝猴仅见于贵州梵净山,数量才700多只;大家比较熟悉的当属川金丝猴。川金丝猴,散布于四川、陕西、湖北及甘肃,深居山林,结群生活,背覆金丝"披风",攀树跳跃、腾挪如飞。

二、古树名木

在众多的野生树木中,或由于特殊的地理环境影响形成奇特的形态,如苍松、翠柏等;或是古老的孑遗植物,如水杉、银杏、珙桐等,均具有较高的观赏价值和科学研究价值。

(一) 常见观赏树木

1. 荫木:苍松、桧柏、银杏、梧桐。
2. 叶木:翠竹、芭蕉、红枫、垂柳。
3. 果木:枇杷、柑橘、枣树、柿树。
4. 蔓木:紫藤、忍冬、葡萄、凌霄。

(二) 活化石植物

孑遗动植物是指地质时期曾广泛分布,现仅残存在局部地区的古老物种,有"活化石"之称。这些稀有古老的生物对了解地球的历史和动植物的演化阶段有很强的直观性,因此对旅游者的吸引力极大。

1. 桫椤

桫椤又名树蕨,是现今仅存的木本蕨类植物,极其珍贵。蕨类植物是一种古老原始的植物,现存蕨类大多为草本。在2亿年前恐龙生活的年代中,树蕨曾遍及世界,高大而繁茂。由于地质变迁,绝大多数已经绝灭,埋在地下成了煤炭,只有极少数幸存下来。树蕨生长在热带森林中,高3~8 m,在南太平洋岛屿的森林中,最高的可达20 m左右,是世界上最高大的蕨类植物。树蕨的树干为圆形,有点像椰子树,树干上不分枝,有疏刺或布满六角形的斑纹,只在树的顶端丛生着许多大而长的羽状复叶,向四周伸展。在我国云南、贵州、广东等地的温暖阴湿之地也有桫椤的分布。因它稀有珍贵,被国家列为一级保护植物。

2. 银杉

银杉是我国特有的世界珍稀物种,和水杉、银杏一起被誉为植物界的"大熊猫""活化石";系常绿乔木,伞形树冠,线形叶四散排列;叶背面有两条银白色气孔带;古称银杉,只在广西花坪及四川金佛山等地有残留。

远在地质时期的新生代第三纪时,银杉曾广布于北半球的欧亚大陆,在德国、波兰、法国及苏联曾发现过它的化石,但是,距今200万~300万年前,地球发生大量冰川,几乎席卷整个欧洲和北美,但欧亚的大陆冰川势力并不大,有些地理环境独特的地区,没有受到冰川的袭击,而成为某些生物的避风港。银杉、水杉、银杏和珙桐等珍稀植物就这样被保存了下来,成为历史的见证者。

3. 水杉

水杉是杉科植物,属落叶乔木,树呈塔形,生长快,适应性强,目前已遍植于大江南北。

4. 银杏

银杏俗称白果树或公孙树。银杏科落叶大乔木,雌雄异株,叶扇形,生长缓慢,为我国特产。

5. 珙桐

珙桐俗称"鸽子树",为稀有树种。其为落叶乔木,为我国特有树种,现分布于陕西、湖北、湖南、贵州、四川、云南等部分地区海拔1 250~2 200 m的阔叶林中,偶有小片纯林。

此外,有些古树因富有历史意义而名闻天下,如陕西黄陵县桥山脚下黄帝庙内的轩辕松,高近20 m,下围10 m之多,传说为黄帝亲手栽植,是我国最大的古柏,被誉为"世界柏树之父"。在山西太原晋祠圣母殿左侧的周柏,据说已有2 000多年的历史。

三、名花异卉

(一) 花中二绝——牡丹和芍药

牡丹和芍药称花中二绝。牡丹别名花王、木芍药,属毛茛科。毛茛属落叶灌木,花单生,花色有红、白、黄、紫等色。河南洛阳、山东菏泽为赏牡丹最佳地。芍药系多年生宿根草木,茎丛生,叶为二回三出复叶。花草生,花期在4~5月间,晚于牡丹,多在春末开花,故名"殿春"。芍药与牡丹其花形十分相似,主要是草本与木本之分。我国芍药原产北方,晋代已有重瓣品种出现,山东菏泽为芍药重要产地;扬州芍药最为有名,早在公元五世纪的南朝已成为扬州园林主要花卉。

(二) 花中四君子

梅花:花白色至水红,品种甚多,于早春前开放,不畏严寒,故被文人墨客作为咏诗作画题材。我国著名赏梅胜地有杭州孤山和超山、苏州邓尉香雪海、无锡梅园、南京梅花山、上海淀山湖梅园、武汉东湖梅园等。

兰花:按照"中国兰"的花期来分,兰花有春季开花的叫春兰,夏季开花的叫蕙兰,秋季开花的叫建兰、漳兰,冬季开花的叫墨兰、寒兰。兰花终年常绿,花色淡雅,姿态端秀,称为"花中君子""天下第一香"。兰花四清,即气清(清而不浊)、色清(色泽淡雅)、姿清(端庄挺秀)、韵清(意韵含蓄)。兰花多盆植于室内。我国兰花以台湾居多,兰屿岛上兰花品种多而有名。

竹:我国竹的种类繁多,约250余种。以江西奉新的大毛竹、湖南君山的湘妃竹、广西花坪的方竹、四川重庆的慈竹、安徽池州的罗汉竹最具有特色。竹是禾本科多年生植物,中空有节、常绿。古代读书人,将竹子人格比喻为"君子",所谓"未曾出土先有节,即使凌云也虚心"。清代画家郑板桥一生爱竹,曾云:"宁可食无肉,不可居无竹;无肉使人瘦,无竹使人俗。"

菊:花型多样,品种繁多。花期一般在10~12月。菊花在我国有2500多年的栽培历史。菊花高洁清雅,秋季百花凋谢,唯有菊花盛开,傲霜挺立,深受文人喜爱。陶渊明的"采菊东篱下,悠然见南山"的名句脍炙人口。一般说来9~10月开花的是早菊,11月是秋菊,12月是晚菊。

由于植物在形、色、味、声等方面具有很高的美学欣赏价值,因此人们往往赋予它们深刻的寓意。北宋的周敦颐在《爱莲说》一文中说:"予谓菊,花之隐逸者也;牡丹,花之富贵者也;莲,花之君子也。"在中国古代,人们把松、竹、梅视为"高洁"的象征,称为"岁寒三友",松象征坚强不屈,竹子象征清雅高洁,梅象征忠烈,还将玫瑰、蔷薇、月季誉为"园中三杰";将报春花、杜鹃花、龙胆草誉为"三大名花";将山茶花、蜡梅、水仙、迎春花誉为"雪中四友";称兰花、菊花、水仙、菖蒲为"花中四雅";称梅、兰、竹、菊为"花中四君子"。此外,中国的名花还有各种誉称,如牡丹——花王,梅花——花魁(又称雪中高士),芍药——花相,兰花——花祖(又称空谷佳人),月季——花中皇后,水仙——凌波仙子,菊花——花中隐士,莲花——花中君子,海棠——花中仙女,山茶——花中妃子,桂花——花中月老,吊钟——百花盟主等。

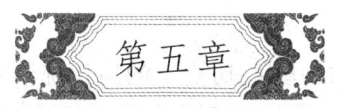

第五章

中国宗教文化

第一节 宗教概述

一、宗教的概念

(一)宗教的定义

宗教属于一种社会意识形态,是阶级社会普遍的历史文化现象,是社会发展的产物。在英语中为 region,其意为"人与神的再结"或"敬神"。在中国,宗教意为"宇宙神祇所居",即宗教为敬神祇祖先之教。从广义上讲,宗教是一种文化现象,是一种存在于特定阶段的普遍的社会历史文化现象。宗教与其他文化形式相结合而产生出宗教文学、宗教音乐和宗教建筑等,是一个民族历史文化的重要组成部分。如要了解一个国家、一个民族的社会生活、历史文化和心理素质,就必须了解其宗教文化,因此只有在广义的前提下去了解宗教文化,才能对其有全面的认识。

(二)宗教的起源

宗教是人类社会发展到一定阶段的一种历史现象。它既不是从来就有的,也不是永恒的,而是有它发生、发展和消亡的过程。对于宗教的起源和形成,只能从社会的物质生活条件和与此相适应的人类对自然和社会的认识水平方面,才能找到真正的原因。原始社会的后期,由于人们对自然现象无法理解,因而产生了"万物有灵"的观念和对超自然力量的崇拜,并从自然崇拜发展至图腾崇拜、祖先崇拜和神灵崇拜,这样就产生了宗教。进入阶级社会后,阶级剥削和阶级压迫是宗教存在和发展的主要根源。在阶级社会中,人们不仅对自然崇拜,而且发展到认为所有社会现象都有神来主宰,故而希望通过对神的顶礼膜拜,求得死后进入天堂,得到神的恩赐和褒赏。这样种类繁多、内容复杂的各种宗教就应运而生,如佛教、基督教、伊斯兰教、道教、神道教、印度教、犹太教等。其中佛教、基督教和伊斯兰教被称为"世界三大宗教"。

二、中国的宗教概况及宗教政策

(一) 中国的宗教概况

中国是一个多民族多宗教的国家,历史上的历代统治者对宗教采取支持、扶植的宽容态度,但从来没有哪个宗教曾占有"国教"的地位,且我国的宗教人口只占少部分。西北、西南的一些少数民族曾经有过政教合一的时期,直到现在,宗教徒在这些民族中仍占绝大部分;而佛教、基督教、伊斯兰教都是外来宗教,一经传入,便与中国的传统文化相结合,成为独具中国特色的宗教。它们与中国土生土长的道教一起被合称为中国"四大宗教"。

(二) 中国的宗教政策

为了调动一切积极因素建设社会主义,为了加强国际统一战线,我国用法律的形式保护正常的宗教活动,努力促进国际宗教信徒的友好往来。我国宪法第三十六条规定:"中华人民共和国公民有宗教信仰自由。任何国家机关、社会团体和个人不得强制公民信仰宗教或不信仰宗教,不得歧视信仰宗教的公民和不信仰宗教的公民。国家保护正常的宗教活动。任何人不得利用宗教进行破坏社会秩序、损害公民身体健康、妨碍国家教育制度的活动。宗教团体和宗教事务不受外国势力的支配。"

第二节 佛教

一、佛教的产生、传播及分布

佛教创建于公元前 6~5 世纪的古印度,是世界三大宗教之一,在三大宗教中创建时间最早。其创始人释迦牟尼,姓乔达摩,名悉达多,是古印度北部(今尼泊尔境内)小城邦国家迦毗罗卫国的太子。相传他诞生于蓝毗尼花园,自幼受传统的婆罗门教育,其父净饭王对他寄予厚望。但他感到人世间充满苦难,变幻无常,为摆脱人生苦难,29 岁时出家修行,苦修 6 年仍一无所获。35 岁时弃苦行而至菩提伽耶,在一棵菩提树下打坐静思,立誓"如不成佛,誓不起座",经七七四十九天,终于悟得"四谛""十二因缘",得道成佛。得道后,在鹿野苑初转法轮,弘扬佛法。他传教 45 年,至 80 岁涅槃于拘尸那迦。

释迦牟尼是佛教徒对乔达摩·悉达多的尊称,意为释迦族的圣人,简称释尊、佛陀。佛,即三觉圆满的智者。释迦牟尼既是创立佛教的教主,也是佛教崇拜和供奉的对象。人们将释迦牟尼出生地蓝毗尼花园、成道地菩提伽耶、初转法轮地鹿野苑、涅槃地拘尸那迦称为佛祖四大圣地。

佛教产生以后,在印度于公元前 3 世纪孔雀王朝阿育王时期非常兴盛,逐渐分裂成大乘佛教和小乘佛教两大教派,并由印度向外传播。共分三条线路:

(一)北传佛教

从古印度经帕米尔高原传入中国,再由中国传入朝鲜、日本、越南等国,以大乘佛教为主,也包括密乘佛教。其经典主要属汉语,又称汉语系佛教。

(二)南传佛教

从古印度最先传入斯里兰卡,又由斯里兰卡传入缅甸、泰国、柬埔寨、老挝等国及中国云南少数民族地区。南传佛教为上座部佛教(小乘佛教),因其经典主要由巴利语写成,又称巴利语系佛教。

(三)藏传佛教

佛教由古印度传入中国的西藏地区,与西藏的原始宗教苯教融合成为藏传佛教,俗称喇嘛教,主要流传于蒙古、不丹、锡金、尼泊尔、俄罗斯的布里亚特及中国的藏、蒙、纳西、裕固等少数民族居住地区。其经典主要属藏文,又称藏语系佛教。

如今,佛教已传播到世界各大洲,但仍主要集中在东亚、东南亚地区。

二、佛教的基本教义

佛教的基本教义有"四谛",所谓"谛"即"真理"的意思。

(一)苦谛

佛教认为人的一生是由各种苦恼贯穿的,全无幸福欢乐可言。

(二)集谛

人生苦有种种,其原因何在,集谛做此回答,根本原因在于人生所具有的情欲,由于人的欲望,产生各种行为,由此带来一连串苦恼。

(三)灭谛

灭谛告诉人们一定要灭除情欲,无所追求,无所欲望,便可脱离痛苦获得精神上的解脱,达到涅槃的境界。

(四)道谛

道谛即是达到寂灭解脱的方法。"道"含有方法和途径两种含义,具体分为"八正道"(正见、正思、正悟、正业、正命、正精进、正念、正定);"十二因缘说"(无明、行、识、名色、六处、触、受、爱、取、有、生、死);"三法印"(诸行无常、诸法无我、涅槃寂静)及"生死轮回、因果报应"等。其总的思想是宣扬世界虚幻不实,人生充满苦难,要摆脱痛苦,只有依据经、律、论三藏,修戒、定、慧三学,改变世俗欲望和认识,超脱生死轮回,达到涅槃境界。

三、佛教的经典和标记

佛教经典为《大藏经》，其内容包括经、律、论三藏。"藏"的原意为可以盛放东西的竹筐，有容纳、收藏的含义。佛教用以概括全部佛教经典。经藏是指释迦牟尼的言论集；律藏是指佛为弟子修行制定的清规戒律；论藏是佛门弟子对"经"的解说集，故又称《三藏经》。藏传佛教大藏经由《甘珠尔》和《丹珠尔》两部分组成。《甘珠尔》意为佛语部，《丹珠尔》意为论语部。

佛教的标记有法轮、"卐"（有左旋和右旋两种）字和莲花。法轮是全世界公认的佛教的标志，意即佛之法轮如车轮辗转可摧毁众生烦恼。佛教的旗帜或佛像的胸间，往往有"卐"标记，武则天将其定音为"万"，意为光芒四射的太阳或燃烧的火，后作为佛教吉祥的标记，表示吉祥万德。莲花也是佛教的标志，莲花出淤泥而不染，象征佛教的清净庄严。

四、佛教供奉的对象

（一）佛

佛是"佛陀"的简称，意译"觉者""知者""觉"。佛是佛教修行的最高地位，有三种含义：自觉、觉他、觉行圆满者。小乘佛教的佛即释迦牟尼，大乘佛教则宣扬三世十方处处有佛。寺院经常供奉的佛有：

1. 三身佛

据天台宗说法，佛有三身，即法身佛毗卢遮那佛，代表佛教真理凝聚所成的佛身；报身佛卢舍那佛，指以法身为因，经过修习得到佛果、享有佛国之身；应身佛释迦牟尼佛，指佛为超度众生，来到众生之中，随缘应机呈现的各种化身，特指释迦牟尼之生身。三身佛在寺庙中布局如下：

    释迦牟尼佛   毗卢遮那佛   卢舍那佛

            或

    卢舍那佛   毗卢遮那佛   释迦牟尼佛

2. 三世佛

三世佛（又名竖三世佛）从时间上体现佛的传承关系，表示佛法永存，世代不息，指过去、现在、未来三世佛。过去佛指伽叶诸佛，寺院塑像中一般指燃灯佛；现在佛为释迦牟尼佛；未来佛为弥勒佛。其布局是正中为现在世佛，即释迦牟尼；左侧为过去世佛，以燃灯佛为代表，因据佛经上说，约3 900亿年以前，释迦牟尼前世未成佛时曾借花献给燃灯佛，燃灯佛为他"授记"（预言他将成佛接班）；右侧为未来世佛，即弥勒佛。弥勒佛现在还是菩萨，据佛经说，他还在兜率天内院（即称弥勒净土）中修行，释迦牟尼预言弥勒将在56.7亿年以后降生印度，在华林园龙华树下得道成佛接班，并分批超度一切众生，故称为未来世佛。寺院中弥勒佛造像有佛像、菩萨像（天冠弥勒）和化身像（大肚弥勒）三种。

其在寺院大殿中布局如下：

　　未来世佛（弥勒佛）　　现在世佛（释迦牟尼佛）　　过去世佛（燃灯佛或伽叶佛）

3. 三方佛

三方佛（又名横三世佛）体现净土信仰。佛教称世界有秽土（凡人所居）和净土（圣人所居佛国）之分，每个世界有一佛二菩萨负责教化。世界十方都有净土，但最著名的净土为西方极乐世界、东方净琉璃世界和上方的弥勒净土。三方佛正中为娑婆世界教主释迦牟尼佛，其左胁侍为文殊菩萨，其右胁侍为普贤菩萨，合称"释家三尊"。三方佛和释家三尊布局如下：

　　西方极乐世界教主　　娑婆世界教主　　东方净琉璃世界教主
　　　（阿弥陀佛）　　　（释迦牟尼佛）　　　（药师佛）

　　　　　　　　　　释家三尊
　　　普贤菩萨　　　释迦牟尼佛　　　文殊菩萨

释迦牟尼佛左侧为东方净琉璃世界教主药师佛，其左胁侍为日光菩萨，其右胁侍为月光菩萨，合称"东方三圣"或"药师三尊"布局如下：

　　　　　　　　　　东方三圣
　　　月光菩萨　　　药师佛　　　日光菩萨

释迦牟尼佛右侧为西方极乐世界教主阿弥陀佛，其左胁侍为观世音菩萨，其右胁侍为大势至菩萨，合称"西方三圣"或"（阿）弥陀三尊"布局如下：

　　　　　　　　　　西方三圣
　　　大势至菩萨　　　阿弥陀佛　　　观世音菩萨

（二）菩萨

所谓菩萨，即指自觉、觉他者，其地位比佛低一等，所以常立于佛的两旁。寺院中常见的菩萨有：文殊菩萨、普贤菩萨、观世音菩萨、地藏菩萨、大势至菩萨。他们又分别组合为"三大士"（文殊、普贤、观世音）、"四大士"（文殊、普贤、观世音、地藏）和"五大士"（文殊、普贤、观世音、地藏、大势至）（表5-1）。

1. 文殊菩萨

是释迦牟尼的左胁侍，极具智慧，以大智闻名。其塑像多手持利剑，骑在狮子身上。道场在山西五台山。

2. 普贤菩萨

是释迦牟尼的右胁侍，遍具众德，以大德闻名。道场在四川峨眉山。

3. 观音菩萨

亦称观世音、观自在、光世音。他能随时观听世人的声音，有困厄危难的人只要诵念他的名号，他就会"观其音声"而前去解救。他还能满足信徒生儿育女的愿望，求男得男，求女得女。观世音在印度本为男性,传入中国后逐渐由男变女,成为象征慈母之爱,具有大慈大悲女性之美的女菩萨。按照佛教的说法,凡已成佛或菩萨者,便是非男非女的金刚身,是没有性别的。一般我们看到的菩萨像,既有女性的柔美婉丽,也有男性的慈祥和顺。我们今天在寺庙所看到的多数观音塑像是披着大氅、目光慈祥的女士,有的寺庙是千手千眼观音,除两手两眼外,上身左右再各出二十只手,手中各一只眼,成四十手四十眼,分别配上二十五"有"(佛教所说的生存环境),即千手千眼。道场在浙江普陀山。

4. 地藏菩萨

他受释迦牟尼临终之托,在弥勒佛降世之前普度众生。他发大愿要尽度众生后再升为佛,因此深受中国下层百姓崇拜。他的形象与观音、文殊、普贤不同,一般为坐像,僧人装束,右手拿锡杖,左手拿如意宝珠。道场在安徽九华山。

5. 大势至菩萨

"以智慧光普照一切,令离三途(指地狱、恶鬼、畜生"三恶趋")得无上力,是故号此菩萨名大势至。"相传其道场在江苏南通的狼山。

表 5-1　五大菩萨一览表

名称	别号	法器	道场
文殊菩萨	大智菩萨	宝剑(宝卷)	山西五台山
普贤菩萨	大行菩萨	如玉棒	四川峨眉山
观世音菩萨	大悲菩萨	净瓶、杨柳枝	浙江普陀山
地藏菩萨	大愿菩萨	如意珠、锡杖	安徽九华山
大势至菩萨		宝瓶	江苏狼山

(三)罗汉

全称阿罗汉,即自觉者。已灭尽一切烦恼、不食人间五谷、应受天人供奉者,他们永远进入涅槃不再生死轮回,并弘扬佛法。寺院中常有十六罗汉、十八罗汉和五百罗汉。民间传说的济公也在罗汉之列。

(四)护法天神

护法天神本是古印度神话中惩恶扬善的人物,佛教称之为"天",是护持佛法的天神。著名的护法天神有四大天王、韦驮、二王尊、伽蓝神关羽等。

1. 四大天王

佛经称,世界的中心为须弥山。须弥山四方有四大部洲,即东胜神洲、南赡部洲、西牛贺洲、北俱卢洲。四大天王住须弥山山腰的犍陀罗山,其任务是各护一方天下,故又称"护世四天王"。其具体的称谓、手持法器等见表 5-2。

表5-2 四大天王一览表

名称	服色	代表意义	法器及其意义	中国化的法器及其意义
东方持国天王	白色	代表尽职尽力主持国家事务	琵琶:代表做事要合乎中道、恰到好处	碧玉琵琶:职调
西方广目天王	红色	代表"多看"	龙(蛇):象征世上一切人和事变化无常	紫金龙花狐貂:职顺(龙蛇可捋顺)
南方增长天王	青色	代表"天天进步"	宝剑:代表斩断世间烦恼	青光宝剑:职风(与"锋"谐音)
北方多闻天王	绿色	代表"多听"	宝伞:代表遮挡世间上的种种污染	混元珠伞:职雨

2. 韦驮

原为南方增长天王手下神将,佛教列为护法神,汉化韦驮是一身穿古代武将服,手持金刚杵的武将形象,被安于天王殿弥勒佛背后,脸朝大雄宝殿,时刻守卫着释迦牟尼。

3. 二王尊

在印度原为密迹金刚,是释迦牟尼五百持金刚卫队的卫队长。其中右尊合口,手持金刚杵;左尊开口,满面喜色,左手捧册,右手执笔。二将专门把守山门,被民间俗称为"哼哈二将"。

4. 伽蓝神关羽

关羽是最著名的汉化的伽蓝神。相传关羽大意失荆州,败走麦城,被吕蒙部将杀后托梦给湖北当阳玉泉寺普净大师:"还我头来,还我头来!"大师点化说:"你过五关斩六将,这些人的头向谁去讨还?"关羽顿然觉悟,皈依空门,成了伽蓝神。关平成了其左胁侍,周仓成了其右胁侍。

五、佛寺的布局

中国佛寺带有明显的民族特色,由数进四合院组成,中轴对称。中轴线上主要建筑依次有:山门(或三门)、天王殿、大雄宝殿、法堂、方丈堂、藏经阁等,其中的天王殿、大雄宝殿、藏经阁为佛寺的主要建筑。

山门为佛寺大门,因有空门(中)、无相门(东)、无作门(西),象征三解脱,故又称三门。空门两侧立有哼哈二将(即那罗延天和密迹金刚)守卫。

入山门后第一座大殿为天王殿,正中供奉的是未来世界的佛祖弥勒佛,袒胸露背,大肚开怀,笑迎天下客。背后供韦驮天,为佛寺的护法神,两侧供奉风、调、雨、顺四大天王。

大雄宝殿为佛寺正殿,又称"大殿",有供奉一佛、三佛、五佛、七佛等情况,以三佛居多,供五佛、七佛的较少。供一佛常见的为"释迦三尊"、西方三圣、东方三圣、华严三圣(普贤菩萨——毗卢遮那佛——文殊菩萨)或释迦牟尼及其弟子阿难、迦叶。供三佛常见的有三身佛、三方佛或三世佛。释迦牟尼像背面一般为海岛观音壁塑图。大殿东西两侧，常供16罗汉或18罗汉。

大殿之后为法堂，是演说佛法皈戒集会之处。

法堂之后为方丈室，是佛寺方丈居住、说法与接客之处。

中轴线最后一进为藏经阁，是佛寺珍藏佛像、文物、经卷之所，一般为二层，下层为千佛阁，正中供毗卢遮那佛，沿壁塑小佛龛供上千座小佛像。楼上主要贮藏经书。

我国佛寺建筑非常普遍，古语云："名山多古刹""天下名山僧占尽"，正说明佛寺之多。著名的有：中国第一座佛寺洛阳白马寺，历有"释源"之誉，南京栖霞寺、天台国清寺、山东灵岩寺与湖北玉泉寺合称"天下丛林四绝"。其他还有少林寺、五祖寺、法门寺、大明寺等，数不胜数。

六、佛教的教派和节日

(一) 佛教的教派

佛教产生于印度，却发展于中国。在中国已有2 000多年的历史。由于传入的时间、途径、地区、民族文化及社会历史背景的不同，中国佛教形成了三个派别，即汉地佛教(汉语系、大乘佛教)、藏传佛教(藏语系)、云南上座部佛教(巴利语系、小乘佛教)。

(二) 佛教的主要节日

1. 佛诞节

佛诞节(浴佛节)是纪念释迦牟尼诞生的节日，时间为阴历四月初八，以香水沐浴佛像。

2. 涅槃节

涅槃节是纪念释迦牟尼逝世的节日，时间为阴历二月十五。

3. 盂兰盆节

盂兰盆节(鬼节、中元节)是佛教徒追祭祖先的节日，时间为阴历七月十五。"盂兰盆"为梵文音译，意即"救倒悬"——救度亡灵倒悬之苦。

4. 佛成道节

佛成道节是纪念释迦牟尼得道成佛的节日，时间为阴历十二月初八，后演为民俗，每至这一天，老百姓要以"腊八粥"供佛。

七、佛教圣地

(一) 佛教名山

我国佛教名胜非常之多，山西五台山、浙江普陀山、四川峨眉山、安徽九华山，合称四大佛教名山(又称四大道场)，为明代以来禅僧和信徒集中参拜的地方。

(二)石窟

中国的石窟寺大约始于3世纪,后经北朝、盛唐、两宋三个石刻高潮时期的发展,遍布于全国各地,拥有极其丰富的石雕、泥塑和壁画,成了中华民族的艺术宝库。以敦煌石窟、大同云冈石窟、洛阳龙门石窟、天水麦积山石窟为代表,合称我国四大石窟艺术宝库。其中,敦煌石窟规模最大,内容最丰富,艺术成就最高,其最大特色是壁画,尤以唐代壁画艺术著称于世;大同云冈石窟以石雕造像粗犷古朴、气魄雄伟、内容丰富多彩见长;洛阳龙门石窟以盛唐石刻造像端庄健美为特色(图5-1);麦积山石窟以敷彩泥塑造像清新秀丽,生活气息浓厚著称,有塑像馆之美誉。此外,凿于唐代的乐山大佛,通高70.7 m,为中国最大石雕佛像(图5-2)。

图5-1 龙门石窟卢舍那大佛　　图5-2 乐山大佛

(三)佛塔

佛塔起源于印度,最初是佛门弟子为藏置佛祖舍利和遗物而建,发展到后来,高僧圆寂之后亦建塔供奉。佛塔的层数一般都是奇数:一层、三层、五层、七层……中型塔多半为七层;大型塔多半为13层,故俗语:救人一命,胜造七级浮屠。浮屠即梵文中的塔。佛塔传入中国之后,用途更加广泛,除供奉舍利之外,还有登高远眺、瞭望敌情、导航引渡、装点河山之功能。

佛塔的种类依据其结构形式区分,有楼阁式、密檐式、亭阁式、覆钵式、金刚宝座式等多种形式。我国现存古塔有近万座,著名的有:位于河北定县的开元寺塔,八角十一层,高84 m,是我国现存最高的古塔;山西应县木塔,本名佛宫寺释迦塔,因其是全木结构,故称应县木塔(图5-3),塔高67.31 m,是我国现存最高、最古也是唯一的木构塔;北京妙应寺白塔(图5-4),高50.9 m,是我国现存最高的喇嘛塔。

图5-3 山西应县木塔　　图5-4 北京妙应寺白塔

第三节 道教

一、道教的产生、传播及分布

道教是中国土生土长的宗教,是在古代的巫术、神仙方术、阴阳五行术的基础上逐渐形成的。一般认为,道教产生于东汉时期,首创者为张道陵,发源地在四川鹤鸣山。由于当时饥荒严重,规定凡信徒入教须交纳五斗米,故称"五斗米道";称老子为教主,尊为神明;奉《道德经》为主要经典,后逐步发展为天师道。到宋、金对峙时期,因我国南北方政治经济文化的差别,道教分化为正一、全真两大派别。正一道由天师道长期演变与其他派别综合而成,以《正一经》为经典,不重修持,崇拜神仙,相信画符念咒、降神驱鬼、祈福禳灾之术。全真道于1176年由王重阳所创立,主张儒、佛、道三教合一,以道教《道德经》、儒教《孝经》、佛教《般若心经》为必修经典,强调清心寡欲,注重修持,主张通过除情去欲来修炼性命,使精气神结合而得道成仙。

二、道教的基本教义

道教教义庞杂,但基本内容包括两方面:

(一)宣扬"道"是"万物之母"

道教信仰的核心是"道"。道本是先秦道家的哲学概念。在《道德经》中,道被认为是超时空的永恒存在,是天地万物的根源。宇宙、阴阳、万象皆由此而化生。"道生一,一生二,二生三,三生万物……"(《道德经》)。道教相信道可以"因修而得",只要你按照道教所规定的一系列道功道术认真修炼,自有得道成仙之日。

(二)追求长生不老,肉身成仙

道教有一整套修炼的方法,分为内养、外养等:内养即道教气功,即运用一定方法,使人体内固有的精、气、神三者归一,达到长生和成仙目的;外养指运用外在的力量达到养生目的,主要通过服食丹药和草药等以使身体健康而至长寿。

三、道教的经典和标记

道教派系庞杂,故道教经典也颇繁杂。但大多数都奉老子的《道德经》为经典,从南北朝时期起,就有人将其汇成总集,后受佛教影响,人们用藏来称谓汇集在一起的道教经典,《道藏》随后成为道教经书总集的名称。流传至今的是《正统道藏》和《万历续道藏》两本著作,集道教文化之大成,广泛涉及诸子百家、天文地理、生物化学、医学保健等内容,是中国古代文化遗产的重要组成部分。

四、道教供奉的对象

道教供奉的神灵主要有尊神、俗神和神仙。

(一) 尊神

1. 三清

指玉清、上清、太清的合称,是道教最高层的神灵。据《道教宗源》称:玉清元始天尊,住清微天之玉清境;上清灵宝天尊,住禹余天之上清境;太清道德天尊(即太上老君),则无世不在,无世不存,住大赤天之太清境。

2. 四御

指地位次于三清的四位天帝,即总执天道的玉皇大帝;协助玉皇大帝执掌天地经纬、日月星辰、四时节气的中天紫微北极大帝;协助玉皇大帝执掌人间的寿夭祸的南极长生大帝;南北极与天、地、人三才,统御诸星并主持人间兵革之事的勾陈上宫皇大帝;执掌阴阳生执掌育、万物之美、大地山河之秀的后土皇地祇(女神)。

3. 四方护卫神

东青龙、西白虎、北玄武、南朱雀。

(二) 俗神

俗神是指流传于民间而被道教信奉的神祇,如有与自然相关的雷公、电母、风伯等;有带有人间特征的英雄神、文化神如关帝、文昌等;有被认为专门保护个人、家庭和城乡安全的守护神,如门神、灶神、城隍、土地和妈祖等;有被认为是特定的行业神和功能神,如药王、财神等。

(三) 神仙

老而不死为仙。神仙有人仙、地仙、天仙和神仙之分。最初流传多为上古传说人物,汉魏后多为道教人物仙化者,唐宋以来历史人物被仙化者,如八仙、天妃娘娘(即妈祖)等。

五、道教建筑及布局

道教建筑一般称观、庙、道院,有特殊地位的道观称宫。道教建筑与仪式多吸取佛教特点。但以墙壁、柱子、门窗等皆用红色为特点。其布局亦与佛教相近,中轴线上主要殿堂依次有:山门、灵官殿、三清殿、玉皇殿、三官殿等。山门为道观的大门,一般供奉青龙神和白虎神。中轴线上第一座大殿为灵官殿,内供王灵官。三清殿是道观中最主要的大殿。玉皇殿供奉玉皇大帝或供四御。三官殿供奉天官、地官、水官(又称三元大帝),天官赐福,地官赦罪,水官解厄。

六、道教圣地

用"山不在高,有仙则名"来形容道教的名山宫观,可以很好地体现出其自然与人文、宗教的有机交融。许多宫观建筑超凡脱俗,又体现出风水宝地的绝好气韵。

(一)道教名山

因道士的理想是修炼成仙,故而选择深远幽静、奇峰异石、花木繁茂之地,作为修炼之地,其中著名的有"三山五岳""十大洞天"之说。"五岳"即:东岳泰山、西岳华山、中岳嵩山、南岳衡山和北岳恒山。五岳是远古山神崇拜、五行观念和帝王巡猎封禅相结合的产物,后为道教所继承而成为道教名山。"三山"则指江西之庐山、广东之罗浮山和浙江之天台山。四川青城山、陕西终南山为道教发祥地。江西龙虎山、贵溪县(现贵溪市)天师府、湖北武当山为道教之最大道场。此外,山西太原龙山石窟为最重要的道教石窟。福建泉州老君岩为道教最大造像。

(二)宫观

宫观是道士修道、祀神和举行宗教仪式的处所,为道宫和道观的合称。我国较著名的有:河南鹿邑太清宫、江西贵溪上清宫、四川成都青羊宫、江苏苏州的玄妙观、陕西户县的重阳宫、山西芮城的永乐宫、北京的白云观、广州的三元宫、武汉的长春观等。其中陕西户县的重阳宫、北京的白云观和山西芮城的永乐宫并称全真道三大祖庭。

第四节 基督教

一、基督教的产生、传播及分布

基督教产生于1世纪,发源地是罗马帝国统治之下的巴勒斯坦。相传,基督教创始人耶稣,是上帝耶和华的独生子,一个名叫约瑟的木匠。其未婚妻玛丽亚因圣灵受孕,生耶稣于伯利恒。耶稣自30岁起,开始宣扬上帝的福音,招收十二门徒,并施行许多神术,使瞎子复明,跛子行走,死人复活,拿2条鱼、5个面饼给5 000人吃饱等。他的传教吸引了许多民众,但遭到犹太祭司和罗马统治者的仇视。后因第十二门徒犹大的出卖,被钉死在十字架上,故后人把十字架作为信仰基督教的标志。据传耶稣死后第三天复活,显现于诸门徒,复活后第40天升天。据称,将来会再降人间,审判死人和活人。因耶稣受难之日是星期五,受难之前最后的晚餐中一共有13人,故西方人忌讳13和星期五,视之为凶日,日常生活中尽量避开。

原始基督教产生之后,逐渐受到罗马帝国的认可,313年君士坦丁大帝发表"米兰敕令",宣布基督教为合法宗教,尤其是392年,狄奥多西一世定其为国教,基督教迅速发展。基督教后经欧洲封建化过程及欧洲资本主义的殖民扩张,广泛传播到世界各地,且分裂为天主教、东正教、新教三个不同教派。信徒主要集中于欧洲、美洲和大洋洲,为世界第一大宗教。

二、基督教在中国的传播

历史上基督教四次传入中国:基督教最早于唐代传入中国,称作景教;后于元代又一次传入;明清之际第三次传入中国,但三次均未成功。鸦片战争后第四次传入中国,在不平等条约保护下强行传教,取得成功。但遭到中国人民的强烈抵制,常被斥之为"洋教",未能融入中国文化之中,故基本上以原貌客居中国大地,旅游价值非常有限。

新中国成立后,基督教(即新教)倡导自治、自养、自传的三自爱国运动;天主教和东正教也倡导自主自办的爱国活动;东正教成立中华东正教会,从此基督教各教堂走上健康发展的道路。

三、基督教的基本教义

基督教强调救赎、慈爱,强调人人平等,认为上帝创造了世界并主宰着世界,耶稣是上帝之子,被派到世上拯救人类。世人应忍耐、顺从、宽恕,如此则来世方可升入天国。

(一)上帝创世说

认为上帝创造一切,故上帝是全能的,是真善美的最高体现者,人们必须无条件地敬仰和顺从上帝,否则要受到上帝的惩罚。

(二)原罪救赎说

人生来就是有罪的(亚当和夏娃偷吃了伊甸园的禁果,给人类带来了原罪),上帝给了人类赎罪的机会,但人类无法靠自己的力量从罪恶中得救,必须要靠基督的引导,靠自己的忏悔,才可赎罪。

(三)天堂地狱说

认为天堂是极乐世界,信仰上帝的人,死后灵魂获得赎罪,可以升上天堂获得永生,而不信仰上的人死后灵魂要被丢入地狱,永受惩罚。

四、基督教的经典和标记

基督教的经典是《圣经》,由犹太教的《圣经》(《旧约圣经》)和基督教的《新约圣经》组成,因而也称《新旧约全书》。《新约圣经》曾被译成1 848种语言和方言,对世界文化产生了深远的影响。

基督教的标记为十字架(象征耶稣受难)。

五、基督教节日

(一)圣诞节

时间为阳历12月25日,纪念基督教创始人耶稣诞生的节日,是基督教国家亲人团聚、合家欢庆的盛大节日,其隆重程度相当于中国人的春节。节日期间还有丰富多彩的活动,如圣诞老人、圣诞树、圣诞箱、圣诞卡等。

(二)复活节

纪念耶稣复活的节日,时间是每年春分月圆后的第一个星期天(3月21日至4月25日之间)。

六、基督教的教堂建筑

基督教建筑为教堂,是基督教举行礼拜和重要宗教仪式的场所。不同时代的教堂有不同的建筑风格。但总体说来,讲究立面效果,采用复杂而精致的结构,使用高耸而细尖的塔楼,直刺蓝天,在视觉上造成飞升的效果,仿佛带领教徒与天主相会。教堂内部空间巨大,流光溢彩,充满神秘的宗教色彩,教徒置身其中深感自己的渺小而不得不乞求上帝的保护,如法国巴黎圣母院、德国的科隆大教堂、梵蒂冈的圣彼得大教堂等皆为此种建筑的典范。我国著名的教堂有上海徐家汇天主堂、圣三一堂、广州圣心大教堂、北京南堂、北堂、哈尔滨圣索菲亚教堂等。

(一)上海徐家汇天主堂

徐家汇天主堂(图5-5)位于上海徐汇区蒲西路156号,是上海天主教三自爱国会所在地,始建于清光绪三十一年(1905年),宣统二年(1910年)建成,1980年重修,是上海地区最大教堂,也是远东地区最大教堂之一,现为天主教上海教区主教座堂。徐家汇天主堂为中世纪哥特式风格建筑,双尖顶砖石结构,门窗都是哥特尖拱式,嵌彩色玻璃,镶成图案和神像;平面呈长十字形,正面向东,两侧建钟楼;钟楼全高约60 m,尖顶31 m,尖顶上的两个十字架,直插云霄,庄严而神秘。

(二)哈尔滨圣索菲亚教堂

哈尔滨圣索菲亚教堂(图5-6)始建于1907年,是哈尔滨现存最大的东正教堂,属俄罗斯拜占庭式建筑。整座教堂气势恢宏,精美绝伦。教堂的墙体全部采用清水红砖,上冠巨大饱满的洋葱头穹顶,统率着四翼大小不同的帐篷顶,形成主从式的布局;四个楼层之间有楼梯相连,前后左右有四个门出入;正门顶部为钟楼,7座铜铸制的乐钟恰好是7个音符,由训练有素的敲钟人手脚并用,敲打出抑扬顿挫的钟声。巍峨壮美的圣索菲亚教堂,构成了哈尔滨独具异国情调的人文景观和城市风情,同时,它又是沙俄入侵东北的历史见证和研究哈尔滨市近代历史的重要珍迹。

图5-5 上海徐家汇天主堂

图5-6 哈尔滨圣索菲亚教堂

第五节 伊斯兰教

一、伊斯兰教的产生、传播及分布

伊斯兰教产生于7世纪初的阿拉伯半岛,创始人为穆罕默德。相传穆罕默德于570年出生于麦加,年轻时忧虑于麦加人的社会风气,经常进入麦加附近的希拉山洞沉思,专心致志于思索神圣之道。610年初步创立伊斯兰教,622年他迁往麦地那,建立政教合一的宗教公社。伊斯兰教起初提出反对高利贷、号召赈济、释放奴隶等宣传,吸引了下层人民的支持和信仰,并以"圣战"的方式征服阿拉伯半岛,到630年统一了阿拉伯半岛,建立了政教合一的国家和社会。632年,穆罕默德逝世于麦地那。伊斯兰后通过战争、商业活动,传入北非、南亚、东南亚等地。穆斯林(伊斯兰教徒称呼,意为"归顺者")主要分布于西亚、北非、南亚、东南亚等地,为世界第二大宗教。伊斯兰教有许多派别,其中最主要的有逊尼派和什叶派。逊尼派为多数派,人数约占穆斯林总数的85%;什叶派属少数派,流行于伊朗、伊拉克、也门、叙利亚、巴基斯坦等国。

伊斯兰教在我国也称回教、清真教等,约于唐贞观年间经由海路和陆路传入中国,故早期伊斯兰建筑多集中于广州、泉州、杭州、扬州等沿海城市,如广州怀圣寺(狮子寺)、泉州清净寺（麒麟寺）、杭州真教寺（凤凰寺）、扬州仙鹤寺为中国沿海伊斯兰教四大古寺，另外也经陆路由西域传入。伊斯兰教主要分布在我国西北地区，与回族、维吾尔族、哈萨克族等少数民族的历史、文化及世俗生活息息相关，同时也散布在全国各省区。

二、伊斯兰教的教义

其基本教义是：信奉安拉是唯一的神，穆罕默德是安拉使者。其具体包括两方面：在思想理论方面，坚持六大信仰：信安拉、信天使、信使者、信经典、信前定、信后世；在实践和行为方面，规定教徒必须做五功和善行：五功是指念功、礼功、斋功、课功、朝功五项宗教义务，善行是指穆斯林必须遵循的道德规范。

三、伊斯兰教的经典和标记

伊斯兰教的经典《古兰经》（亦名《可兰经》），是伊斯兰教最根本的经典。除《古兰经》外，《圣训》也是伊斯兰教的基本法典。《古兰经》包含着伊斯兰教基本信仰、宗教制度、道德规范及思想学说等，是伊斯兰教国家立法的基础，是穆斯林的一部"永久宪法"。

伊斯兰教的标志为新月。在所有信奉伊斯兰教的国家都可以看到这个标志，这是因为信奉伊斯兰教的国家大都在沙漠附近，所以人们在劳动时只能选择在晚上。在夜间劳作时，人们希望有星星、月亮照明，久而久之，这也就成为一种幸运的象征。

四、伊斯兰教的节日和习俗

（一）主要节日

1. 开斋节

在我国新疆地区称肉孜节，顾名思义，即庆祝斋戒期满的节日，时间是在伊斯兰教历10月1日（斋月最后一天寻看新月，见到新月的第二天即行开斋，未见月牙，则顺延，但不得超过三天）。

2. 宰牲节

宰牲节在我国又名古尔邦节，时间是伊斯兰教历的12月10日。穆斯林每年12月上旬都要到圣地麦加举行大朝，大朝结束之日举行宰牲节。关于这一节日的来历，相传穆罕默德为了考验伊斯兰教先知易卜拉欣，令他杀死自己的儿子易司马仪作为献祭。第二天清早，易卜拉欣果真把他的儿子带到麦加附近的米那山谷，正准备举刀要砍的时候，安拉派天使送来了一只羊，代替他的儿子作为献祭，这只羊叫"替罪羊"。后人为了纪念易卜拉欣父子对真主安拉的忠心，便把这一天定为宰牲节。节日期间，富有的穆斯林纷纷宰羊杀驼，分送穷人。

3. 圣忌（圣纪）

圣忌（圣纪）为纪念穆罕默德诞生和逝世的节日，时间是伊斯兰教历3月12日，相传穆罕默德诞生于570年3月12日,62年之后的同一天逝世于麦地那,故这一天既是他的诞辰纪念日,亦是他的忌日,穆斯林为了纪念圣人穆罕默德创建伊斯兰教,在他诞辰和逝世的这天举行集会。

(二)主要习俗

1. 穆斯林在饮食上有严格的禁食制度,总的原则:"洁净的为适宜,污浊的受禁止。"视猪为世间脏物之最,故忌食猪肉及有关食品。禁食自死动物,血液、外形丑陋之物,及未经诵经而宰杀的动物,禁止饮酒及饮含酒精的饮料,牛羊驼等必先经诵安拉之名宰杀后方可食用。

2. 进礼拜殿前必须做大、小净和脱鞋。所谓大净即从头到脚洗干净;小净则洗净脸和手等,如在沙漠,则可用沙洗脸和手。伊斯兰教忌讳赤身露体,进入清真寺,必须穿长衣长裤,否则不许进入。

3. 政教合一的伊斯兰国家,对女性的禁锢非常严格,妇女出门须披黑色长袍,罩上面纱,不许露出眼睛以外的身体的任何部位,且不允许妇女与丈夫以外的男性交往。

4. 敬茶、端饭、握手均用右手,忌左手。

五、伊斯兰教的清真寺建筑

清真寺,阿拉伯语称"麦斯吉德",即叩头处,是穆斯林举行宗教仪式、传播宗教知识寺院的统称,也称礼拜寺。中国清真寺建筑有中国传统式建筑和阿拉伯风格建筑两种。

阿拉伯式的清真寺,没有明显的中轴线,左右也不对称,寺内布局严谨,设置阿拉伯穹隆顶式正殿和尖顶式宣礼塔(召唤穆斯林礼拜的地方),并饰以穆斯林的标志——新月。

我国传统式清真寺以木质结构为主,沿中轴线按主次循序渐进,强调整体布局与左右对称。传统式清真寺主要包括:大殿、经堂、浴堂等,少数大的清真寺有望月楼和宣礼塔。

按照伊斯兰教规定,寺内不设偶像,也不以动物形象作装饰,只是在建筑细部上多用阿拉伯经文和花草加强装饰性,一般祭坛设于背向麦加的墙上,以使教徒向着麦加方向朝拜,这种规定有效地强化了圣地麦加在穆斯林心目中的地位,因麦加位于中国的西方,故中国清真寺朝向为坐西朝东,有别于中国传统的建筑。

我国著名的清真寺有泉州清净寺、广州怀圣寺、杭州真教寺、扬州仙鹤寺、北京牛街清真寺、西安化觉寺、喀什艾提尕清真寺等。

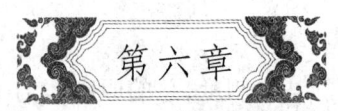

第六章

中国建筑文化

建筑是一种以一定物质材料与结构形式,与一定自然环境相结合,使一定社会生活内容抽象性地展现于空间,具有实用、认知、审美,有时兼崇拜的诸种社会功能,同时渗透着艺术等人文因素的科学技术。中国古建筑以其独特的取材、巧妙的结构和别具风格的造型艺术在世界建筑体系中独树一帜,是我国古代灿烂文化的重要组成部分。

第一节 中国古建筑概述

一、古代建筑的基本构件

(一)台基

为防潮、防腐,或弥补中国古建筑单体建筑不甚高大雄伟的弱点,古代建筑师们将各式各样的建筑建在一个高高的台基上。台基造高以后,还筑有台阶(宋代称踏道,清代称踏跺)。皇宫正殿有三座台阶,中央的台阶叫"陛",皇帝的尊称"陛下"即由此而来。

台基又称基座,大致有四种:

1. **普通台基**

用素土或灰土或碎砖三合土夯筑而成,约高一尺,常用于小式建筑,民居建筑普遍采用。

2. **较高级台基**

较普通台基高,常在台基上边建汉白玉栏杆,用于大式建筑或宫殿建筑中的次要建筑。

3. **更高级台基**

即须弥座,又名金刚座。"须弥"是古印度神话中的山名,相传位于世界中心,系宇宙间最高的山,日月星辰出没其间,三界诸天也依傍它层层建立。须弥座用作佛像或神龛的台基,用以显示佛的崇高伟大。中国古建筑采用须弥座表示建筑的级别。一般用砖或石砌成,上有凹凸线脚和纹饰,台上建有汉白玉栏杆,常用于宫殿和著名寺院中的主要殿堂建筑。

4. 最高级台基

由几个须弥座相叠而成,从而使建筑物显得更为宏伟高大,常用于最高级建筑,如故宫三大殿和山东曲阜孔庙大成殿,即耸立在最高级台基上。

(二)木头圆柱

木头圆柱指用松木或桶木制成的圆柱形木头,置于石头(有时是铜器)为底的台上。多根木头圆柱,用于支撑屋面檩条,形成梁架,是木结构房屋建筑的最基本、最重要的构件。

(三)开间

四根木头圆柱围成的空间称为"间"。建筑的迎面间数称为"开间",或称"面阔"。建筑的纵深间数称"进深"。中国古代以奇数为吉祥数字,所以平面组合中绝大多数的开间为单数;而且开间越多,等级越高,一般9间为等级最高。但北京故宫太和殿、北京太庙大殿为例外,开间达到11间。

(四)梁

梁即横梁,架于木头圆柱上的一根最主要的木头,以形成屋脊。常用松木、榆木或杉木制成,是中国传统木结构建筑中骨架的主件之一。

(五)斗拱

是中国古代建筑独特的构件。方形木块叫斗,弓形短木叫拱,斜置长木叫昂,总称斗拱(图6-1)。它的产生和发展有着非常悠久的历史,从两千多年前战国时代采桑猎壶上的建筑花纹图案,以及汉代保存下来的墓阙、壁画上,都可以看到早期斗拱的形式,一般处于柱顶、额枋与屋顶之间,用来支撑荷载梁架,挑出屋檐,兼具装饰作用。斗拱层数越多,建筑等级越高。普通百姓的民居基本不用斗拱。

图6-1　斗拱

(六)彩画

彩画原是为木结构防潮、防腐、防蛀之用,后来才突出其装饰性作用,宋代以后彩画已成为宫殿建筑不可缺少的装饰艺术。清代彩画可分为三类,即苏式彩画、旋子彩画、和玺彩画。

1. 苏式彩画

苏式彩画又称园林彩绘,是等级最低的彩画,但布局灵活,绘画的题材较自由,画面多为山水、人物故事、花鸟鱼虫等。典型的苏式彩画有北京颐和园长廊彩画,两边用"《》"或"( )"框起。"( )"被建筑家们称作"包袱"。苏式彩画,便是从江南的包袱彩画演变而来的。

2. 旋子彩画

旋子彩画等级高于苏式彩画。画面用简化形式的涡卷瓣旋花,有时也可画龙凤,两边用"《》"框起,可以贴金粉,也可以不贴金粉,一般用于次要宫殿或寺庙中。

3. 和玺彩画

和玺彩画是等级最高的彩画。其主要特点是:中间的画面由各种不同的龙或凤的图案组成,间补以花卉图案;画面两边用"《》"框住,并且沥粉贴金,金碧辉煌,十分壮丽。北京故宫中的外朝(太和殿、中和殿、保和殿)和内廷(乾清宫、交泰殿、坤宁宫)用的都是和玺彩画。

(七)屋顶

屋顶古称屋盖,被誉为中国古建筑冠冕的屋顶(图6-2),形式千变万化,瑰丽多姿,不仅为中国古建筑在美观上增添神韵,而且严格地表现了古建筑的等级制度。中国传统屋顶中以重檐庑殿顶为最高等级,依次为重檐歇山顶、重檐攒尖顶、单檐庑殿顶、单檐歇山顶、单檐攒尖顶、悬山顶、硬山顶、卷棚顶、盝顶等。

1. 庑殿顶

四面斜坡,有一条正脊和四条斜脊,屋面稍有弧度,又称四阿顶、五脊殿,用于皇宫、庙宇等主殿,有单檐和重檐之分,重檐为贵,代表建筑有太和殿、大成殿等。

2. 歇山顶

是庑殿顶和硬山顶的结合,即四面斜坡的屋面上部转折成垂直的三角形墙面,有一条正脊、四条垂脊,四条戗脊组成,所以又称九脊顶。歇山顶的山墙有搏风板、悬鱼等,是装饰的重点,有单檐和重檐之分,重檐为尊。目前的古建筑中如天安门、太和门、保和殿、乾清宫等均为此种形式。

3. 攒尖顶

平面为圆形或多边形,上为锥形的屋顶,没有正脊,有若干屋脊交于上端,有单檐和重檐之分,檐多为贵。常用于面积不大的建筑,如亭、阁、塔等,代表建筑有中和殿、祈年殿、皇穹宇等。

4. 悬山顶

屋面双坡,两侧伸出山墙之外。屋面上有一条正脊和四条垂脊,又称挑山顶,多见于民间建筑。

5. 硬山顶

屋面双坡,两侧山墙同屋面齐平,或略高于屋面,多见于大型建筑群中小殿配房、一般民居和寺庙。

6. 卷棚顶

屋面双坡,没有明显的正脊,即前后坡相接处不用脊而砌成弧形曲面。

7. 盝顶

屋顶上部为平顶,下部为四面坡或多面坡,垂脊上端为横坡,横脊数目与坡数相同,横脊首尾相连,又称圈脊。如故宫的钦安殿。

图 6-2　各种形式的屋顶

(八) 山墙

山墙即房子两侧上部成山尖形的墙面,常见的山墙有风火山墙,其特点是两侧山墙高出屋面,随屋顶的斜坡面而呈阶梯形。

(九)藻井

藻井是中国传统建筑中室内顶棚的独特装饰部分。"藻井",含有五行以水克火,预防火灾之意。一般做成向上隆起的井状,有方形、多边形或圆形凹面,周围饰以各种花纹、雕刻和彩绘,多用在宫殿、寺庙中的宝座、佛坛上方最重要部位。现存最早的木构藻井,是蓟县独乐寺观音阁上的藻井,建于984年。北京故宫太和殿上的蟠龙藻井(图6-3),是在八角井上设一圆井,当中为一突雕蟠龙,垂首衔珠,称为龙井,是清代建筑中最华贵的藻井。

图6-3 太和殿蟠龙藻井

(十)吻兽

吻兽是中国古建筑屋面上的一种特殊饰件,它既是建筑构件,又是珍贵的艺术品,即在正脊两端、面朝里、口衔正脊的,名叫正吻,亦称大兽;在垂脊上有垂兽;在岔脊上有截兽,这些统称"兽头"。在兽头前面,垂脊和岔脊的末端,常常排着一队小兽,称为蹲兽,领头的是一个"骑凤仙人",而后依次为龙、凤、狮子、天马、海马、狻猊、押鱼、獬豸、斗牛、行什(图6-4)。它的安装数量依建筑物的等级高低和规模大小而定,太和殿上十样俱全仙人不计在内,其他地位和规模稍低的殿堂,吻兽数且则相应减少。

图6-4 太和殿的吻兽

二、中国古代建筑的特点

(一) 以木材为主要建筑材料，辅以砖瓦

中国古代有着丰富的森林资源，木材质地较轻软，便于加工和运输，使用木材可节省劳动力和施工时间。

虽然数千年来，砖石技术有长足的进步，但始终以木材结构建筑为主，瓦顶、台基、砖墙只是用来维护易朽的木结构。

(二) 采用框架式结构

中国古代建筑以木框架为主要的结构方式。此结构方式由立柱、横梁、顺檩等主要构件组合而成，各个构件之间的结点以榫卯相吻合，构成富有弹性的框架。中国古代木构架有抬梁、穿斗、井干三种不同的结构方式。

抬梁式是在立柱上架梁，梁上又抬梁，所以称为"抬梁式"，宫殿、坛庙、寺院等大型建筑物中常采用这种结构方式。穿斗式是用穿枋把一排排的柱子穿连起来成为排架，然后用枋、檩斗接而成，故称为穿斗式，多用于民居和较小的建筑物。井干式是用木材交叉堆叠而成的，因其所围成的空间似井而得名，结构比较原始简单，现在除少数森林地区外已很少使用。

木构架结构有很多优点：首先，屋顶重量由木构架来承担，墙壁不承重；其次，由于木构架的结构所用斗拱和榫卯都有若干伸缩余地，因此在一定限度内可减少地震对这种构架所引起的危害，而"墙倒屋不塌"这句话形象地表达了这种结构的特点。

(三) 整齐灵活的平面布局

中国古代建筑体系，是以木框架为主、以"间"为单位构成的单座建筑，再以单座建筑组成庭院，当建筑的规模需要扩大时，往往以庭院为单元采取纵向扩展、横向扩展或纵横双方扩展的方式，以重重院落相套而构成各种组群建筑。

就单体建筑而言，以长方形平面最为普通。此外，还有圆形、正方形、十字形等几何形状平面。就整体而言，重要建筑大都采用均衡对称的方式，以庭院为单元，沿着纵轴线与横轴线进行设计，借助于建筑群体的有机组合和烘托，使主体建筑显得格外宏伟壮丽。民居及风景园林中的建筑则采用"因天时，就地利"的灵活布局方式。

(四) 优美的建筑造型

中国古代建筑尤以屋顶造型最为突出。庑殿顶也好，歇山顶也好，都是大屋顶，显得稳重协调。屋顶中直线和曲线巧妙地组合，形成向上微翘的飞檐，不但扩大了采光面，有利于排泄雨水，而且增添了建筑物飞动轻快的美感。

(五) 丰富多彩的装饰手段

中国古代建筑包括彩绘和雕饰。彩绘具有装饰、标志、保护、象征等多方面的作用。

彩画多出现于内外檐的梁枋、斗拱及室内天花、藻井和柱头上,构图与构件形状密切结合,绘制精巧,色彩丰富。明清的梁枋彩画最为瞩目。

雕饰是中国古建筑艺术的重要组成部分,包括墙壁上的砖雕、台基石栏杆上的石雕、金银铜铁等建筑饰物。雕饰的题材内容十分丰富,有动植物花纹、人物形象、戏剧场面及历史传说故事等。

(六)注重建筑跟周围自然环境的协调

建筑本身就是一个供人们居住、工作、娱乐、社交等活动的环境,因此不仅内部各组成部分要考虑配合与协调,而且要特别注意与周围大自然环境的协调。中国古代的设计师们在进行建筑设计时都十分注意周围的环境,对周围的山川形势、地理特点、气候条件、林木植被等,都要认真调查研究,务必使建筑布局、形式、色调等跟周围的环境相适应,从而构成为一个大的环境空间。

第二节 宫殿和坛庙

一、宫殿建筑

宫殿是帝王居住的地方,是中国古代建筑最高级、最豪华的一种类型。根据考古发掘证明,早在商代,就出现了宫殿。到了东周时期,列国宫殿的规模远远超过了前代。秦汉以来至唐,宫殿规模更为宏大。但大多数都在王朝更替或是争夺皇位时被毁。今天所能看到的保存完好的宫殿主要有两处,即北京的故宫和沈阳的清故宫。

(一)形制演变

中国历代宫殿在规模上基本呈逐渐缩小的趋势。如汉长安长乐宫、未央宫占地分别为 6.6 km^2 和 4.6 km^2;唐长安大明宫为 3.3 km^2;明朝北京紫禁城仅 0.73 km^2。但随着规模缩小,宫殿建筑密度增大,前朝部分加强纵向的建筑和空间层次,门、殿增多;后寝居住部分则由宫苑相结合的自由布置演变为规则、对称、严肃的庭院组合。

(二)宫殿的布局

1. **严格的中轴对称**

为了表现君权受命于天和以皇权为核心的等级观念,体现皇权的至高无上,宫殿建筑采取严格的中轴对称的布局方式。中轴线上的建筑高大华丽,轴线两侧的建筑低小简单。中轴线纵长深远,更显示了帝王宫殿的尊严华贵。

2. **左祖右社,或称左庙右社**

中国礼制思想的重要内容是崇敬祖先、提倡孝道,并祭祀土地神和粮食神,有土地才有粮食,才能风调雨顺,国泰民安,左祖右社则体现了这些观念。所谓"左祖",是在宫殿左前方设祖庙,祖庙是帝王祭祀祖先的地方,因为是天子的祖庙,故称太庙;所谓"右社",

是在宫殿右前方设社稷坛,社为土地,稷为粮食,社稷坛是帝王祭祀土地神、粮食神的地方。古代以左为上,所以左在前,右在后。

3. 前朝后寝

这是宫殿自身的布局:大体上有前后两部分,一墙之隔,"前堂后室",即"前朝后寝"。所谓"前朝",即为帝王上朝治政、举行大典之处;所谓"后寝",即帝王与后妃们生活居住的地方。

(三) 宫殿内外陈设

宫殿建筑内最大的特征是硕大的斗拱、金黄色的琉璃瓦铺顶、绚丽的彩画、高大的盘龙金柱、雕镂细腻的天花藻井、汉白玉台基、栏板、梁柱,以及周围的各种建筑小品等,用以显示宫殿的豪华富贵。

宫殿外部陈设主要有:

1. 华表

古代设在宫殿、城垣、桥梁、陵墓前作为标志和装饰用的大柱,一般为石制,柱身通常雕有蟠龙等纹饰,上为方板和蹲兽。华表高高耸立,既体现了皇家的尊严,又给人以美的享受。设在陵墓前的华表又名墓表,墓表竖立于帝王陵园之前,成为皇家建筑的特殊标志。

2. 石狮

宫殿大门前都有一对石狮(或铜狮),有辟邪的作用,又因为狮子是兽中之王,所以又有显示"尊贵"和"威严"的作用。按照中国文化的传统习俗,成对石狮系左雄右雌;雄狮爪下为球,象征着统一环宇和无上的权力;雌狮爪下踩着幼狮,象征着子孙绵延。在中华大地还有北狮、南狮之分,北狮雄壮威严,南狮活泼有趣。还有所谓"三王狮",因为凤凰是鸟中之王,牡丹是花中之王,狮子所蹲之石刻有凤凰和牡丹,故称"三王狮"。

3. 日晷

即日影,它利用太阳的投影和地球自转的原理,借指针所生阴影的位置来显示时间。

4. 嘉量

我国古时的标准量器。全套量器从大到小依次为斛、斗、升、合、龠(音越),含有统一度量衡的意义,象征着国家统一和强盛。

5. 吉祥缸

系置于宫殿前盛满清水以防火灾的水缸,有的是铜铸的。古代称之为"门海",以比喻缸中水似海可以扑灭火灾,故又被誉为吉祥缸。

6. 鼎式香炉

有盖为鼎,无盖为炉,是古代的一种礼器,举行大典时用来燃檀香和松枝。

7. 铜龟、铜鹤

龟和鹤是中国文化中的神灵动物,用来象征长寿,庆贺享受天年,最有名的被称之为龙头龟、仙鹤。

二、坛庙建筑

中国古代传统文化思想中,包含着浓重的对祖先的崇敬,对土地、粮食、天地、日月等各种神的崇拜,对各种文神、武神及其他神的尊敬。封建王朝皇帝作为国家的最高统治者,在祭祀活动中扮演着至高无上的发言人的角色,每年的不同时节,皇帝都要亲自参与相关的祭典活动,为祈求丰收、太平、长生不老、江山永固而朝拜天地众神和祖辈先贤。在祭拜仪式中,对象也有不同的等级,其中最受重视的是天地、社稷和祖先,其次是高山、大海和大河。中国从汉代以来就确定了对泰山等五岳、东海等四海、长江等四渎的祭拜制度,为了寄托这种崇敬和感恩的心情,产生和形成了许多坛庙建筑,也称为礼制建筑。

(一)祖庙与社稷坛

1. 北京太庙

位于天安门左侧,今为北京劳动人民文化宫,过去是帝王祭祀祖宗的地方。其位置符合中国传统的"左祖右社"的规定。

2. 北京社稷坛

位于天安门右侧,今为中山公园,过去是帝王祭祀土地神(社)和谷物神(稷)的地方。古代以"社稷"代称国家。社稷坛上五色土,按"五行"中五方五色的配置,中央为黄,东方为青,南方为红,西方为白,北方为黑,以象征"普天之下莫非王土",并祈求全国风调雨顺、五谷丰登。

(二)天、地等坛

祭祀天、地、日、月、泰山神的活动,是历代帝王登基后的重要活动。

因为君权"受命于天",且要秉承"天意"治理国家,所以皇帝必须亲自去天坛祭天。祭天在南郊,时间在冬至日。

因为土地是国家的根本,国家的"国""口"中有"或",这"或"即"域",所以皇帝亲自或派人前往地坛祭地。祭地在北郊,时间在夏至日。

因为万物生长靠太阳,所以必须到日坛祭日;祭日于东郊;因为月亮是夜明之神,所以又必须到月坛祭月,祭月于西郊;又因为祭天、地、日、月等活动都在郊外进行,所以世上统称为"郊祭"。

历史上许多皇帝,如秦始皇、汉武帝等,都要登五岳之首泰山祭祀天地,称为封禅大典,而反映上述中国文化思想的旅游胜地主要有:

1. 天坛

位于北京正阳门外东侧,始建于明永乐十八年(1420年)。其建筑由内外两重城墙环绕,南边围墙左右两角成方形,北边围墙左右两角成弧形,以象征古人"天圆地方"的观念。天坛由四组建筑组成:祭天的圜丘(坛呈圆形,以象征天,故称圜丘),祈求丰收的祈年殿,皇帝斋宿的斋宫,贮放神牌的皇穹宇。其中以圜丘坛、祈年殿为主体,前者在南,后者在北,中间以海墁大道相连。天坛1998年12月2日被正式列入《世界遗产名录》。

2. 地坛

位于北京,始建于明嘉靖九年(1530年)。地坛与天坛相对应,坛呈正方形,以象征古人"天圆地方"的观念,所以又名方泽坛。主体建筑为两层方台,今尚有皇祇室(供皇地祇神牌位)、神库、神府、斋宫等建筑。

3. 曲阜孔庙

位于山东曲阜城中心,又称至圣庙。始建于公元前478年,是我国古代封建王朝祭祀春秋时期思想家、政治家、教育家孔子的庙宇,是中国祀孔庙宇中建造年代最早、规模最大的一座,与北京故宫、承德避暑山庄并称为中国三大古建筑群,为全国重点文物保护单位。孔庙与孔府、孔林1994年被联合国列入《世界遗产名录》,是国家5A级旅游景区。

孔庙南北长645 m,东西宽150 m,面积约96 000 km^2,整体建筑仿封建帝王宫殿体制,前后九进院落,左中右三路布局,主体建筑中贯轴线,左右对称,布局严谨,疏密有致,气势壮丽。孔庙现存殿、堂、亭、门、坊等104座,466间,建筑面积1.6万余平方米,主要建筑有棂星门、圣时门、弘道门、大中门、同文门、奎文阁、十三碑亭。三路布局的中路有大成门、杏坛、大成殿、寝殿、两庑、圣迹殿等;东路有崇圣门、诗礼堂、崇圣寺、家庙等;西路有启圣门、金丝堂、启圣王殿、寝殿。孔庙内保存数量众多的历代碑碣,是研究历史、文化、书法的珍品。

4. 岱庙

位于山东省泰安城泰山南麓,俗称泰庙、东岳庙等,是道教宫观中建筑规格最高的庙宇之一,主祀"东岳泰山之神",是古代帝王来泰山封禅告祭时居住和祭祀泰山神的地方。岱庙具体创建年代无考,西汉史料中有"秦即作""汉亦起宫"的记载,可见其起源甚早。唐开元十三年(725年)增修,宋祥符二年(1009年)又进行了大规模的修建,后经金、元、明、清历代拓修,逐渐形成规模宏大的建筑群。

岱庙的建筑,采用了中国古代纵横双方扩展的建筑形式,南北长406 m,东西宽237 m,总面积96 000 m^2。总体布局以南北为纵轴线,划分为东、中、西三轴。

此外,四川成都的武侯祠和杜甫草堂、浙江杭州的岳王庙、湖南汨罗的屈子祠等都是有名的坛庙旅游胜地。

(三)祠堂

祠堂是祭祀祖宗或先贤的庙堂,分为先贤祠、宗祠、神祠。先贤祠和神祠是为了祭奠古代先贤和传说中的神仙而设立的。宗祠建筑习惯上称祠堂,是供奉祖先神主并进行祭祀的场所,被视为宗族的象征,是族权与神权交织的中心。代表性祠堂建筑有晋祠和胡氏宗祠。

1. 晋祠

位于太原市西南25 km的悬瓮山麓、晋水发源处,是我国现存规模较大的祠堂式古园林建筑群之一,是为纪念周武王次子叔虞而建,后多次扩建。

晋祠现存楼、阁、殿、台有100多处,碑迹300幢,题书、挂匾数百幅,千年古树20余株。其建筑群分为中、北、南三部分。中部由晋祠正门自水镜台由东向西,依次经会仙桥、金人台、对越坊、献殿、钟楼、鼓楼、鱼沼飞梁到圣母殿,是全祠的主体,建筑结构严谨,具有很高的艺术价值;北部从文昌宫起,有东岳祠、关帝庙、三清祠、唐叔虞祠、朝阳洞、待凤轩、三台阁、读书台和吕祖阁,建筑物大都依地势自然错综排列,以崇楼高阁取胜;南部从胜瀛楼起,有白鹤亭、三圣祠、真趣亭、难老泉亭、水母楼和公输子祠。

晋祠内还有著名的周柏、唐槐,周柏位于圣母殿左侧,唐槐在关帝庙内,与长流不息的难老泉和精美的宋塑42 歌侍女像、圣母像被誉为"晋祠三绝"。

2. 胡氏宗祠

龙川胡氏宗祠坐落在皖南绩溪县瀛洲乡大坑口村东,为明代户部尚书胡富、兵部尚书胡宗宪的族祠。此外,绩溪还是近代学者胡适、国家主席胡锦涛、清朝红顶商人胡光镛的家乡。建于明嘉靖年间(1522—1566 年),历代多次维修。其中清光绪二十四年(1898 年)曾大修,现存主体建筑结构为明代特征,内部装修具清代风格。

胡氏宗祠为砖木结构,坐北朝南,三进七开间,建筑面积 1 564 m^2。阶墀、栏杆、地坪、旗杆石、石鼓、石狮等均为花岗岩筑成。祠堂前进门厅是一座高 10.5 m、宽 22 m 的重檐八角门楼。门楼的大小额枋饰木雕龙戏珠、狮滚球和历史戏文等。门楼后为天井、廊庑。祠堂中进是全祠的正厅,为抬梁式和穿斗式相结合的建筑结构。厅内 4 根银杏金柱,高 6.5 m,围 1.66 m。柱础、梁柱、平盘斗、雀替等均镂空雕刻。正厅两侧和上方存 32 扇高 4 m 的落地花雕隔扇。祠堂后进为二层楼房,为抬梁式和穿斗式相结合的构架。后进厢房和一楼存高 3 m、宽 60.4 cm 的落地花雕隔扇 32 扇,其裙板和中绦环板的雕刻均为各式博古图案和四时花卉。建筑屋面角翼多姿,围以马头墙。

龙川胡氏宗祠以其强烈的徽派建筑风韵,屹立在中国古代建筑之林。其丰富的建筑文化内涵,令人为之惊叹。1988 年 1 月,龙川胡氏宗祠被国务院公布为全国重点文物保护单位,正如著名建筑师郑孝燮先生在考察龙川胡氏宗祠之后所说的那样:"相见恨晚,这里有看头,不愧为国宝。"

第三节 陵墓

陵墓建筑是中国古代建筑的重要组成部分,中国古人基于人死而灵魂不灭的观念,普遍重视丧葬,因此,无论任何阶层对陵墓皆精心构筑。古代帝王大肆建筑陵墓以祈求祖宗保佑,社稷永存。中国帝王陵墓的演变,呈现形式多种多样,许多陵园建筑十分完整,珍藏着许多珍贵历史文物。

一、封土的沿革

自产生灵魂观念之后,人们开始产生筑坟的观念。大约从周代开始,出现"封土为坟"的做法。据《周礼·春宫》记载,"以爵为封丘之度",即按照官吏级别大小以决定封土的大小。天子、诸侯死了以后,其陵墓封土无疑是最大的。

封土的沿革经历了从秦汉两代的"方上"、唐代的"以山为陵"、宋代的小规模恢复"方上"的形式,到明清两代的"宝城宝顶"形式这样一个漫长的发展过程。

二、陵园的建筑布局

帝王陵园的主要标志,就是上述的"封土""方上""宝城宝顶"。除此之外,因为帝王在幽冥世界也要享受在现实世界时的至高无上的荣耀,所以陵园范围极大,陵园建筑也很多。帝王陵的地面建筑主要有三个部分:

(一)祭祀建筑区

祭祀建筑区为陵园建筑的重要部分,用来供祭祀之用,主要建筑物是祭殿,早期曾称作享殿、献殿、寝殿、陵殿等。

(二)神道

神道又称"御路""甬路"等,是通向祭殿和陵墓的导引大道。唐以前,神道并不长,在道旁置少数石刻,墓道的入口设阙门。到了唐朝,陵前的神道石刻有了很大的发展,大型的"石像生"仪仗队石刻已经形成。到明清时期,帝王陵神道发展到了高峰。明十三陵神道(图6-5)全长7 km,清东陵的神道长达5 km。

图6-5 明十三陵神道

(三)护陵监

护陵监是专门保护和管理陵园的机构,为了防止陵墓被盗掘和破坏,每个皇帝的陵都有护陵监。监的外面有城墙围绕,里面有衙署、市衙、住宅等建筑。

(四)墓室结构

1. 土穴墓

在原始社会早期,墓穴形式很简单,只在地下挖一土坑,墓坑一般都小而浅,仅能容纳尸体，无棺椁，尸体也无特殊东西加以包裹。新石器时代晚期开始出现葬具。在大汶口文化后期，少数墓坑面积很大，坑内沿四壁用天然木材垒筑，上面又用天然木材铺盖。

2. 木椁墓

进入阶级社会后，墓葬制度中存在着严格的阶级和等级的差别，统治阶级的陵墓有着十分宏大的规模。王和各级贵族的墓，都用木材筑成椁室。椁是盛放棺木的"宫室"，即棺外的套棺，用砍伐整齐的大木枋子或厚板用榫卯构成一个扁平的大套箱，下有底盘，上有大盖，在椁内分成数格，正中放棺，两旁和上下围绕着几个方格，称之为厢，分别安放随葬品，湖南长沙马王堆的西汉墓，其棺椁形式即如上所述。

3. 砖石墓

从汉代始，普遍采用砖石筑墓室，木椁墓室逐渐被取代。这是中国古代墓葬制度的一次划时代的大变化。西汉晚期开始出现石室墓，墓室中雕刻着画像，故称"画像石墓"。从汉到隋、唐、宋、元、明、清各代，砖石砌筑的墓室和地宫一直在不断发展。最著名的地下宫殿，即明代万历皇帝的定陵。

（五）随葬品

在原始社会早期，墓中随葬品主要是死者生前喜欢和使用过的物品，包括陶器皿、石制和骨制的工具、装饰品等。在同一墓地中，各墓随葬品的多寡、厚薄往往差别不大。

到了原始社会晚期，出现了贫富分化的现象，有复杂的葬具，死者佩戴精致的玉石饰物，随葬玉铲、象牙器和众多精美的陶器。

进入阶级社会以后，贫富分化更加悬殊，王和贵族墓的随葬品极其丰富、精美。商代还流行人殉制度。人殉在西周前期仍很普遍，中期以后稍减少。从战国开始，用木俑和陶俑随葬的风俗已盛，这可以看作是人殉的替代。

从西汉中期以后，随葬品中增添了各种专为随葬而作的陶质明器，到了东汉，明器的种类和数量更多，这是中国古代墓葬在随葬品方面的一次大变革。魏晋南北朝时期，随葬品主要是陶瓷器皿、陶制模型、陶俑和镇墓兽。隋唐五代时期，随葬品以大量的陶俑为主。宋至明代，随葬品以实用物品和珍宝为主，包括陶瓷器、金银器和玉器等。

（六）中国现存古代陵墓的景观代表

1. 秦始皇陵

是秦代始皇帝嬴政的墓，位于陕西临潼县（现临潼区），于公元前246年开始营建，历时36年之久才修成，是中国古代最大的一座帝王陵墓，也是世界上最大的一座陵墓。秦兵马俑坑被誉为"世界第八奇迹"，1987年被列入《世界遗产名录》。

秦始皇陵总面积为56.25 km^2（相当于78个故宫的大小）。陵上封土原高约115 m，现仍高达76 m，陵园内有内外两重城垣，内城周长3 840 m，外城周长6 210 m。内外城郭有高约8~10 m的城墙，今尚残留遗址。墓葬区在南，寝殿和便殿建筑群在北。

2. 汉茂陵

是汉武帝刘彻（公元前157—前87年）的陵墓，位于陕西兴平县（今兴平市）东15 km处，这是西汉帝王陵中规模最大的一座。茂陵周围还有霍去病、卫青等人的20余个陪葬墓。

3. 唐乾陵

是唐代第三个皇帝高宗李治和女皇武则天的合葬墓,位于陕西乾县县城北 6 km 的梁山上,在陵的东、南面有其主要家族、僚臣的陪葬墓区 17 座,如永泰公主墓、章怀太子墓、懿德太子墓等,从中已出土大量珍贵文物。唐乾陵是唐代十八陵中保存最完整的一座,其中东侧的武则天的"无字碑",历来很著名。

4. 北宋陵

位于河南巩义市,北宋九个皇帝,除徽、钦二帝被金虏后囚死漠北外,均葬于此,共七帝八陵(包括赵匡胤父亲赵宏殷墓);附葬皇后 20 余名;陪葬宗室及王公大臣,如寇准、包拯等墓 300 多座。

5. 明十三陵

位于北京昌平县(再昌平区)北天寿山南麓,环葬着明代的十三位皇帝。长陵为朱棣之陵墓,位居陵区正中,东侧是景陵、永陵、德陵;西侧是献陵、庆陵、裕陵、茂陵、泰陵、康陵;西南有定陵、昭陵、悼陵。各陵共设一个神道与牌坊、石像等,整体布局由神道和陵园两部分组成。

在十三陵中,朱棣陵墓——长陵,以其宏伟的地面建筑而闻名于世。

定陵是明代第十三帝神宗朱翊钧及其两后的陵墓,1956 年经过考古发掘,揭开了地宫之谜。

6. 清陵

清代帝王陵墓主要集中在四个地区:辽宁新宾的永陵,为清太祖以前的肇、兴、景、显四陵;今辽宁沈阳附近的清太祖福陵与太宗昭陵;河北遵化的清东陵,包括孝陵、景陵、裕陵、定陵、惠陵及诸后妃之陵;河北易县的清西陵,有泰陵、昌陵、慕陵、崇陵及诸后妃之陵。

清东陵是我国现存陵墓建筑中规模最宏大、建筑体系最完整的皇家陵寝。这里埋葬着顺治(孝陵)、康熙(景陵)、乾隆(裕陵)、咸丰(定陵)、同治(惠陵)5 个皇帝、15 个皇后、136 个嫔妃,共 15 个陵墓,占地约 2 500 km^2。东陵有宫殿及牌楼 217 座,建筑面积比北京故宫还大。陵区的北部是昌瑞山的主峰,主峰脚下是孝陵,其他诸陵分列两侧。正对孝陵是一条 12 m 宽、6 km 长的神道贯穿南北,两侧排列着石人、石兽等。

清东陵建筑以定东陵(慈禧)和裕陵(乾隆)最为考究,其地宫全用汉白玉建造,墙壁上处处是艺术高超的石雕,表现出龙凤呈祥、彩云飞舞的主题。

第四节 古城与古长城

一、古城

古代争战都是用刀、枪、戟等冷兵器,所以,建造高大雄伟的古城墙可以起到防范敌人入侵的作用。一旦发生战争,凭城拒敌,居高临下,进可攻,退可守,城墙可谓是有效的防御设施。

中国都城一开始就具有强烈的政治、军事色彩。据考古发现,早在新石器时代晚期,一些部落遗址已出现规模较小的城堡。商代早期,这种城堡发展成为规模较大的有防御设施的都城。东周列国时都城面积增大,列国都城均分为宫城和郭城两部分。宫城和郭城都有各自的城垣,每边城垣均有数目不等的城门,与城内的街道相连,城墙外有护城河。

秦汉都城,其设计除适应军事、经济生活的需要以外,还充分显示了政治上和礼制上的规格。

三国两晋南北朝时期的城址多利用东汉旧城改建而成,改建重点在于集中宫苑衙署和加强西北隅的军事据点,扩大规整居民区,调整安排工商业区。

隋唐时期,唐都长安由外城、皇城、宫城三重城墙组成,布局完整。

北宋开封,不断扩大城区建设,出于军事上防御的考虑,还重建外城,加建瓮城与敌楼,同时大力发展商业、手工业,店肆民居沿城市大街布局,此种布局一直延续至清代。

明朝的北京城是在元大都的基础上改建和扩建而成的,由皇城、内城、外城三部分组成。皇城四面都有高大的城门,四角建有角楼。皇城中的宫城内是皇帝听政、居住的宫室,皇城内还有庙社、寺观、衙署等。内城城门都有瓮城,建有城楼和箭楼;内城的东南、西南两个城角上建有角楼;内城主要有亲王府、佛寺、道观等建筑,并散布着商店、作坊和民居。明代由于经费紧张,只在南边修了外城,外城区主要是手工业区和商业区,以及天坛和先农坛。

清朝沿袭明朝的京城和宫室,除重建修缮宫城外,又大力开发西郊园林,极尽奢侈豪华。

除天子、王侯的都城外,州郡府县的治所也都是以城垣围绕的城堡。城墙上有城楼、角楼、垛口等防御工事,构成一整套坚固的防御体系。

在中国现有的古都北京、西安、开封、洛阳、南京、杭州中,明朝的南京城墙仅剩都城城垣,其内侧周长33 km,名列全国第一和世界第一,原13座城门中的聚宝门(中华门)规模最大,是我国现存最大最为完整的堡垒瓮城,在我国城垣建筑史上占有极其重要的地位。此外,著名的城垣、城堡还有明代所建的西安城墙和山西平遥古城墙,以及始建于南宋末年的丽江古城等。

(一)丽江古城

丽江古城位于云南省的丽江纳西族自治县,又名大研镇,因其居丽江坝中心,四面青山环绕,一片碧野之间绿水萦回,形似一块碧玉大砚,故而得名。古城始建于元初忽必烈南征云南大理之时,于南宋时期初具规模,自古就是西南重要政治和经济中心,四方街、丽江军民府(木家院)是历史的见证。中国明代著名旅行家徐霞客曾在丽江游记中写道"宫室之丽,拟于王者""民居群落,瓦屋栉比",是对当年丽江古城之繁盛景观的真实写照。

有别于中国任何一座古城,丽江古城未受"方九里,旁三门,国中九经九纬,经途九轨"的中原建城体制影响,城中无规矩的道路网、无森严的城墙,只是在古城中心有一个方形街市,四周均是整齐的店铺,俗称"四方街"。从四方街四角延伸出四大主街,直通东南西北四郊,又从主街岔出众多街巷,如蛛网交错,往来畅便。街道全用五彩石铺砌,平坦洁净,晴不扬尘,雨不积水。清澈的玉泉水分东、西、中三股流入古城,随街绕巷,穿墙过屋,水边杨柳垂丝,柳下小桥座座,形成"家家流水,户户垂杨"的独特风貌。城内早年依地下涌泉修建的白马龙潭和多处井泉至今尚存,人们创造出"一潭一井三塘水"的用水方法,即头塘饮水、二塘洗菜、三塘洗衣,清水顺序而下,既科学又卫生。居民还以水洗街,只要放闸堵河,水溢石板路面顺势下泄,便可涤尽污秽,保持街市清洁。依山就水的丽江大研镇,既无高大围城,也无轩敞大道,但它古朴如画,处处透出自然和谐。纳西族是一个古老的民族,他们曾创造了灿烂的古代文化——东巴文化。东巴文化包括象形文字、东巴经、东巴绘画、东巴音乐舞蹈等,其中东巴象形文字是被誉为目前世界唯一存活着的象形文字。1997年12月,联合国教科文组织将丽江古城列入《世界遗产名录》。

（二）平遥古城

平遥古城（图6-6）位于山西省中部,是一座具有2700多年历史的文化名城,是中国目前保存最为完整的一座古代县城。1997年12月被列入《世界遗产名录》。

图6-6　山西平遥古城

平遥古城始建于西周宣王（公元前827年—公元前782年）时期,为西周大将尹吉甫驻军于此而建。自公元前221年,秦朝政府实行"郡县制"以来,平遥城一直是县治所在地,延续至今。现在看到的古城,是明洪武三年（1370年）进行扩建后的模样。

平遥古城是一座完全按照中国汉民族传统城市规划思想和布局程式修建的县城,扩建后的城墙周长6.4 km,城墙上有72个观敌楼,墙顶外侧有垛口3 000个,据说这象征孔子三千弟子及七十二贤人。在封闭的城池里,以市楼为中心,有四条大街、八条小街及七十二条小巷经纬交织在一起,它们功能分明,布局井井有条。城内古居民宅全是清一色的青砖灰瓦四合院,轴线明确,左右对称,特别是砖砌窑洞式的民宅更是具有很浓的乡土气息。迄今为止,古城的城墙、街道、民居、店铺、庙宇等建筑仍然基本完好,原来的形式和格局大体未动,它们同属平遥古城现存历史文物的有机组成部分。

二、古长城建筑

长城是一处特殊的防御工程。早在春秋战国时期,各国为了互相防御,均选形势险要的地方修筑长城。最早修筑长城的是楚国,大约始于公元前7世纪中叶。战国时齐、魏、燕、赵、秦等国相继兴筑。秦始皇灭六国完成统一后,为了防御北方匈奴贵族的南侵,于公元前214年将秦、赵、燕长城连接起来,西起临洮,北傍阴山,东至辽东,俗称"万里长城"。此后,汉、北魏、北齐、北周、隋各代都曾在北边与游牧民族边境地带筑过长城。汉长城东起辽东,西至莆昌海(亦名盐泽,即今罗布泊),长10 000 km,是汉武帝在三次征服匈奴的基础上修筑而成的,规模最大,不仅抵御了匈奴南下,而且保护了通往西域的陆上交通丝绸之路。明代为了防御鞑靼、瓦剌族的侵扰,曾多次修筑长城,西起嘉峪关,东至鸭绿江,全长7 000 km以上,在长城沿线保存了许多雄关隘口。1987年长城被列入《世界遗产名录》。

八达岭长城是我国明长城中保存最完整、最具有代表性的段落之一,因地势险要,自古为兵家必争之地,历代都有重兵把守。

金山岭长城被誉为"第二八达岭",盘桓在河北滦平县大小金山岭上。1567年戚继光镇守北疆,继续兴建众多敌楼和战台,使之成为万里长城上构筑最复杂、楼台最密集的一段。

长城上有三个著名的关隘,即山海关、居庸关和嘉峪关:山海关为万里长城第一关;居庸关是北京西北的门户;嘉峪关是明代万里长城西端的终点,丝绸之路的交通咽喉。

长城沿线主要旅游点有北京八达岭、慕田峪、河北山海关、古北口、金山岭,天津蓟县黄崖关、甘肃嘉峪关等处。八达岭长城因近在京郊,建筑雄伟,游客最多,知名度也最高。

第五节　古楼阁、古塔和古桥

一、古楼阁

楼是指两层以上的房屋,在战国晚期已出现。阁是我国传统楼房的一种,其特点是通常四周设隔扇或栏杆回廊,供远眺、游憩、藏书和供佛之用。自古以来,中国的文人名士便将登楼阁、览胜景、吟诗作赋、抒情遣怀视为一项高雅的活动。古代江南三大名楼是黄鹤楼、岳阳楼、滕王阁。

(一) 黄鹤楼

黄鹤楼坐落在今湖北武汉市长江之滨,始建于三国东吴黄武二年(223年),南朝时起成为大型观赏建筑,历代名士登楼观景赋诗,留下很多诗文名篇,使黄鹤楼声誉更隆。但可惜的是千百年来屡毁屡建,仅清代就七建七毁。20世纪80年代重建后的黄鹤楼楼址退离江岸,楼为五层,高51.4 m,平面呈"亚"字形;顶层中部冠以四方攒尖顶;各层飞檐出挑深远,翼角轻轻挑起,屋面全部采用黄瓦,是为了附会"黄鹤之意"。新楼五层大厅分别设计了五个主题,整个建筑包括东西南北四个景区,楼前有双鹤铜雕,楼的西端置放搬迁来的元代白塔,改变了原来黄鹤楼的孤立状况。

(二) 岳阳楼

岳阳楼位于湖南岳阳古城上,东依巴陵山,西临洞庭湖,北枕万里长江,南望三湘四水,始建于唐。李白赋诗后,始称岳阳楼。后至北宋滕子京重修岳阳楼,更为时人、后世传为美谈。范仲淹名传千古的《岳阳楼记》,留下了"先天下之忧而忧,后天下之乐而乐"的名言,更为其增添了无穷魅力。滕子京请大书法家苏舜钦书写了范仲淹的《岳阳楼记》,并由邵竦篆刻,人们把滕修楼、范作记、苏手书、邵篆刻,称为"天下四绝",并竖了"四绝碑",碑石至今完好。现存岳阳楼为清同治六年(1867年)重建。全楼木构件,为榫卯连接,未用一钉。

(三) 滕王阁

位于江西南昌西侧,建于唐朝。唐高祖李渊之子滕王李元婴出任洪州都督,耗资巨万,营造城阁,故取名为滕王阁。滕王阁载誉古今是与王勃《滕王阁序》的名句"落霞与孤鹜齐飞,秋水共长天一色"等分不开的;后又有王绪作《滕王阁赋》、王仲舒作《滕王阁记》,被后人称为"三王文词"。现滕王阁是根据中国著名的古建筑学家梁思成所绘草图,于1989年10月28日重建后对外开放的。

二、古塔

佛塔是在公元一世纪前后随佛教由印度传入我国的。塔在印度原称"堵坡",我国古代通常称其为"浮图"或"浮屠",用以保藏佛舍利或供奉佛经佛像,形状为一半圆形的坟冢。佛塔传入中国后,与中国原有的传统建筑形式相结合,出现了许多新的塔形。中国佛塔可分为楼阁式、密檐式、覆钵式、金刚宝座式等类型。

(一) 楼阁式塔

源于中国传统建筑中的楼阁形式,可以登高远眺,著名的有陕西西安大雁塔、山西应县木塔等。大雁塔是玄奘西行求法归国译经的纪念性建筑物,具有重要的历史价值;应县木塔即佛宫寺释迦塔,是我国现存最古老最高的一座木构大塔。

（二）密檐式塔

以外檐层数多且间隔小而得名。塔下部第一层塔身特别高，以上各层塔檐则层层重叠，距离很近。密檐式塔大都实心，一般不能登临，著名的有河南登封嵩岳寺塔、西安小雁塔、云南大理千寻塔等。其中嵩岳寺塔建于北魏正光年间（520—525年），是我国现存年代最早的砖塔。

（三）覆钵式塔

又称喇嘛塔，为藏传佛教所常用，流行于元代，明清继续发展，著名的有北京妙应寺白塔等。妙应寺白塔建于元朝至元八年（1271年），是我国建筑年代最早、规模最大的一座喇嘛塔。

（四）金刚宝座式塔

其造型仿照印度佛陀迦耶精舍而建，具有浓厚的印度风格。其形式为：塔的下部为一方形巨大高台，台上建五个正方形密檐小塔（代表五方五佛）。北京真觉寺金刚宝座塔，是我国同类塔中年代最早、雕刻最精美的一座。

三、古桥

自汉代开始，我国古桥形成了索桥、浮桥、拱桥和梁桥四大基本类型。现存典型的古桥有：

（一）赵州桥

赵州桥又名"安济桥"，位于河北省赵县城南的河上，为隋代开皇大业年间（590—608年）李春创建。桥梁全长50.82 m，桥面宽9.6 m，跨径37.37 m，由28条并列的石条组成，弧形平缓。桥拱肩两端各设两个小拱，即敞肩拱，是世界桥梁中的首创。该桥因全部用石料建造，又俗称大石桥。赵州桥是我国现存的最古老的桥梁，也是世界上现存最大的敞肩桥。

（二）卢沟桥

卢沟桥位于北京市丰台区永定河上，始建于金代。该桥全长266.5 m，宽7.5 m，由11孔石拱组成。桥旁建有石栏，桥两边栏杆上雕刻有石狮子492个，加上华表顶4个，伏地2个，共498个。"卢沟晓月"是著名的"燕京八景"之一。古代意大利旅行家马可·波罗在他的《马可·波罗游记》中称赞卢沟桥是"世界上最好的、独一无二的桥"。卢沟桥又以中国抗日战争的爆发地而载于史册。

（三）洛阳桥

洛阳桥又名"万安桥"，位于福建省泉州市，为著名的梁式古石桥，始建于1053年，历时六年零八个月而成。桥原长约1 200 m、宽约2 m(现长834 m、宽7 m),有桥墩46座、扶栏500个、石狮28只、石亭7座、石塔9座(现存石亭1座、石塔3座),规模宏大。洛阳桥以磐石铺遍桥底,是近代筏形基础的开端。同时,洛阳桥是我国最早采用"种蛎固基法"建造的桥梁,这也是世界上绝无仅有的造桥方法。

(四)泉州安平桥

泉州的安平桥有"天下无桥长此桥"的美称,它是国家第一批公布为全国重点文物保护单位的其中之一。它位于晋江市的安海镇,安海古称安平,因此,此桥又称"安平桥",由于桥长有五里(即二公里半)人们便称它为"五里桥";位于安海镇西岸,俗称也叫"西桥"。

第七章

中国园林文化

中国园林是为游览观赏、起居养性而建的,包括山石、水体、建筑、动植物在内的综合自然整体,它融建筑、绘画、雕塑、文学、金石等艺术形式于一体,被誉为中国文化的四绝之一,在世界园林中独树一帜,极具艺术魅力。

第一节 中国古典园林概述

一、中国古典园林的发展

(一)先秦时期——古代园林的雏形

据有关典籍记载,我国造园应始于商周,那时园林称为"囿"。从有关记载,如《周礼》的:"园圃树果瓜,时敛而收之";《说文》的:"囿,养禽兽也";《周礼地官》的:"囿人……掌囿游之兽禁,牧百兽",说明囿的作用主要是放牧百兽,以供狩猎游乐。在园、圃、囿三种形式中,囿具备了园林活动的内容,特别是从商到了周代,就有周文王的"灵囿"。据《孟子》记载:文王之囿,方七十里。其中养有兽、鱼、鸟等,不仅供狩猎,同时也是周文王欣赏自然之美的场所。可以说,囿是我国古典园林的一种最初形式,特点是以自然景色为主,而少事人工。

(二)秦汉时期——古代园林的生成时期

在秦汉时期,"囿"改称"苑",是古代帝王的园林。与先秦相比,这一时期囿有了较大的发展,这与大统一帝国的出现、经济的繁荣是分不开的。

当秦始皇完成了统一中国的大业后,连续不断的营建宫、苑,大小不下300处,其中最为有名的应推上林苑中的阿房宫,周围300里,内有离宫70所,"离宫别馆,弥山跨谷",可以想见,规模是多么宏伟。汉代继续修建上林苑,将其范围扩充至周围300余里,宫苑内饲养珍禽异兽,多植花木,凿池堆山。汉武帝为求长生,听信术士之言在建章宫内开凿太液池,池中堆筑蓬莱、方丈、瀛洲三岛,以象征传说中东海上的三座仙山,从而开创了皇家园林"一池三山"的主要模式,同时,亦有私人园林出现。此为中国园林的奠基时期。这一时期的园林以模拟自然山水为特色。

(三)魏晋南北朝时期——自然山水园林形成时期

魏晋南北朝时期是中国古典园林史上的一个重要转折时期。这一阶段,社会的动荡和政治的分裂并未禁锢人们的思想,造园活动在帝王至贵族这一特定人群中普遍活跃,园林的发展相当繁荣,并最终形成皇家、私家、寺观园林三大主流类型共同进步的局面。

这一时期因连年战争,社会动荡,文人雅士厌烦战争,玄谈玩世,礼佛养性,寄情山水,风雅自居。豪富们纷纷建造私家园林,把自然式风景山水缩写于自己私家园林中,如西晋石崇的"金谷园"就是当时著名的私家园林。随着佛教的广泛流传,产生了大量的寺院建筑。佛教建筑在总的布局上,有供奉佛像的殿宇和附属的园林部分,因此构成佛寺园林。佛寺园林的建造,都需要选择山林水畔作为参禅修炼的洁净场所。这个时期的园林是山水、植物、建筑相互结合组成的山水园林,大多采用写实手法再现山水,可称之为自然山水园或写实山水园。

(四)唐宋时期——山水园林繁荣发展时期

隋唐结束了魏晋南北朝长期的战乱状态,社会经济一度繁荣,尤其是唐王朝的建立,开创了中国历史上一个意气风发、充满活力的全盛时代,园林的发展也相应地进入了它的兴盛期。园林艺术方面,因官僚及文人墨客参与造园,从而促进了山水诗、山水画与园林艺术的相互渗透,使得这一时期园林自然美与艺术美达到高度、巧妙结合,中国园林进入了成熟时期,著名的皇家园林有大明宫、兴庆宫、华清宫、艮岳、琼林苑、玉津园等;私家园林如王维的辋川别业、李德裕的平泉山庄和丛春园、沈尚书园等。唐朝长安还出现了我国历史上的第一座公共游览性质的大型园林——曲江池。

(五)明清时期——巅峰时期

明清时期,中国园林艺术达到巅峰。这一时期,造园理论有了重要的发展,出现了明末吴江人计成所著的《园冶》一书,这一著作是对明代江南一带造园艺术的总结。园林规模更是前所未有,以圆明园、颐和园、避暑山庄等皇家园林为代表的北方园林和以苏州、杭州、无锡等地的私家园林为代表的江南园林都蓬勃发展起来,并在园林艺术和技术方面,都达到了最高的水平,尤其是江南园林的艺术境界之高,最能体现文人墨客所追求的"诗情画意",也使其成为北方皇家园林模拟和仿造的对象。

到了清末,由于外来侵略、西方文化的冲击、国民经济的崩溃等原因,园林创作由全盛到衰落。但中国园林的成就却被西方所认识,其造园手法被西方所推崇和模仿,中国园林成了全世界所公认的"园林之母"。

二、中国古典园林的艺术特征

中国古典园林除了满足人们生活、起居和宴饮的需要,更重要的是追求在小小的天地中、在有限的空间里,尽量再现大自然的山水美景,塑造出一个抒情寄志的生活空间。

(一) 生境

生境就是自然美,园林的叠山理水,要达到虽由人作,宛若天成的境界。中国古典园林是典型的自然山水园,是人工与自然相结合的产物。中国文人自古就热爱大自然,崇尚大自然,以天地之美为美,故而山川形胜、万千景象莫不成为造园创作的蓝本和不绝的源泉,因此在造园时,无论是聚石引泉,还是开涧植林,总是最大限度再现自然山水,力求自然野致,旷达风流,从而体现"移天缩地在君怀"的意蕴。

追求生境主要体现在两个方面:其一是园林的总体布局要合乎自然,即园林的选址要与周围的环境相协调,因地制宜,因势利导,并且园林中山、水、石、树木花草等各要素的组合,要符合自然山水的组合规律,充分体现自然山水之美,让人身处其中,有回归自然的感觉;其二是园林中每一山水要素的形象组合也要合乎自然规律,如堆砌假山,石与石之间叠砌时要符合天然岩石的纹脉,尽量减少人工拼叠的痕迹,并且园林中的水,应随形而弯,就势而曲,树木花草的配置也应疏密相间,妙趣天成。

(二) 画境

画境就是艺术美。我国自唐宋以来,诗情画意就是园林设计思想的主流,明清时代尤甚。园林将封闭和空间相结合,使山、池、房屋、假山的设置排布,有开有合,互相穿插,以增加各景区的联系和风景的层次,达到移步换景的效果,给人以"柳暗花明又一村"的印象。

任何园林,它的实际空间都是有限的,而艺术意境则要求无限。造园家要想在这有限的空间里创造出丰富多样、各具个性的景观和不尽的意境,首先就得在宏观上加以把握,充分运用抑景、漏景、框景、借景等艺术手法,将园林空间进行分割,以增加风景的层次感,在视觉上扩大其空间感。

(三) 意境

简单说来:意即主观的理念、感情;境即客观的生活、景物。意境产生于艺术创作中,此两者的结合,即创作者把自己的感情、理念熔铸于客观生活、景物之中,从而引发鉴赏这类似的情感激动和理念联想。这种意境往往以构景、命名、楹联、题额和花木等来表达。

江南的私家园林大多为封建时代的官员、文人、士大夫所筑,在园林建筑中普遍蕴涵着天人合一的人生观和虚静淡泊的隐逸思想。他们把园林看作"一片冰心在玉壶"的壶中天地,比如苏州怡园中有座"锄月轩"的园林,其中"锄月"二字取自陶渊明的诗句:"晨兴理荒秽,带月荷锄归。道狭草木长,夕露沾我衣。沾衣不足惜,但使愿无违。"陶诗的原意是显而易见,隐逸乡间,自耕为食,不与当时的官场社会同流合污。怡园主人与陶渊明的隐居思想不谋而合,产生共鸣,故从陶诗中摘取"锄月"二字,以名其轩,以明其志。又如拙政园内遍植荷花(图7-1),主厅远香堂及其他亭阁的命名如"荷风四面亭""听雨轩""香洲"等与荷花有直接关系,这正体现了园主以荷花"出淤泥而不染"来自比高尚的品格。

图7-1 苏州拙政园的荷花

所以,中国文人园林的创作过程是:首先创造自然美和生活美的"生境",再进一步通过艺术加工上升到艺术美的"画境",最后通过触景生情达到理想美的"意境",达到三个境界互相渗透、情景交融的高潮,以此来体现"天人合一"的造园理念。

三、中国古典园林的分类

(一)按占有者的身份分类

1. 皇家园林

皇家园林起源最早,约在奴隶社会便出现了,是专供帝王休憩享乐的场所,有的还有处理政务的能力。皇家园林往往利用真山真水,并且集中了各地建筑中的精华,黄色的琉璃瓦,朱红的廊柱,洁白的玉石雕栏,精美的雕梁画栋,色彩浓烈,装饰富丽堂皇。传统的皇家园林力求形成"一池三山"的意境,这是中国皇家园林自汉代以来的传统模式,象征海上三山,表示帝王身在园中犹如置身神仙世界,保存到现在的著名皇家园林有北京颐和园、北海公园,河北承德避暑山庄等。

2. 私家园林

私家园林又称"府宅园林""宅园",是供文人雅士,尤其是王公贵族、富豪商贾游乐之所,多依附于府宅院内。私家园林因财力有限,规模较小,一般占地2~3亩,大者可达几十亩,面积虽小,然营造精心,故艺术水平较高。园林中常用假山假水,建筑小巧玲珑,色彩淡雅素净。私家园林典型的代表有:北京的恭王府、上海的豫园、苏州的网师园等。

3. 寺观园林

宗教园林是指附属于宗教建筑、祭祀场所和陵寝的园林,多建于城郊旷野之处,以获得肃穆清静的环境。宗教园林总体布局独具匠心,且广植松柏银杏等特定品种树木,以营造肃穆、庄严、神秘的意境,达到对人产生强烈感应的目的。其典型代表有:南京的栖霞寺,浙江天台山的国清寺,湖北当阳的玉泉寺,山东长清的灵岩寺,苏州的通玄寺、寒山寺、杭州的灵隐寺,武汉的宝通寺等。

(二) 按园林所处的地理位置分类

1. 北方园林

北方园林的代表大多集中于北京、西安、洛阳、开封等古都,尤以北京皇家园林和王侯府邸园林最为典型。因北方地域宽广,又大多位于古都,因此面积广袤,建筑高大,装饰富丽堂皇;又因受自然条件所局限,河川湖泊、园石及常绿树木都较少,其风格比较粗犷,多野趣,各种人工建筑厚重有余,委婉不足。当然也不乏仿效江南私家园林的小巧之作,如颐和园中的谐趣园便是模仿无锡寄畅园的杰作。

2. 江南园林

江南园林大多集中于南京、上海、无锡、苏州、杭州、扬州等地,其中尤以苏州最为典型。由于江南地区气候温润,自然风光秀丽,盛产叠山所需之湖石、黄石等,造园条件明显优于北方,而且自唐宋以来,江浙一带经济发达,商业繁荣,人口密集,文化昌盛,自古即以文人才子迭出著称,以致许多文人士大夫往往亲自参与园林的营造,因而使得江南园林成为典型的文人园林。

江南园林多属私园,以宅园为主。其规模小但充分利用一切空间造景,即使墙角、路面也精心点缀,故屈曲多致,虽小而足供观赏,多奇石秀水,玲珑纤巧,轻盈秀丽,色调朴素淡雅,栗柱粉墙,灰砖青瓦,韵味隽永,富有田园情趣,身入其境舒适恬淡,称之为"城市山林"最为贴切。苏州、杭州、无锡、扬州、镇江以"园林城市"而闻名。苏州的沧浪亭、拙政园、狮子林和留园被誉为"四大名园"。

3. 岭南园林

最早的岭南园林可上溯到南汉时的"仙湖",它的一组水石景"药洲"尚保留至今。清初岭南地区经济比较发达,文化水准较高,私家造园活动开始兴旺,逐渐影响及于潮汕、福建和台湾等地,到清中叶以后而日趋兴旺。

岭南园林以宅园为主,多为庭院和庭园的组合。其发展历史比较晚,曾师法北方与江南园林,因而风格在二者之间。其建筑物高而宽敞,色调艳丽多彩,纤巧繁缛。岭南园林因地处珠江三角洲,受商业和外来文化的影响,在建筑和布局上显出某些外域色彩,不仅某些局部和细部的做法如西洋式的石栏杆、西洋进口的套色玻璃和雕花玻璃等,甚至个别园林的规划布局亦能看到欧洲规整式园林的模仿迹象。顺德的清晖园、东莞的可园、番禺的余荫山房、佛山的梁园号称岭南四大名园,它们都完整保存了下来,可视为岭南园林的代表作品。其中以余荫山房最为有名。

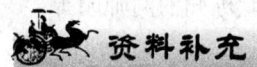

余荫山房

余荫山房,又名余荫园,位于广州市番禺区南村镇。余荫山房为清代举人邬彬的私家花园,始建于清代同治六年(1867年),距今已有140多年的历史。余荫山房园林占地面积1 598 m²,以小巧玲珑、布局精细的艺术特色著称。

余荫山房坐北朝南,以廊桥为界,将园林分为东、西两个区域。它吸收了苏杭庭院建筑艺术风格,整座园林布局灵巧精致,以"藏而不露"的手法,在有限的空间里分别建筑了深柳堂、揽核厅、临池别馆、玲珑水榭、来薰亭、孔雀亭和廊桥等。在面积并不大的山林里,浓缩了园林的主要设施和景致,使有限的空间注入了幽深广阔的无限佳景。其后门的对联"余地三弓红雨足,荫天一角绿云深"正是此园点题之句。

四、中国古典园林的游览方法

(一)皇家园林的游览方法

1. 气魄宏大,巧夺天工

皇家园林气魄宏大,首先表现在占地多、规模大,充分利用了天然山水风景的自然美,以真山真水为造园要素,重视选址,手法近于写实。

2. 分区明确,园中有园

皇家园林常常较为明确的分为若干个景区,大的景区又由许多小的景点组成,之间以山石林木、廊墙或桥堤相连。园中有园的艺术手法,能使皇家园林风景取得"大中见小""小中见大"的对比效果。

3. 主题突出,内涵丰富

君权:建筑高大雄伟,反映帝王"唯我独尊"的思想。

祈福:不少景点的设置有全国统一、四方太平的象征意味。

长生不老:如三山的设计。

宗教:如在园林中设置寺院。

(二)私家园林的游览方法

1. 小中见大

一般占地较少,规模较小,在"小"字上做文章;在有限的范围内运用各种手法创造一种曲折有致的环境,扩大人们对世界空间的感受。

2. 文意与书卷气

由于园林主人具有较高的文学艺术修养,所以他们常如吟诗作画一般来进行园林创作。

3. 清雅质朴

私家园林建筑几乎都是灰瓦白墙,木构架也多是深褐色的,台基和铺地或用青砖,或用灰石,或用鹅卵石等,图案简单古朴。

4. 可游可居

私家园林既有山水林泉,重视自然美景的建造,又有厅堂书斋,讲究起居生活的舒适和方便。

5. 个性鲜明

古代士人一般具有较高的审美修养,对自然美较为敏感,又有丰富的游历经验,在造园构景时,能自觉地按自然规律,因地制宜地处理好园中山水花木等景物的关系,求其精,以突出自己的园林风景主题和个性。

园林欣赏有观、品、悟三种境界,园林欣赏是一门艺术,其要旨在于领略和品评各个园林的风格与特点:观,是园林欣赏的第一层面,是听觉、嗅觉、触觉等共同参与的综合感知过程,是对园林景象的感性理解;品,是欣赏者根据自己的文化素养、情感等,运用联想、想象、移情、思维等心理活动,扩充与丰富园林景象的过程;悟,则是理解、思索、领悟,是一种探求,一种对园林意义深层而理性的把握。一座优秀的园林,除了风景秀美,其文化与历史因素也十分重要。园林中的匾额、楹联、书法和绘画,也是园林重要的景色点缀。园林如同一幅山水画,其中的书法艺术、文学艺术与自然环境只有交相辉映,才能大大提升园林艺术的品位。

第二节 中国古典园林的构成要素

一、叠山

为表现自然,筑山是造园的最主要的因素之一。秦汉的上林苑,用挖太液池的土堆成岛,象征东海神山,开创了人为造山的先例。

明代的计成在《园冶》的"掇山"一节中,列举了园山、厅山、楼山、阁山、书房山、池山、内室山、峭壁山、山石池、金鱼缸、峰、峦、岩、洞、涧、曲水、瀑布等17种形式,总结了明代的造山技术。清代造山技术更为发展和普及,现存的苏州拙政园、常熟的燕园、上海的豫园,都是明清时代园林造山的佳作。

二、理水

为表现自然,理水也是造园最主要因素之一。不论在哪一种类型的园林中,水是其中最富有生气的因素,无水则不活。

正因为如此,园林一定要凿池引水。古代园林理水之法,一般有三种:一为掩,以建筑和绿化,将曲折的池岸加以掩映,即临水建筑,不论亭、廊、阁、榭,前部皆架空挑出水上,水犹似自其下流出,用以打破岸边的视线局限;或临水菰蒲苇岸、杂木迷离,造成池水无边的视觉印象。二为隔,或筑堤横断于水面,或隔水浮廊可渡,或架曲折的石板小桥,或涉水点以步石,正如计成在《园冶》中所说,"疏水若为无尽,断处通桥",如此则可增加景深和空间层次,使水面有幽深之感。三为破,水面很小时,如曲溪绝涧、清泉小池,可用乱石为岸,怪石纵横、犬牙交错,并植配以细竹野藤、朱鱼翠藻,那么虽是一泓水池,却能令人感受到山野风致。

三、植物

植物是造山理池不可缺少的因素。花木犹如山峦之发，水景如果离开花木也没有美感。

自然式园林着意表现自然美，对花木的选择标准，一般有三个方面：一讲姿美，树冠的形态、树枝的疏密曲直、树皮的质感、树叶的形状，都追求自然优美；二讲色美，树叶、树干、花都要求有各种自然的色彩美，如红色的枫叶，青翠的竹叶、白皮松，斑驳的狼榆，白色广玉兰，紫色的紫薇等；三讲味香，要求植物的香味有自然的淡雅和清幽。

花木对园林山石景观起衬托作用，又往往和园林主人追求的精神境界有关，如竹子象征人品清逸和气节高尚，松柏象征坚强和长寿，莲花象征洁净无瑕，兰花象征幽居隐士，玉兰、牡丹、桂花象征荣华富贵，石榴象征多子多孙，紫薇象征高官厚禄等。

古树名木对创造园林气氛非常重要。古木繁花，可形成古朴幽深的意境。所以，如果建筑物与古树名木矛盾时，宁可挪动建筑以保住大树。计成在《园冶》中说："多年树木，碍筑檐垣，让一步可以立根，斫数桠不妨封顶。"构建房屋容易，百年成树艰难。

除花木外，草皮也十分重要，或平坦或起伏或曲折的草皮，也能令人陶醉于向往中的自然。

四、动物

中国古典园林重视饲养动物。最早的苑囿中，就以动物作为观赏、娱乐对象。魏晋南北朝园林中有众多鸟禽，使之成为园林山水景观的天然点缀。唐代王维的辋川别业中养鹿放鹤，以寄托"一生几经伤心事，不向空门何处销"的解脱情趣。宋徽宗所建艮岳，集天下珍禽异兽数以万计，经过训练的鸟兽，在徽宗驾到时，能乖巧地排立在仪仗队里。明清时园中有白鹤、鸳鸯、金鱼，还有天然鸟蝉等。园中动物可以用来观赏娱乐，可以隐喻长寿，也可以借以扩大和涤化自然境界，令人通过视觉、听觉产生联想。

五、建筑

园林中建筑有十分重要的作用，它可满足人们生活享受和观赏风景的愿望。中国自然式园林，其建筑一方面要可行、可观、可居、可游，另一方面起着点景、隔景的作用，使园林移步换景、渐入佳境，以小见大，同时又使园林显得自然、淡泊、恬静、含蓄，这是与西方园林建筑很不相同之处。中国自然式园林中的建筑形式多样，有堂、厅、楼、阁、馆、轩、斋、榭、舫、廊、桥、墙等。

六、匾额、楹联与刻石

每个园林建成后，园主总要邀集一些文人，根据园主的立意和园林的景象，给园林和建筑物命名，并配以匾额题词、楹联诗文及刻石。匾额是指悬置于门楣之上的题字牌，楹联是指门两侧柱上的竖牌，刻石是指山石上的题诗刻字。园林中的匾额、楹联及刻石的内容，多数是直接引用前人已有的现成诗句，或略作变通，如苏州拙政园的浮翠阁，引自苏东坡诗中的"三峰已过天浮翠"诗句，还有一些是即兴创作的；另外还有一些园景题名出自名家之手。由此可知，不论是匾额楹联还是刻石，不仅能够陶冶情操，抒发胸臆，也能够起到点景的作用，为园中景色增加诗意，拓宽意境。

第三节　中国古典园林的主要构景手法

中国古典园林为什么会独树一帜？吸引人之处是天人合一的设计与构造，造园技艺即构景手法便是其由内而外的表现形式。

一、抑景

中国传统艺术历来讲究含蓄，所以园林造景也绝不会让人一走进门口就看到最好的景色，最好的景色往往藏在后面，这叫作"先藏后露""欲扬先抑""山重水复疑无路，柳暗花明又一村"。采取抑景的办法，才能使园林显得有艺术魅力，如苏州多数园林的入口处，常用假山、小院、漏窗等作为屏障，适当阻隔游客的视线，使人们一进园门只是隐约地看到园景的一角，几经曲折才能见到园内山池亭阁的全貌。

二、添景

某一风景点在远方，或是自然的山，或是人文的塔，如没有其他景点在中间、近处作过渡，就显得虚空而没有层次；如果在中间、近处有乔木、花卉作中间，近处的过渡景，可使景色显得有层次美，这中间的乔木和近处的花卉，便叫作添景。

三、夹景

某一风景点在远方，或是自然的山，或是人文的建筑（如塔、桥等），它们本身都很有审美价值，如果视线的两侧大而无当，就显得单调乏味；如果两侧用建筑物或树木花卉屏障起来，会使此风景点更显得有诗情画意，这种构景手法即为夹景。

四、对景

在园林中，登上亭、台、楼、阁、榭，可观赏堂、山、桥、树木；站在堂、桥、廊等处可观赏亭、台、楼、阁、榭，这种从甲观赏点观赏乙观赏点，从乙观赏点观赏甲观赏点的方法（或构景方法）叫对景。

五、框景

框景就是园林中一些精妙巧雅的景观通过一定的方式框起来,造成一幅立体的画面。据说框景最初是由清代戏剧家(亦精通造园)李渔首先试做的。他曾设计了一种供游览的小船,船舱全部封闭,只在左右两边开设两个扇形小窗,游人见此情景,大惑不解。李渔却笑而不答,让人一试。果然,人坐舱中,透过小窗往外看,只见两岸的水光山色、寺庙宝塔、丛林竹园,还有那樵夫、渔翁、醉汉、仕女,连人带马一齐进入这小小的扇面窗内,宛如一幅幅天然图画,人们无不为之赞叹。此后李渔将此法移用到自家的园林里,在"浮白轩"厅堂中央开了一扇窗户,用彩纸装裱窗框四周,做成一个画框;然后在窗外不远处栽竹置石,透过窗框望去,俨然一幅堂画。他将此种窗画称为尺幅窗、无心画。江南园林中几乎随处可见这种尺幅窗,另外,通过园林中的洞门也可以形成美妙的框景,最典型的莫过于扬州瘦西湖的钓鱼台(图7-2)了。此亭四面各有一圆形洞门,从亭内中部外望,一洞含五亭桥,一洞含莲性寺白塔,若在特定位置,则两个洞中各含一景,且同时尽收眼底,一彩一素,一横一立,堪称绝妙。

图7-2 扬州瘦西湖的钓鱼台

六、漏景

园林的围墙上,或走廊(单廊或复廊)一侧或两侧的墙上,常常设以漏窗,或雕以带有民族特色的各种几何图形,或雕以民间喜闻乐见的葡萄、石榴、老梅、修竹等植物,或雕以鹿、鹤、兔等动物,透过漏窗的窗隙,可见园外或院外的美景,这叫作漏景。

七、借景

大至皇家园林,小至私家园林,空间都是有限的。在横向或纵向上让游人扩展视觉和联想,才可以小中见大,最重要的办法便是借景。所以计成在《园冶》中指出,"园林巧于因借,精在体宜"。借景有远借、邻借、仰借、俯借、应时而借之分。借远方的山,叫远借;借邻近的大树叫邻借;借空中的飞鸟,叫仰借;借池塘中的鱼,叫俯借;借四季的花或其他自然景象,叫应时而借。

第四节　中国古代著名园林

中国园林艺术,已经有3000多年的历史了,因年代久远和时代的变迁等原因,早期的园林已不可知晓,今天所能看到的园林,最早的也仅是元代以后的遗存,现存的大多数古典园林,都是明清时期的作品。

一、颐和园

颐和园(图7-3)位于北京西北郊海淀区,是利用昆明湖、万寿山为基址,以杭州西湖风景为蓝本,汲取江南园林的某些设计手法和意境而建成的一座大型天然山水园,也是保存得最完整的一座皇家行宫御苑。

颐和园原是清朝帝王的行宫和花园。乾隆十五年(1750年),乾隆皇帝在这里改建为清漪园。咸丰十年(1860年),清漪园被英法联军焚毁。光绪十四年(1888年),慈禧太后以筹措海军经费的名义动用3 000万两白银重建,改称颐和园,作为消夏游乐地。到光绪二十六年(1900年),颐和园又遭"八国联军"

图7-3　北京颐和园

的破坏,烧毁了许多建筑物。光绪二十九年(1903年)年修复。

颐和园景区规模宏大,占地面积2.9 km²,主要由万寿山和昆明湖两部分组成,其中水面面积占四分之三(约2.2 km²);园内建筑以佛香阁为中心,园中有景点建筑物百余座、大小院落20余处,面积70 000 m²,共有亭、台、楼、阁、廊、榭等不同形式的建筑3 000多间;古树名木1 600余株。其中佛香阁、长廊、石舫、苏州街、十七孔桥、谐趣园、大戏台等都已成为家喻户晓的代表性建筑。

颐和园园中主要景点大致分为三个区域:以庄重威严的仁寿殿为代表的政治活动区,是清朝末期慈禧与光绪从事内政、外交政治活动的主要场所;以乐寿堂、玉澜堂、宜芸馆等庭院为代表的生活区,是慈禧、光绪及后妃居住的地方;以万寿山和昆明湖等组成的风景游览区,也可分为万寿前山、昆明湖、后山后湖三部分;以长廊沿线、后山、西区组成的广大区域,是供帝后们澄怀散志、休闲娱乐的苑园游览区。

1998年,颐和园以其丰厚的历史文化积淀,优美的自然环境景观,卓越的保护管理工作被联合国教科文组织列入《世界遗产名录》。

二、承德避暑山庄

避暑山庄(图7-4)又名承德离宫或热河行宫:位于河北省承德市中心北部,是清代皇帝夏天避暑和处理政务的场所;始建于1703年,历经清朝三代皇帝——康熙、雍正、乾隆,耗时约90年建成。山庄占地564万km^2,是我国现存规模最大的古代皇家园林。

山庄的建筑布局大体可分为宫殿区和苑景区两大部分。宫殿区是皇帝处理朝政、举行庆典和生活起居的地方,由正宫、松鹤斋、万壑松风和东宫四组建筑组成。正宫是宫殿区的主体建筑,包括9进院落,分为"前朝""后寝"两部分。主殿叫"澹泊敬诚",是用珍贵的楠木建成,因此也叫楠木殿,各种隆重的大典都在这里举行。其后的殿堂分别叫"四知书屋""烟波致爽""云山胜地"等,是皇帝处理朝政、读书和居住的

图7-4 承德避暑山庄

地方。苑景区又可分成湖区、平原区和山区三部分。湖泊区在宫殿区的北面,有8个小岛屿,将湖面分割成大小不同的区域,层次分明,洲岛错落,碧波荡漾,富有江南鱼米之乡的特色。东北角有清泉,即著名的热河泉。平原区在湖区北面的山脚下,地势开阔,碧草茵茵,林木茂盛。山峦区在山庄的西北部,面积约占全园的4/5,这里山峦起伏,沟壑纵横,众多楼堂殿阁、寺庙点缀其间。整个山庄东南多水,西北多山,是中国自然地貌的缩影。

三、苏州四大名园

"江南园林甲天下,苏州园林甲江南。"苏州园林多为宅地园林,由贵族、宦官、富商等所建,精致优雅。这些园林反映出历代园林的不同风格,同为中国园林艺术的代表作。

(一)沧浪亭

沧浪亭位于苏州城南,占地0.01 km^2,是苏州最古老的一座园林,为北宋庆历年间(1041—1048年)诗人苏舜钦所筑,以《楚辞·渔父》中"沧浪水之清兮,可以濯吾缨。沧浪之水浊兮,可以濯吾足"之意题园名。南宋初年为名将韩世忠的住宅。沧浪亭以崇阜广水为特色,园内古木参天,山石嶙峋。园外小河相傍,自然开朗。山巅沧浪亭为清康熙年重建,柱联"清风明月本无价,近水远山皆有情"为中国名联。

沧浪亭造园艺术与众不同，未进园门便见一泓绿水绕于园外，漫步过桥，始得入内。园内以山石为主景，迎面一座土山，隆然高耸：山上幽竹纤纤、古木森森，山顶上便是翼然凌空的沧浪石亭；山下凿有水池，山水之间以一条曲折的复廊相连，廊中砌有花窗漏阁，穿行廊上，可见山水隐隐迢迢。假山东南部明道堂是园林的主建筑，与明道堂东西相对的是五百名贤祠。园中最南部的是建在假山洞屋之上的看山楼，看山楼北面是"翠玲珑馆"，再折而向北到"仰止亭"，出"仰止亭"可到"御碑亭"。沧浪亭清幽古朴，适意自然，如清水芙蓉，洗尽铅华，无一丝脂粉气息。

（二）狮子林

狮子林位于苏州城内东北部。元代至正二年，名僧天如禅师维则的弟子"相率出资，买地结屋，以居其师"。因园内"林有竹万固，竹下多怪石，状如狻猊（狮子）者"；又因天如禅师维则得法于浙江天目山狮子岩普应国师中峰，为纪念佛徒衣钵、师承关系，取佛经中狮子座之意，故名"狮子林"。

狮子林的湖石假山（图7-5）且多且精美，建筑分布错落有致，主要建筑有燕誉堂、见山楼、飞瀑亭、问梅阁等。全园结构紧凑，长廊贯通四周，曲径通幽，古树挺秀。狮子林东南多山，西北多水，四周高墙峻宇，气象森严；大型湖石假山群外表雄浑，内部空灵，洞壑幽深，曲折盘桓，犹如迷阵。

图7-5　狮子林假山

（三）拙政园

拙政园位于苏州娄门内，占地 0.04 km^2，是苏州最大的一处园林，也是苏州园林的代表作。明代正德四年（1509年），官场失意还乡的朝廷御史王献臣建造此园，取晋代潘岳《闲居赋》中"灌园鬻蔬，以供朝夕之膳，是亦拙者之为政也"之意，名"拙政园"。后屡易其主，多次改建，现存园貌多为清末时所形成。

拙政园布局主题以水为中心，池水面积约占总面积的五分之一，各种亭台轩榭多临水而筑。全园分东、中、西、住宅四部分。中部是拙政园的主景区，为精华所在。其总体布局以水池为中心，亭台楼榭皆临水而建，有的亭榭则直出水中，具有江南水乡的特色。以荷香喻人品的"远香堂"为中部拙政园主景区的主体建筑，位于水池南岸，隔池与东西两山岛相望，池水清澈广阔，遍植荷花，山岛上林荫匝地，水岸藤萝纷披，两山溪谷间架有小桥，山岛上各建一亭，西为"雪香云蔚亭"，东为"待霜亭"，四季景色因时而异。

西部主要建筑为靠近住宅一侧的三十六鸳鸯馆，是当时园主人宴请宾客和听曲的场所,厅内陈设考究。晴天由室内透过蓝色玻璃窗观看室外景色犹如一片雪景。三十六鸳鸯馆的水池呈曲尺形,其特点为台馆分峙,装饰华丽精美,回廊起伏,水波倒影,别有情趣。西园北半部还有浮翠阁、笠亭、与谁同坐轩(图7-6)、倒影楼等景点。东部原为"归去来堂",后废弃。

(四)留园

留园位于苏州阊门外,原是明嘉靖年间太仆寺卿徐泰时的东园。园内假山为叠石名家周秉忠所作。清嘉庆年间,刘恕以故园改筑,名寒碧山庄,又称刘园。园中聚太湖石十二峰,蔚为奇观。咸宁年间,苏州诸园颇多毁损,而此园独存。光绪初年为盛康所得,修葺拓建,易名留园。现全园占地约23 300 m²,分四个景区:中部以山池为中心,风景明净清幽;东部则厅堂宏丽轩敞,重楼叠阁;西部是土山枫林,景色天然清秀;北部是田园风采。其间以曲廊相连,迂回连绵,达700 m之多,通幽度壑,秀色迭出。全园建筑布局结构严谨,尤以建筑空间处理得当而居苏州园林之冠。留园中特别值得一提的是著名的留园三峰,冠云峰居中,瑞云峰、岫云峰分立左右。冠云峰(图7-7)高6.5 m,玲珑剔透,相传为宋代花石纲遗物,系江南园林中最高大的一块湖石。留园以宜居宜游的山水布局,疏密有致的空间对比,独具风采的石峰景观,成为江南园林艺术的杰出典范。

图7-6 苏州拙政园中的与谁同坐轩

图7-7 留园中的冠云峰

第八章

中国饮食文化

第一节 中国主要菜系

一、中国菜系的定义与划分

(一)菜系的定义

菜系一词产生于20世纪50年代,但最早以文字形式出现则是20世纪70年代中叶以后。地方菜,在以前称"帮""帮口"等,"帮"用于表示菜的地方性,有其历史的必然性,但它带有旧制度下"行帮""行帮意识""行帮习气"的烙印。新中国成立后,这一称谓显然不合时宜,菜系的概念也就应运而生。

所谓菜系,是指一个地区的饮食经过漫长历史的演变而形成的一整套独特的烹调体系。它以有别于其他地方的独特的烹饪手法,有特殊的调味品和调味手段,有众多的烹饪原料为菜系的重要标志。菜系的形成要素主要为:有丰富的物产;有悠久的历史传统和饮食习俗;烹饪技术的广泛普及和一大批精于烹饪的技术人才;有一定数量和规模的本菜系的餐馆;烹饪文化相对发达。

(二)菜系的分类

我国是一个幅员辽阔、人口众多的国家,同时也是一个餐饮文化大国。中国的菜肴在烹饪中有许多流派,其中最有影响和代表性的也为社会所公认的有:鲁、川、粤、闽、苏、浙、湘、徽等菜系,即被人们常说的中国"八大菜系"。近年来,随着文化的不断交流,人们更习惯于以家常菜、地方菜、筵席菜、特色菜来进行划分。

二、地方菜系

(一)山东菜

山东菜即鲁菜,春秋战国时的齐国和鲁国(今山东省),形成于秦汉,明清时已形成稳定流派。山东菜的影响涉及黄河中下游、华北东部以及东北地区,曾传进宫廷,成为御膳的主体,因而其对宫廷菜、京菜的形成也有重要影响。

山东菜是我国20世纪50年代出现的四大菜系之一,素有"北方代表菜"之称。山东菜主要由济南菜、胶东菜和孔府菜组成。

济南菜以炸、爆、炒著称,刀口、火候、菜口要求非常严格,菜品清、鲜、脆、嫩、色、香、味、形俱佳;胶东菜源于福山,已有800多年的历史,因胶东濒临大海,海产品极其丰富,以烹制海产品而驰名,擅长蒸、扒、煮、炒、熘,口味以鲜为主,特别讲究花色;孔府菜在中国名菜系的发展中经历年代最久,而且深受孔子思想的影响。孔府菜在宴席类别上,有寿宴、喜宴、家宴、便宴等,在规模上有不同档次的燕窝席、海参席、如意席、全素席、全羊席、清真席及多达196道菜的"满汉全席"等。

鲁菜的地方名菜有九转大肠、糖醋黄河鲤鱼、葱爆海参、德州扒鸡、油焖鱼、清氽赤鳞鱼、煎白条鱼饼、韭青炒海肠子、福山烧小鸡、烤小雏鸡等。

(二)四川菜

四川菜又称川菜,是我国四大菜系之一,西汉两晋时已初具轮廓,明清之际川味因辣椒的传入进一步形成稳定的味型特色,影响到西南云贵以及周边省、区临界地带风味的形成。

川菜主要以成都(上河帮)、重庆(下河帮)、自贡(小河帮)三个系统为主组成。

上河帮(蓉派,以成都和乐山菜为主):特点是小吃,亲民为主,比较清淡,传统菜品较多。其著名菜品有麻婆豆腐、回锅肉、宫保鸡丁、盐烧白、粉蒸肉、夫妻肺片、蚂蚁上树、灯影牛肉、蒜泥白肉、白油豆腐、鱼香肉丝等。

下河帮(渝派,以重庆和达州菜为主):特点是家常菜,亲民,比较麻辣,多创新。渝派川菜大方粗犷,以花样翻新迅速、用料大胆、不拘泥于材料著称,俗称江湖菜。渝派川菜近几年来在全国范围内大受欢迎,不少的川菜馆主要菜品均为渝派川菜。其代表作有酸菜鱼、毛血旺、口水鸡、水煮肉片和水煮鱼为代表的水煮系列;辣子鸡、辣子田螺和辣子肥肠为代表的辣子系列;泉水鸡、烧鸡公、芋儿鸡和啤酒鸭为代表的干烧系列;泡椒鸡杂、泡椒鱿鱼和泡椒兔为代表的泡椒系列;干锅排骨和香辣虾为代表的干锅系列等。风靡海内外的麻辣火锅发源于重庆。

小河帮(盐帮菜,以自贡和内江为主):特点是大气,怪异,高端(其原因是盐商)。

川菜的特点是取料广泛,技法中以小炒、小煎、小烧、小烤、干烧、干煸见长,味多、味广、味厚、味浓,素有"一菜一格""百菜百味"之称,以麻辣、鱼香、怪味等为其擅长,重用"三椒"(辣椒、花椒、胡椒)和鲜姜。

(三)江苏菜

江苏菜以淮扬菜为代表,淮扬菜系是淮安(今楚州)、扬州、镇江三地风味菜的总称。"淮"即淮菜,以淮安(今淮安市楚州区)为代表,"扬"即扬菜,以扬州、镇江一带为代表。淮扬菜是我国四大菜系组成之一,春秋战国时已露端倪,唐宋已成为"南食"中重要组成部分,元代已具规模,明清完全形成流派。

江苏菜主要由淮扬菜(扬州、两淮)、江宁菜(镇江、南京)、苏锡菜(苏州、无锡)、徐海菜(徐州、连云港)四大部分组成。江苏菜主要特点是取料不拘一格而物尽其用,重鲜活,特别讲究刀工、火工和造型,擅长炖、焖、煨、焐;调味重清爽鲜淡平和(徐海菜以咸鲜为主)。著名主要代表菜品有红烧狮子头、软兜长鱼、平桥豆腐、虾籽蒲菜、文楼汤包、松鼠鳜鱼等。

(四)广东菜

广东菜又称粤菜,是我国四大菜系组成之一,是起步较晚的菜系。南宋以后始具雏形,有"南烹""南食"之称。清中叶后,形成"帮口",清末有"食在广州"之说。

广东菜以广州菜、潮州菜、东江菜三部分为主组成,并以广州菜为代表。其主要特点是取料广博奇杂而重"生猛",天上飞的、地上爬的、水中游的,几乎都能上席。鹧鸪、禾花雀、豹狸、果子狸、穿山甲、海狗鱼等飞禽野味自不必说;猫、狗、蛇、鼠、猴、龟,甚至不识者误认为"蚂虫"的禾虫,亦在烹制之列,而且一经厨师之手,顿时就变成异品奇珍、美味佳肴,每令食者击节赞赏,叹为"异品奇珍"。

广东菜在烹调上以炒、爆为主,兼有烩、煎、烤,讲究清而不淡,鲜而不俗,嫩而不生,油而不腻,有广东菜"五滋"(香、松、软、肥、浓)和"六味"(酸、甜、苦、辣、咸、鲜)之说。广东菜代表菜有鸡烩蛇、龙虎斗、脆皮烤乳猪、太爷鸡、盐焗鸡、白灼虾、白斩鸡、烧鹅、蛇油牛肉等。

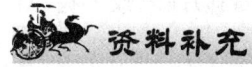

龙虎斗

"龙虎斗"又名"豹狸烩三蛇""龙虎凤大烩""菊花龙虎凤",是闻名中外的广东传统名菜。

"龙虎斗"一菜相传始于清同治年间(1862—1875年),当时有个名叫江孔殷的人,生于广东绍关,在京为官。回到家乡后,经常研究烹饪,想创制新名菜。有一年,他做七十大寿时,为了拿出一道新名菜给亲友尝鲜,便尝试用蛇和猫制成了菜肴,蛇为龙、猫为虎,因二者相遇必斗,故名曰"龙虎斗"。亲友们品尝后都觉得不错,但感到猫肉的鲜味还不足,建议再加鸡共煮。江根据大家的意见又在此菜中加了鸡,其味更佳,这样此菜便一举成名,后来改称"豹狸烩三蛇""龙虎凤大烩",但人们仍习惯地称它为"龙虎斗"。此菜在岭南地区广泛流传,成为广东菜馆的主要特色名菜,盛名世界。中外宾客来到广州,都要品尝此菜,不然曰:"虚此一行。"

(五)浙江菜

浙江菜也叫浙菜,具有悠久的历史,主要由杭州菜、宁波菜、绍兴菜三部分组成,最负盛名的是杭州菜。其口味重鲜、嫩、清、脆,菜式小巧玲珑、清俊秀丽,以炖、炸、焖、蒸见长,重原汁原味。浙江菜主要名菜有西湖醋鱼、东坡肉、赛蟹羹、荷叶粉蒸肉、西湖莼菜汤、龙井虾仁、杭州煨鸡、叫化童鸡、宁波汤团、湖州千张包子等数百种。

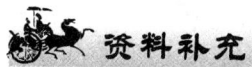 资料补充

东坡肉

相传出自宋代大文学家苏东坡的故事。宋元祐年间(约1090年),苏东坡出任杭州刺史,发动民众疏浚西湖,大功告成,为犒劳民工,吩咐家人将百姓馈赠的猪肉,按照他总结的经验:慢着火少着水,火候足时他自美,烹制成佳肴,与酒一起分送给民工,家人误将酒肉一起烧,结果肉味特别香醇可口。人们传颂东坡的为人,又将此独特风味的块肉命以"东坡肉"。

"东坡肉"经历代厨师的不断总结发展,而被公推为杭州第一名菜。其操作方法是:选用带皮猪五花肉,刮洗干净,切成75克重的正方块,放入水锅内焯透捞出;取一大砂锅,用竹箅子垫底,铺上葱、姜块,再放上猪肉,加入白糖、绍酒、酱油,加盖密封;烧开后,用微火焖2小时,焖至酥烂,撇去浮油,皮朝上装入陶罐内,盖上盖,上屉蒸30分钟至酥透即可。"东坡肉"的特点是油润柔糯、味美异常。

(六)福建菜

福建菜也叫闽菜,主要由福州菜、闽南菜(以厦门和泉州为中心)、闽西菜(客家话区)三部分组成,并以福州菜为其代表。福州菜偏酸甜,闽南菜多香辣,闽西菜喜浓香。其代表菜品有佛跳墙、七星丸、沙茶鸡丁、菜干扣肉、全折瓜、鸡丝燕窝等。

佛跳墙,已有100多年的历史。据传,此菜是清光绪二年(1876年)福州扬桥巷官钱局一官员,在宴请布政司周莲时,由其妻烹制的,后由衙厨仿效其法并加以改革,传入饮食业。此菜是将鱼翅、鱼唇、海参、鱼肚、鲍鱼、干贝、鸡肉、鸭肉、猪肚、火腿、鸽蛋、冬菇、冬笋等多种海鲜和荤料,同装在一个酒坛中,加上葱、姜、桂皮、冰糖、味精、酱油、熟猪油等调味料,用荷叶封严坛口,用慢火煨炖至酥烂入味,坛盖揭开,满堂荤香,令人陶醉,曾有着"坛启荤香飘四邻,佛闻弃禅跳墙来"的美誉。

(七)湖南菜

湖南菜也叫湘菜,主要由湘江流域(以长沙、湘潭、衡阳为中心)、洞庭湖区(以常德、岳阳、益阳为中心)、湘西山区(以吉首、怀化、大庸为中心)三部分组成。湘西菜擅长香酸辣,具有浓郁的山乡风味。湘菜最大的特色是制作精细,用料广泛,讲究原料的入味,采用熏、蒸、腌、腊、泡等方法。湖南菜代表菜品有麻辣仔鸡、冰糖湘莲、海参盆蒸、腊味合蒸、走油豆豉扣肉等。

(八)安徽菜

安徽菜也叫徽菜,主要由皖南菜、沿江菜、淮北菜三大部分组成。皖南菜是其主要代

表,口味以咸、鲜、香为主,以烹制山珍野味著称,擅长蒸、炖、烧。安徽菜代表菜品有葡萄鱼、清炒鳝糊等。

(九) 北京菜

北京菜也叫京菜,而现在的北京菜已发展为集鲁菜、清真菜、宫廷菜、官府菜和江南风味于一体的京都风味。北京菜以油爆、酱爆、白扒、烤、涮等烹调方法为见长;取料广泛,花色繁多,调味精美;口味以咸、甜、酸、辣、糟香、酱香为特色;擅长烹制羊肉菜肴,如涮羊肉等。北京菜代表菜品有贵妃鸡、白煮肉、满汉全席、酱爆鸡丁、北京烤鸭、涮羊肉、锅烧鸭子和黄焖鱼翅等。

(十) 上海菜

上海菜也叫沪菜。沪菜的特点是选料严谨,制作精致。其菜品追求口味清淡,款式新颖秀丽,形式高雅脱俗,刀工精细,配色和谐,滋味丰富,口感平和。上海菜的菜品多样,主要以烹制河鲜、海鲜、禽、畜和时令菜蔬著称。其烹饪工艺主要以滑炒、生煸、红烧、清蒸见长。上海菜代表菜品有清蒸鲈鱼、清蒸大闸蟹、生煸草头、脆皮乳鸽等。

第二节 特色风味菜

一、宫廷菜

宫廷菜,就是专供宫廷皇室的菜肴,是中华菜肴的杰出代表。元明以来,宫廷菜主要是指北京宫廷菜,其特点是选料严格,制作精细,形色美观,口味以清、鲜、酥、嫩见长。

宫廷菜在原料选择上有其他风味菜系无法与之相比的得天独厚的优越条件。它可以随意选取民间上品烹调原料,各地进贡的名优土特产品,广收博取天下万物中的稀世之珍。但对这些原料产地、质地、大小、部位,都有严格的要求,有时为了调剂口味,也选用一些市井常见的原料,但其烹调之精细,辅料之昂贵,则非民间菜肴所能够与之相比。

宫廷菜还十分讲究菜肴的造型艺术,图案造型要求做到像盆景一样美观悦目。其在造型手段上主要动用的是"围、配、镶、酿"等工艺方法:"围"就是以素围荤,以小围大,并注重利用荤素菜肴本身在色彩、质地、口味、营养成分等方面的不同特点,来协调整盘菜肴的色泽调味,烘托主料,突出主味,使两者在口味、营养等方面起到互相补益调剂的作用;"配",就是要求将两种造型不同的原料成双结对地搭配在一起,从而赋予一种特定的寓意,如以虾球和肉馅蛋饺相配制成的"黄葵伴雪梅";"镶",就是指在一种原料中点缀上另一种经特殊加工的原料,使菜肴更富有逼真的形象,如"金鱼戏莲"就是用青椒、豌豆、虾尾等作为镶嵌料,在用整虾和茸泥制成的鱼形胚上镶嵌点缀而成的;"酿",就是将经过精加工过的各种原料,如茸泥、丝、粒等填抹在整形原料内,使菜肴的外形更加完整饱满,滋味更加醇郁鲜美。围、配、镶、酿等各种方法往往是用于同一种菜的烹制加工过程中,所以它们又常常是互相包容,兼而有之的,如围中有配,配中有镶,镶中有酿,酿中有围。只有十分注重配合使用,才能达到宫廷菜在造型上与众不同的特殊要求。

宫廷菜切忌菜品原料单一化,一般都要求由两种或两种以上的菜肴品种拼制组合而成。菜肴原料的大小规格,也有特殊的要求,不大不小,不多不少,入口恰好,此是宫廷菜原料切配操作的原则。成菜装盘时,力求具有饱满平整、松散浑圆的风格。在原料的加工切配上,宫廷菜对刀工有严格细微的要求,在刀法运用上除要根据原料的特性进行造型的因素外,还要注重烹制时使原料便于入味,刀技刀法精美丰富,加工要求严谨。宫廷菜的口味有"九九八十一口"之说,而且每一种口味都以一个佳妙的词汇命名。宫廷菜不仅对菜肴的造型十分讲究,所使用的餐具也都色形华贵、造型古雅特异,有金、银、玉石、水晶、玛瑙、珊瑚、犀角、玳瑁、象牙等,还有大量是官窑特制的精美瓷器。此外,宫廷菜还具有讲究时令,多糕点面食、干鲜果品,多烧烤焖煮技法烹制的菜肴,以及菜肴原料配方调料固定不变的特点。

二、官府菜

官府菜又称官僚士大夫菜,包括一些出自豪门之家的名菜。官府菜在规格上一般不得超过宫廷菜,但又与庶民菜有极大的差别,以清淡、精致、用料讲究闻名。过去北京官府多,府中讲求美食,并各有拿手好菜,以招待同僚或比自己职位高的官员。官府菜菜品中比较著名的有"直隶官府菜"。

(一) 孔府菜

孔府菜,历史悠久,烹调技艺精湛,独具一格,是我国延续时间最长的典型官府菜。其烹调技艺和传统名菜,都是代代承袭,世世相传,经久不衰。孔府菜的形成,主要是由于孔府的历代成员,秉承孔子食不厌精,脍不厌细的遗训,对菜肴的制作极为考究,要求不仅料精、细作、火候严格、注重口味,而且要巧于变换调剂,应时新鲜,以饱其口福。自西汉以来,随着孔子后裔政治地位的升迁,至明清时期,衍圣公曾官居一品,班列文官之首,享有携眷上朝之殊荣;皇帝朝圣,祭祀活动频繁,皇室成员每次来曲阜,必以盛宴接驾,至于高官要员的纷至沓来,孔府也要设高级宴席接风。长期以来,因受门第观念的束缚,孔府内眷多来自于各地的官宦之家,他们之间的礼尚往来,使众家名馔佳肴得以荟萃一堂,各呈特色,互为补益。孔府这种广泛的社交活动和内、外厨之间的频繁更替,促使了孔府和宫廷,孔府与官府,孔府同民间的烹饪技艺的不断交流,加之千百年来孔府名厨巧师们的潜心切磋,师承旧制,在继承传统技艺的基础上进行创新,从而逐渐形成了自成一格,名馔珍馐齐备,品类丰盛完美,色、香、味、形、器俱佳的孔府菜。

孔府菜的代表名菜有:诗礼银杏、八仙过海、怀抱鲤鱼、孔府一品锅、御笔猴头等。

(二) 谭家菜

谭家菜产生于中国清朝末年的官人谭宗浚家中。谭宗浚父子酷爱珍馐美食,谭家女主人都善烹调,而且不惜重金聘请京城名厨学艺,不断吸收各派烹饪名厨所长,久而久之,独创一派谭家风味菜肴。由于谭家菜选料考究,制作精细,尤其重火功和调味的工艺特点,深受各界食客的赞赏与推崇,当时作为一种家庭菜肴就已闻名北京。以后由于谭家官运不佳,家道中落,不得不以经营谭家菜为生,从而使得谭家菜得以进一步发展。

"谭家菜"的菜品有四大特点:一是选料考究;二是下料好;三是火候足;四是慢火细做,追求香醇软烂。凡吃过谭家菜的人,皆感觉到谭家菜香气四溢,食后留香持久,皆称"不为枉费""回味无穷"。正因为谭家菜与众不同,曾有人发出"人类饮食文明,到此为一顶峰"的赞叹。

谭家菜在烹调中往往是糖、盐各半,以甜提鲜,以咸提香,做出的菜肴口味适中、鲜美可口,无论南方人、北方人都爱吃。谭家菜的另一个特点,是讲究原汁原味。烹制谭家菜很少用花椒一类的香料炝锅,也很少在菜做成后,再撒放胡椒粉一类的调料。吃谭家菜,讲究的是吃鸡就要品鸡味,吃鱼就要尝鱼鲜,绝不能用其他异味、怪味来干扰菜肴的本味。在焖菜时,绝对不能续汤或兑汁,否则,便谈不上原汁了。

谭家菜是家庭菜肴,讲究慢火细做,不像一般菜馆里的菜,出于经营的需要,多是急火速成,而在谭家菜中,采用较多的烹饪方法是烧、烩、焖、蒸、扒、煎、烤,以及羹汤等,而很少有爆炒类的菜肴,亦不讲究抖匀、翻匀等技术,也正是因为这个原因,想吃谭家菜还得事先预定为最理想,给厨师留出充足的备料、制作时间。

谭家菜以燕窝和鱼翅的烹制最为有名。在谭家菜中,鱼翅的烹制方法即有十几种之多,如"三丝鱼翅""蟹黄鱼翅""砂锅鱼翅""清炖鱼翅""浓汤鱼翅""海烩鱼翅",等等,而在所有鱼翅菜中,又以"黄焖鱼翅"最为上乘。

谭家菜的代表名菜有:清汤燕窝、黄焖鱼翅、红烧鲍鱼、扒大乌参、草菇蒸鸡等。

第三节 中国名酒、名茶、中药

一、中国名酒

酒是用高粱、麦、米、葡萄或其他水果等原料经糖化、发酵制成的含有食用酒精等成分的饮料。

(一)酒的起源与发展

中国是世界上最早的酿酒国家之一,早在5 000年前就已开始酿酒。商周时期已出现了制曲方法、酿酒职官和酿酒工艺。南北朝贾思勰的《齐民要术》记录了9种酒曲的制作法、39种酒的酿造法和两种药酒的配制法。宋代出现了较全面的酿酒专著——朱翼中的《北山酒经》,详细记述了制曲酿酒的方法。根据现有资料的记载,酿酒的起源归于何人的发明,谁是酿酒的祖宗等等,皆不足于考据,但作为一种文化认同现象,传说如下:

1. 仪狄酿酒

仪狄酿酒相传是在夏禹时期。仪狄造酒的记载始见于先秦官吏所撰的《世本》。《世本》述"仪狄始作酒醪,变五味"。公元前2世纪史书《吕氏春秋》云:"仪狄作酒。"汉代刘向编写的《战国策》则进一步说明:"昔者,帝女令仪狄作酒而美,敬之禹,禹饮而甘之,曰

'后世必有饮酒而亡国者'。遂疏仪狄,绝旨酒。"显然,人们有理由将其视为酿酒鼻祖。

2. 杜康酿酒

另一种传说认为酿酒始于杜康(亦为传说中的夏朝时代的人)。东汉许慎《说文解字》中解释"酒"字的条目中有:"杜康作秫酒。"《世本》也有同样的说法。更有影响力的则是曹操乐府诗《短歌行》中的名句:"慨当以慷,忧思难忘。何以解忧?唯有杜康。"在今河南汝阳有为纪念杜康而建造的酒祖殿。

3. 酿酒始于黄帝时期

这一传说则表明在黄帝时代人们就已开始酿酒。《黄帝内经·素问》中记载了黄帝与岐伯讨论酿酒的情景。黄帝问道:"为五谷汤液及醪醴如何?"岐伯答曰:"必以稻米,炊之稻薪,稻米则完,稻薪则坚。"书中还提到一种古老的酒——醴酪,即用动物的乳汁酿成的甜酒。但《黄帝内经》一书实乃后人托名黄帝之作,其可信度尚待考证。

(二)中国酒的分类

1. 酒和酒度

凡含有酒精(乙醇)在0.5%~65%的饮料酒均可称作酒类。酒饮料中酒精含量称为"酒度"。酒度有三种表示法:

(1)容积百分比

以%(V/V)为酒度,即每100 mL酒中含有纯酒精毫升数,如我国茅台酒酒度为53°,即茅台酒每100 mL中有纯酒精53 mL。

(2)质量百分数

以%(m/m)为酒度,即每100 g质量酒中含有纯酒精的克质量。我国和多数国家测定标准酒度均采用20°测定。

(3)标准酒度

欧美常用此表示蒸馏酒中酒精含量的一种方法。古代把蒸馏酒泼在火药上,能点燃此火药的最低酒精度为标准酒度100°。

2. 按酿造方法和酒特点分类

(1)发酵酒

又称酿造酒。这类酒酿造后,只经过简单澄清、过滤、贮藏以后即作为成品。其特点为:酒度低,一般在3%~8%(V/V)之间,保质期短,不宜长期贮存。

(2)蒸馏酒

这类酒是用各种原料酿造产生酒精后的发酵液、发酵醪或酒醅等,经过蒸馏技术,提取其中酒精等易挥发性物质,再冷凝而制成。其特点是:含酒精高,一般在30%(V/V)以上,致醉性强。

(3)配制酒

此类酒品种特别多,制造技术也极为不同.它是以酿造酒或蒸馏酒,或食用发酵酒精为酒基,用混合蒸馏、浸泡、萃取液混合等各种方法,混入香料、药材、动植物、花等组成,使之形成独特的风格。这类酒差异很大,但共同特点是经过风味物质、营养物质或疗效性物质等强化的酒。其酒精浓度通常风味物质、营养物质或疗效性物质等强化的酒。其酒精浓度通常介于发酵酒和蒸馏酒之间,一般在18%～38%(V/V)范围内。

3. 按酒类的酒度分类

低度酒——酒中含酒精成分在20%(V/V)以下的酒类。

中度酒——酒中含酒精成分在20%～38%(V/V)的酒类。

高度酒——酒中含酒精成分在38%(V/V)以上的酒类。

4. 按原料分类

(1) 白酒

又分粮食白酒、薯干白酒和代粮白酒三种。

(2) 黄酒

又分稻米黄酒、玉米黄酒和小米黄酒三种。

(3) 果酒

根据原料水果不同,分成葡萄酒、梨酒、苹果酒、猕猴桃酒、山楂酒等。

5. 按酒的香型分类

白酒是以各种含淀粉或糖分的原料、辅料、酒曲、酒母、水等,经过糖化发酵后,用蒸馏法制成的40°～65°的高浓度酒。白酒,尤其是国家名酒,由于酿酒原料、生产工艺、设备等条件的不同,形成不同香型和风味特点,目前被国家承认的只有酱香型、窖香型、清香型、米香型、兼香型五种。

(1) 酱香型

又称茅香型,在白酒中酱香型酒为数很少,除贵州茅台酒为代表外,四川古蔺郎酒、湖南常德武陵酒也属此香型,即采用超高温制曲、凉堂、堆积、清蒸、回沙等酿造工艺,在石窖或泥窖内发酵制成。其特点:酱香突出,幽雅细致,酒体醇厚,回味悠长,甚至盛过酒的空杯仍留有香气。

(2) 窖香型

又名浓香型,以泸州老窖特曲为代表。该香型比较适合全国广大消费者口味,因此在白酒中所占比例最大,即采用混蒸续渣工艺,在陈年老窖或人工酒窖内发酵制成。其特点:窖香浓郁,绵柔甘洌,香味协调,尾净余长。窖香型除泸州老窖特曲外,五粮液、古井贡、全兴大曲、剑南春、洋河大曲、双沟大曲、宋河粮液、沱牌曲酒等也属此香型。

(3) 清香型

以汾酒为代表,比较适合北方消费者的需要,即采用蒸馏清渣工艺,在地缸内发酵制成。其特点:清香纯正,口味协调,微甜绵长,余味爽净。此外还有特制黄鹤楼酒、宝丰酒也属此香型。

(4) 米香型

又称蜜香型,以广西桂林三花酒为代表,即采用酱香、浓香两种香形的某些特殊工艺酿造而成。其特点:蜜香清雅醇和,入口柔绵,落口爽洌,回味怡畅。

(5) 兼香型

兼有两种白酒香型的特点,所以还称为混香型、复合型或其他香型,工艺独特,发酵时间长,如贵州遵义董酒、陕西西凤酒。

6. 黄酒

黄酒是中国最古老的饮料酒,也是中国特有的酿造酒,多以糯米为原料,蒸熟后加入专门的酒曲和酒药,糖化、发酵后压榨而成。酒度一般16°~18°,含糖、氨基酸等多种成分,具有相当高的热量,是营养价值很高的低度饮料。黄酒主要产于中国长江下游一带,以绍兴加饭酒和龙岩沉缸酒最为有名。

7. 葡萄酒

我国用葡萄酿酒的历史悠久,汉代西域地区就以酿葡萄酒驰名。我国西北地区在唐代已用葡萄蒸制葡萄烧酒,饮葡萄酒之风非常盛行。中国最早的近代葡萄酒酿造企业是1892年华侨张弼士创建的山东烟台张裕葡萄酒厂。

葡萄酒按加工方法,分为酿造葡萄酒(又称原汁葡萄酒或静止葡萄酒)、加香葡萄酒、起泡葡萄酒和蒸馏葡萄酒。

按糖分含量,分为干葡萄酒(<0.5%,口感无甜味)、半干葡萄酒(0.5%~1.2%,有极微弱甜味)、半甜葡萄酒(1.2%~5%,口感较甜)和甜葡萄酒(>5%,口感很甜)。

按色泽,分为红葡萄酒、玫瑰红葡萄酒和白葡萄酒。

(1)红葡萄酒

采用红葡萄为原料,连皮带汁发酵酿造,葡萄皮保留时间越长,酒色越红。一般来说,红葡萄酒必须经过5~6年成熟才产生丰润的味道,最短的时间也必须3~5年,经过数十年贮藏的才会成为佳酿。它的最佳饮用温度为15~18℃(高温),它助消化,是烤肉类或铁扒类菜肴的最好佐餐酒。

(2)白葡萄酒

是采用白葡萄(黄色、绿色系列)为主要原料,只需陈年2~5年即可,其最佳饮用温度为8~12℃(冰镇)。它果香芬芳,微酸爽口,是鱼贝类、禽类的最好佐餐酒。

8. 啤酒

啤酒是用大麦芽和啤酒花为主要原料,再加上水、淀粉、酵母等辅料,经酵母发酵而制成的一种含二氧化碳的低度酒精饮料,也叫麦酒。它含有丰富的营养,如氨基酸、维生素等,有"液体面包"的美誉。

啤酒根据是否杀菌,可分为鲜啤酒(生啤酒)和熟啤酒;根据啤酒的麦汁浓度、酒精含量(质量)不同,可分为低浓度啤酒(7°~8°,2%)、中浓度啤酒(11°~12°,3.1%~3.8%)和高浓度啤酒(14°~20°,4.9%~5.6%)三种;根据颜色深浅,可分为黄啤酒(淡色啤酒或浅色啤酒)和黑啤酒(浓色啤酒或绿色啤酒)。

9. 配制酒

用白酒、葡萄酒或黄酒为酒基,再配合中药材、芳香原料和糖料等制成。1963—1984年三届全国评酒会评出配制酒的国家名酒有:山西竹叶青、湖北园林青。

二、中国名茶

茶叶是以茶树新梢上的芽叶嫩梢(称鲜叶)为原料加工制成的产品。

中国是茶树的原产地,又是最早发现茶叶功效并栽培茶树、制成茶叶的国家。自古以来茶叶就与陶瓷、丝绸共同被列为我国的三大特产,也是世界三大饮料之一(即茶叶、咖啡、可可)。唐代茶圣陆羽的《茶经》是中国也是世界第一部茶叶科学专著。

（一）茶叶的分类

根据商业习惯，茶叶可分为：绿茶、红茶、乌龙茶、白茶、紧压茶和花茶六大类。

1. 绿茶

绿茶是最古老的茶叶品种。绿茶是不发酵的茶叶。绿茶的基本工艺流程分为杀青、揉捻、干燥三个步骤：杀青方式有加热杀青和热蒸汽杀青两种，其中以蒸汽杀青制成的绿茶称"蒸青绿茶"；干燥依最终干燥方式不同有炒干、烘干和晒干之别，最终炒干的绿茶称"炒青"，最终烘干的绿茶称"烘青"，最终晒干的绿茶称"晒青"。多酚类全部不氧化或少氧化，叶绿素未受破坏，香气清爽，味浓，收敛性强。冲泡后，汤澄碧绿，清香芬芳，味爽鲜醇。绿茶产量大，品种多，其中以西湖龙井茶、太湖碧螺春茶、黄山毛峰茶最为著名。

2. 红茶

红茶出现于清朝，用全发酵法制成，多酚类充分氧化。红叶红汤，香甜味醇，具有水果香气和醇厚的滋味，还具有耐泡的特点。红茶的基本特征是叶红汤红。其工艺流程是萎凋、揉捻、发酵、干燥。所谓发酵，其实质是茶叶中原先无色的多酚类物质，在多酚氧化酶的催化作用下，氧化以后形成了红色的氧化聚合产物——红茶色素。这种色素一部分能溶于水，冲泡后形成了红色的茶汤，一部分不溶于水，积累在叶片中，使叶片变成红色，红茶的红汤红叶就是这样形成的。

红茶多以产地命名，以安徽祁红、云南滇红尤为出众。祁红在国际市场上与印度大吉岭茶、斯里兰卡乌伐茶齐名，并称为世界三大高香名茶。

3. 乌龙茶

乌龙茶也称青茶，始出现于清朝，属半发酵茶。制作方式介于红茶与绿茶之间，制茶时经轻度萎凋和局部发酵，然后采用绿茶的制作方法，进行高温杀青，鲜叶不充分氧化，使茶叶形成"七分绿，三分红"，具有"绿叶红镶边"的独到之处。乌龙茶特点是叶色青绿，汤色金黄，香气芬芳浓醇，既具有红茶的醇厚，又具有绿茶的清香。乌龙茶的产地主要集中在福建、广东、台湾一带。乌龙茶名品有福建的武夷岩茶、铁观音，广东的凤凰单枞，台湾的乌龙等。

4. 白茶

白茶是不发酵的茶叶，加工过程中不揉捻，仅经过萎凋便将茶叶直接干燥制成。白茶茸毛多，色白如银，汤色浅淡、素雅，初泡无色，滋味鲜醇，毫香明显。白茶主要名品有产于福建政和、福鼎等地的白毫银针、白牡丹。

5. 黄茶

黄茶的品质特点是"黄叶黄汤"。这种黄色是制茶过程中进行闷堆渥黄的结果。著名的君山银针茶就属于黄茶。黄茶的制法有点像绿茶，不过中间需要闷黄三天。黄茶名品有君山银针、蒙顶黄芽、北港毛尖、鹿苑毛尖等。

6. 紧压茶

紧压茶是用绿茶、红茶等作为原料，经过蒸软后压制成各种不同形状的再加工茶，由于此茶大部分销往边疆少数民族地区，所以又称"边销茶"。紧压茶有沱茶、砖茶、方茶、饼茶、圆茶等类型。

7. 花茶

花茶是以茉莉花、珠兰花茶、桂花、菊花等鲜花经干燥处理后,与不同种类的茶胚拌和窨制而成的再制茶,还有香片、香花茶等名称,是我国独特的一种茶类。花茶使鲜花与嫩茶交融在一起,相得益彰,香气扑鼻,回味无穷。花茶分花绿茶、花红茶、花乌龙茶三大类。

8. 黑茶类

黑茶的基本工艺流程是杀青、揉捻、渥堆、干燥。其原料较粗些,加之制造工序中往往堆积发酵时间较长,因而叶色油黑或黑褐,故名。黑茶主要供边区少数民族饮用,所以又称边销茶。黑毛芽是压制各种紧压茶的主要原料,各种黑茶的紧压茶是藏族、蒙古族和维吾尔族等兄弟民族日常生活的必需品,有"宁可一日无食,不可一日无茶"之说。黑茶因产区和工艺上的判别有湖南黑茶、湖北老青茶、四川边茶和滇桂黑茶之分。

(二)茶艺

泡茶既要讲究实用性、科学性,又要讲究艺术性。泡茶用水选择有三:一是甘而洁,二是活而鲜,三是贮水得法。泡茶用水,一般都用天然水。天然水按来源可分泉水、溪水、江水、湖水、井水、雨水、雪水等,自来水是通过净化后的天然水。自来水有时使用过量氯化物消毒,气味很重,应先将水贮存在罐中,放置24小时后再用火煮沸泡茶。水的硬度与茶汤品质关系密切,当水的pH值(酸碱度)>5时,汤色很深,pH值达到7时,茶黄素倾向于自动氧化而消失。软水易溶解茶叶有效成分,故茶味较浓,因此泡茶宜选软水或暂硬水为好。在天然水中,雨水和雪水属软水;溪水、泉水、江水属暂硬水;部分地下水为硬水;蒸馏水为人工软水。

在选好水质之后,其次就要讲究泡茶器皿,一般而言,饮用花茶,宜选择较大的瓷壶泡沏,然后斟入瓷杯饮用;喝绿茶,多用有盖瓷壶泡茶;福建、广东、台湾以及东南亚一带,特别喜爱乌龙茶,宜选用紫砂茶具;四川、安徽地区流行喝盖碗茶(盖碗是由碗盖、茶碗和茶托三部分组成),而喝西湖龙井等名绿茶则选用无色透明玻璃杯最为理想。品饮名绿茶,无论使用何种茶杯,均宜小不宜大,否则容易使茶叶烫熟而失去滋味。除此之外,还有一些配套茶具,如放茶壶用的茶船(又名茶池,分盘形、碗形两种);盛放茶汤用的茶盅(又名茶海);尝茶时盛用的茶荷;沾水用的茶巾;舀水用的茶匙;放置茶杯用的茶盘和茶托;专门存放茶叶用的铁罐、陶罐、木罐等贮茶器具。

另外,还要讲究茶叶用量,茶叶用量为泡茶三要素(用量、水量、冲泡时间及次数)之首。冲泡一般红、绿茶,茶与水的比例掌握在1:50或1:60,即每杯放3 g左右茶叶,加沸水150~200 mL;如饮用普洱茶、乌龙茶,每杯放量5~10 g;如用茶壶冲泡,则按茶壶容量大小适量掌握比例。

泡茶水温也很关键。泡茶水温的掌握因茶而定:高级绿茶,特别是芽叶细嫩的名绿茶,一般用80℃的沸水冲泡,水温太高容易破坏茶中维生素C,咖啡因容易析出,致使茶汤变黄、滋味较苦;饮泡各种花茶、红茶、中低档绿茶,则要用90%~100%的沸水冲泡,如水温低,茶叶中有效成分析出少茶叶味淡;冲泡乌龙茶、普洱茶和沱茶,因茶量较多而且茶叶粗老必须用100%的沸水冲泡;少数民族饮用的紧压茶,则要求水温更高,可将砖茶敲碎熬煮。通常茶叶中的有效物质在水中的溶解度跟水温密切相关,60℃水浸出的有效物质只相当于100℃的沸水入侵出量的45%~65%。

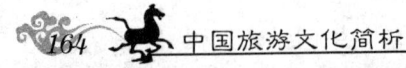

绿茶的冲泡技法

绿茶是我国产茶区域最广泛的茶类,其饮用也极为普遍。冲泡高档细嫩名绿茶,一般选用玻璃杯或白瓷杯,而且无需用盖,其目的一则便于人们赏茶观姿,二则防止嫩茶泡熟,失去鲜嫩色泽和清香滋味,而对于普通绿茶,因不注重欣赏茶的外形和汤色,重在品赏滋味或佐食点心,也可选用茶壶泡茶,即"嫩茶杯泡、老茶壶泡"。泡饮之前,先欣赏干茶的色、香、形:其色或碧绿、或深绿、或黄绿;其香或奶油香、或板栗香、或清香;其形或条、或扁、或螺、或针,均属天然风韵,称为"赏茶"。采用透明玻璃杯泡饮细嫩名茶,便于观察茶在水中的缓慢舒展、游动、变幻过程,称为"茶舞"。然后视茶叶的嫩度及茶条的松紧程度,分别采用"上投法""下投法"。所谓"上投法"即先冲水后投茶,适用于特别细嫩的茶,如碧螺春、蒙顶甘露、径山茶、庐山云雾、涌溪火青,等等,先将75℃~85℃的沸水冲入杯中,然后取茶投入,茶叶便会徐徐下沉;而下投法即先投茶后注水,适合于茶条松展的茶,如六安瓜片、太平猴魁等。在冲泡茶过程中,品饮者可以看茶的展姿,茶汤的变化,茶烟的弥散,以及最终茶与汤的成相,汤面水汽夹着茶香缕缕上升,如云蒸霞蔚,趁热嗅闻茶香,令人心旷神怡。

(三)茶道

中国是最早发现茶的用途、最早实行人工栽培、最早加工茶的国度,所以茶是中国的国饮、国粹。茶,不仅仅是健康饮料,茶还可以如诗如画,茶是艺术,是文化。人们通过沏茶、品茶,可以联络感情,陶冶性情,涤神益思,品味人生,将茶事活动上升到哲学、伦理、道德层面,达到饮茶的最高境界——茶道。

1. 茶艺与茶道的关系

茶艺就是泡茶的技艺和品茶的艺术。其中又以前者为主体,因为只有泡好茶之后才谈得上品茶。茶道源于中国的饮茶技艺,但又不同于茶艺。茶道不但讲究表现形式,而且注重精神内涵。如果饮茶讲究环境、气氛、音乐、冲泡技巧及人际关系等,则可称之为"茶艺";而在茶事活动中融入哲学、伦理、道德,通过品茗来修身养性、陶冶情操、品味人生、参禅悟道,达到精神上的享受,这才是饮茶的最高境界——茶道。

茶道最早起源于中国,中国人至少在唐或唐以前,就在世界上首先将茶饮作为一种修身养性之道。在唐宋时期中国茶道传到日本,经日本人总结提高,形成了日本茶道。

2. 中国茶道的基本精神

茶道是中国特定时代产生的综合性文化,带着东方农业民族的生活气息和艺术情调，追求清雅、和谐，基于儒家的治世机缘，倚于佛家的淡泊节操，洋溢着道家的浪漫理想，借品茗贯彻和普及清和、俭约、廉洁、求真、求美的高雅精神。

我国茶文化界对中国茶道精神加以总结，把中国茶道的基本精神归纳为：和、静、怡、真。

(1)"和"是中国茶道哲学思想的核心

茶道所追求的"和"源于《周易》中的"保合太和"，意指世间万物皆有阴阳两要素构成，阴阳协调，保全大和之元气，以普利万物才是人间正道。陆羽在《茶经》中对此论述得很明白，他用250个字来描述他所设计的风炉，指出风炉用铁铸从"金"；放置在地上从"土"；炉中烧的木炭从"木"；木炭燃烧从"火"；风炉上煮的茶汤从"水"。煮茶的过程就是金木水火土相生相克并达到和谐平衡的过程。可见五行调和理念是茶道的哲学基础。

儒家从"太和"的哲学理念中推出"中庸之道"的中和思想。在儒家眼里"和"是中、是度、是宜、是当，"和"是一切恰到好处，无过亦无不及。儒家对"和"的诠释，在茶事活动中表现得淋漓尽致。在泡茶时，表现为"酸甜苦涩调太和，掌握迟速量适中"的中庸之美。在待客时表现为"奉茶为礼尊长者，备茶浓意表浓情"的明礼之伦。在饮茶过程中表现为"饮罢佳茗方知深，赞叹此乃草中英"的谦和之仪。在品茗的环境与心境方面表现为"朴实古雅去虚华，宁静致远隐沉毅"的俭德之行。

(2)"静"是中国茶道修习的必由之径

中国茶道是修身养性、追寻自我之道，静是中国茶道修习的必由途径。如何从小小的茶壶中去体悟宇宙的奥秘？如何从淡淡的茶汤中去品味人生？如何在茶事活动中明心见性？如何通过茶道的修习来涤荡精神，锻炼人格，超越自我？答案只有一个——静。

中国茶道正是通过茶事创造一种宁静的氛围和一个空灵虚静的心境，当茶的清香静静地浸润你的心田和肺腑的每一个角落时，你的心灵便在虚静中显得空明，你的精神便在虚静中升华净化，你将在虚静中与大自然融涵玄会，达到"天人合一"的"天乐"境界。得一静字，便可洞察万物、心中常乐。"禅茶一味"，道家主静，儒家主静，佛教更主静。在茶道中以静为本、以静为美的诗句有很多。唐代皇甫曾的《陆鸿渐山人采茶回》云："千峰待逋客，香茗复丛生。采摘知深处，烟霞羡独行。幽期山寺远，野饭石泉清。寂寂燃灯夜，相思一磬声。"这首诗写的是境之静。宋代杜小山有诗云："寒夜客来茶当酒，竹炉汤沸火初红。寻常一样窗前月，才有梅花便不同。"写的是夜之静。清代郑板桥诗云："不风不雨正清和，翠竹亭亭好节柯。最爱晚凉佳客至，一壶新茗泡松萝。"写的是心之静。

在茶道中，静与美常相得益彰。古往今来，无论羽士、高僧还是名宦、大儒，都殊途同归地把"静"作为茶道修习的必经大道。因为静则明，静则虚，静可虚怀若谷；静可内敛涵藏；静可洞察明澈，体道入微。可以说："欲达茶道通玄境，除却静字无妙法。"

(3)"怡"是中国茶道修习中茶人的身心感受

"怡"指和悦、愉快之意。中国茶道是雅俗共赏之道，体现于日常生活之中，不讲形式，不拘一格，突出体现了道家"自恣以适己"的随意性。同时，不同地位、不同信仰、不同文化层次的人对茶道有不同的追求。历史上王公贵族讲茶道重在"茶之珍"，意在炫耀权势，夸富示贵，附庸风雅。文人学士讲茶道重在"茶之韵"，托物寄怀，激扬文思，交朋结友。佛家讲茶道重在"茶之德"，意在驱困提神，参禅悟道，见性成佛。道家讲茶道重在

"茶之功",意在品茗养生,羽化成仙。普通百姓讲茶道重在"茶之味",意在去腥除腻,涤烦解渴,享受人生。无论何人都可以在茶事活动中取得生理上的快感、精神上的畅适与心灵上的怡悦。

参与中国茶道,可抚琴歌舞,可吟诗作画,可观月赏花,可论经对弈,可独对山水,可潜心读《易》,亦可置酒助兴。儒生可"怡情悦性",羽士可"怡情养生",僧人可"怡然自得"。中国茶道的这种怡情悦性,正是区别于强调"清寂"的日本茶道的根本标志之一,使其有着极广泛的群众基础。

(4)"真"是中国茶道的终极追求

中国人不轻易言"道",而一旦论道,则执着于"道",追求于"真"。"真"是中国茶道的起点,也是中国茶道的终极追求。中国茶道在从事茶事时所讲究的"真",不仅包括茶应是真茶、真香、真味;环境最好是真山真水;挂的字画最好是名家名人的真迹;用的器具最好是真竹真木、真陶真瓷,还包含了对人要真心,敬客要真情,说话要真诚,心境要真闲。茶事活动的每个环节都要认真,每个环节都要求真。

中国茶道追求的"真"有三重含义:一是追求道之真,即通过茶事活动追求对"道"的真切体悟,达到修身养性,品味人生之目的;二是追求情之真,即通过品茗述怀,使茶友之间的真情得以发展,达到茶人之间互见真心的境界;三是追求性之真,即在品茗过程中,真正放松自己,在无我的境界放飞自己的心灵,放牧自己的天性,达到"全性葆真"。

三、中药

中药,顾名思义是指中国所产的药材,是在中医上用以治病防病和保健养生的药物,在中国古籍中通称"本草"。

我国最早的一部中药学专著是汉代的《神农本草经》,唐代由政府颁布的《新修本草》可算是世界上最早的药典。唐、宋、明的药书又不断增加中药新品种,丰富中药应用经验,尤其是明代李时珍的《本草纲目》,总结了16世纪以前的药物经验,对后世药物学的发展做出了重大贡献。

中医中药与国画、京剧并称为中国的三大国粹。

中药按加工工艺分中药材、中成药。中药材是指经过加工炮制可直接供药房配剂及药厂制剂使用的半成品药。中成药是指经精加工可直接使用的成品药,分丸、散、膏、丹、片、口服液、药酒等。

各地名贵中草药主要有:人参、冬虫夏草、天麻、三七、党参、麝香、阿胶、枸杞、哈士蟆油、鹿肾、雪莲等。下面主要介绍其中几种:

(一)人参

人参被人们称为"百草之王",是闻名遐迩的"东北三宝"(人参、貂皮、鹿茸)之一,是驰名中外、老幼皆知的名贵药材。人参含有多种皂苷、人参酸、维生素和氨基酸等,对兴奋中枢神经,增强心脏和血管收缩力,促进性腺分泌性激素,降低血糖等都有很大的作用。

(二) 冬虫夏草

冬虫夏草又称为虫草或冬虫草,是真菌冬虫夏草寄生于蝙蝠蛾幼虫体上的子座与幼虫尸体的复合物。顾名思义,冬虫夏草当然冬天是虫,而夏天就变成草了。为什么这么神奇呢?原来,冬虫夏草是一种叫作蝙蝠蛾的动物,将虫卵产在地下,使其孵化成长得像蚕宝宝一般的幼虫。另外,有一种孢子,会经过水而渗透到地下,专门找蝙蝠蛾的幼虫寄生,并吸收幼虫体的营养,而快速繁殖,称为虫草真菌。当菌丝慢慢成长的同时,幼虫也随着慢慢长大,而钻出地面,直到菌丝繁殖至充满虫体,幼虫就会死亡,此时正好是冬天,就是所谓的冬虫,而当气温回升后,菌丝体就会从冬虫的头部慢慢萌发,长出像草一般的真菌子座,称为夏草。在真菌子座的头部含有子囊,子囊内藏有孢子,当子囊成熟时,孢子会散出,再次寻找蝙蝠蛾的幼虫作为寄主,这就是冬虫夏草的循环。

从外形上看,冬虫夏草虫体呈金黄色、淡黄色或黄棕色,又因价格昂贵而有"黄金草"之称。因其药用价值高,功效好,在国内外被视为珍品,市场需求量大,但因其天然资源量稀少,故价格十分昂贵。

虫草味甘性温,富含虫草酸、粗蛋白、不饱和脂肪酸、维生素 B_{12} 等,主治虚劳咯血、腰膝酸痛、阳痿、遗精等症,同时具有滋肾补肺、养心益肝等作用。

冬虫夏草主要分布于青、藏、川、滇海拔 3 000 米以上至雪线附近的高山灌丛和高山草甸中,立夏前后采挖。

(三) 天麻

天麻产于川、藏、滇和东北等地,以云南所产的云天麻最具盛名。天麻以块茎入药,性平味甘,能祛风镇静,养肝止晕,对头痛、头晕、高血压、耳鸣心跳、抽搐痉挛、小儿惊痫及中风引起的知觉麻木、手足不遂和语言障碍等均有显著疗效。

(四) 三七

三七产于川、藏、滇等地,是名贵中药,因主要采集于冬春两季,故又分"冬七"和"春七"。明李时珍《本草纲目》称三七为"金不换"。三七根含多种皂苷,有化瘀止血、消肿止痛之功效,主治跌打损伤、妇科病等多种病症。三七是云南白药的主要原料。

(五) 阿胶

阿胶系我国古老的名贵药材,是我国医药宝库中的珍品之一,与人参、鹿茸并称为"中药三宝"。阿胶以山东省东阿县所产的东阿阿胶最为正宗,系用驴皮去毛后用东阿地下水熬制而成的黑色胶质块,故名"阿胶"。

阿胶历史悠久,应用广泛,它在我国现存最早的药物学专著《神农本草经》中列为"上品",被李时珍《本草纲目》称为"圣药"。阿胶味甘、性平,含有十余种人体所需的氨基酸,有滋阴养血、补肾、补肺润燥、止血安胎等功能。阿胶是名贵的高级滋补品。

(六) 麝香

麝香产于陕西、四川、青藏高原及东北等地。麝是野生动物,从20世纪50年代后期起我国开始人工饲养。麝香是公麝腹部的香囊(香腺)所产生的分泌物。麝香具有通窍、开经、透骨、镇心、安神等功效;主治中风、痰厥、惊痫、心腹暴痛、肢体麻木、跌打损伤、痈疽肿毒等症,并对乙型脑炎、麻疹和梅毒有显著疗效。

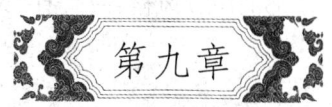

第九章

中国风物特产文化

第一节 陶瓷器

陶瓷器是陶器制品和瓷器制品的总称。

陶器是用黏土成型,经 700℃～800℃的炉温焙烧而成的无釉或上釉的日用品和陈设品。

陶器的发明,是人类历史上最早通过火的作用使一种物质转变成另一种物质的创造性活动。陶器的出现,标志着新石器时代的开始,使人类的定居生活更加稳固。

我国当代陶器以江苏宜兴、广东石湾、安徽界首、山东淄博、湖南铜官、云南建水、甘肃天水、河北唐山等地所产最为著名。

瓷器是在陶器的基础上制成的器物,具有以下特点:第一,瓷器胎料的成分主要是高岭土,瓷胎烧结后,胎色白,质地致密,胎体吸水率不足 1%,具有透明或半透明性,叩之发出清脆悦耳之声;第二,瓷器的烧成温度必须在 1 200℃ 以上,胎釉经高温烧结后不易脱落。

中国是世界著名的陶瓷古国,制造历史悠久,早在七八千年前的新石器时代,我国的先民就已经制造和使用陶器。瓷器更是中国古代的伟大发明,早在商代就烧出原始瓷器,东汉时期(又据最新考古发现证实,在战国初期无锡越国贵族墓中已有真正瓷器)烧制出真正的瓷器,至宋、元、明、清,中国制瓷业进入兴盛时期。陶瓷是中国著名的三大特产之一,中国素有"瓷国"之称。

我国当代瓷器主要产于江西景德镇、湖南醴陵、福建德化、浙江龙泉、山东淄博和河北唐山等地。

我国著名的陶瓷名品主要有:

(一)宜兴紫砂器

创始于宋代,盛行于明中叶以后,一直为人们所喜爱,至今仍长盛不衰,系用一种质地细腻、含铁量较高的特殊陶土制成的无釉陶器,色彩一般呈浅黄、赤褐或紫黑色。前人总结紫砂陶茶具有很多优点:泡茶不失原味,色香味皆蕴,使茶叶越发醇郁芳沁;壶经久耐用,即使不放茶叶,注入白水,照常会有香浓的茶味;传导性慢,不烫手,耐热耐寒,冬入沸水不炸,夏入冷水不裂,还可日夜以炉之微火焙之,不会爆裂;砂壶使用越久越美观耐看,茶水本身在冲泡过程中也可养壶。紫砂壶的泥色与经常冲泡的茶叶有关,泡红茶时,砂壶由红棕色变成红褐色;泡绿茶时,砂壶由红棕色变成棕褐色,壶色多变,耐人寻味,而且紫砂陶器造型美观大方,具有浓郁的民族风格,故具有"天下神品"之称。

(二)洛阳"唐三彩"

产于我国唐朝洛阳一带,是唐代的彩釉陶塑工艺品及日常生活用品,用低温烧成、釉彩多样,胎体大部分是以烧制瓷器的高岭土做原料,因此胎质比一般釉陶洁白细腻,焙烧的温度也比较低,约在800℃～1 100℃,并采用黄、绿、褐等三色为主色釉,在陶器上构成色彩斑斓的装饰,故称"唐三彩"。经过人们的不断创新,后来又增加了紫、白、蓝、黑等多种色彩,但至今人们仍习惯沿用"唐三彩"之名。

(三)淄博美术陶瓷

淄博美术陶瓷产于山东省淄博,是早在汉代就已能制作出粟黄、茶黄、翠绿、淡绿等4种色彩的美术釉陶。其陶瓷产品"雨点釉",又名油滴瓷,以其沉静优雅、凝重高贵的艺术风格,被国内外顾客称为"中国之奇、陶瓷之谜"。雨点釉在日本被称"天目釉",是日本茶道中的茶具精品。此外,"茶叶末釉",是因其在橄榄色的釉面上均匀地布满了茶叶末似的细微晶粒而得名,具有装饰新颖、造型古朴、色彩绚丽的艺术风格。

(四)景德镇名瓷

江西省景德镇是我国著名的瓷都,原名昌南镇。所产瓷器向有"白如玉,薄如纸,明如镜,声如磬"的美誉。景德镇早在汉代就生产陶器,魏晋南北朝时逐渐发展到制作瓷器。唐宋时,景德镇瓷器的制作进入了兴盛时期。唐代已出现了有"假白玉"之称的白瓷。北宋真宗景德年间,官府开始在此设置官窑,并将此窑瓷器的底部印上"景德年制",景德镇遂由此得名,著名的"影青刻花瓷"就是在此时诞生的。元代以后,北方的瓷工纷纷南下聚集此地,使景德镇因集我国历代南北瓷系之大成,成了"工匠八方来,器成天下走"的瓷业中心。明清两代以来景德镇瓷器造型优美,色彩绚丽。青花瓷、青花玲珑瓷、粉彩瓷、薄胎瓷是景德镇瓷器中闻名中外的四大传统名瓷。

(五)醴陵釉下彩瓷

釉下彩瓷是湖南醴陵烧制的一种日用餐具瓷,是具有独特艺术风格的传统产品。在瓷坯上描绘的彩色纹饰上覆盖一层透明的釉料,在高温中焙烧。釉下彩瓷器的画面色彩从透明的釉下显露出来,犹如罩了一层透明的玻璃罩,画面色彩从透明的釉下显露出来,并具有无铅毒、耐酸碱、洁白如玉、晶莹润泽的特点。虽经长期使用和存放,瓷器的花纹仍能始终保持原来的色彩,特别适合宾馆及家庭盛装菜肴之用,品种主要有成套餐具、茶具及艺术瓷、礼品瓷等。醴陵釉下彩瓷驰名中外,被誉为"东方艺术的精华"。

(六)德化白瓷塑

福建德化是我国著名的白瓷产地,早在唐宋时期,当地的瓷工们就以善制白瓷而闻名天下,它与江西省的景德镇、湖南省的醴陵并列为当时中国的三大瓷都。

明代的嘉靖、万历年间,德化著名民间雕塑艺人何朝宗将雕塑与瓷艺相结合,特别擅长制作白瓷观音,他所制作的白瓷观音仪态生动,端庄慈祥,因而以"何来观音"扬名。他创作的渡海观音,通体呈象牙白色,鬓纹错落有致,风巾披后,一串珍饰略露胸间,双手藏于袖内作左拱势,衣临风飘举,足踏水波似渡海归来。观音的面部神态突出,富有节奏感的衣褶线条简明概括,生动神妙令人叹为观止。后人有诗赞曰:"除非观音离南海,何来大士现真身。"后来,人们把何朝宗塑造的观音称为"何来观音",久而久之,"何来"就成了何朝宗的雅号。

德化白瓷在世界陶瓷史上有"中国白"之称,具有质地洁白、细腻如玉,釉面光润、明亮如镜,瓷胎坚密、击声如磬的特点。其特制的薄胎产品,薄如蝉翼,精美绝伦,是我国著名的出口工艺品。

(七)龙泉青瓷

龙泉青瓷产于浙江省的丽水地区及附近的武义、永嘉、文成、龙泉一带,这里自古就有制作青瓷的历史,瓷工们在继承传统工艺的基础上,对胎料进行筛选,再通过高超的焙烧技巧,烧制出玉石般温润美丽的青瓷。龙泉青瓷具有青如玉,明如镜,声如磬的特点。

第二节 三大名锦与四大刺绣

一、三大名锦

中国三大名锦分别为云锦、蜀锦、宋锦,是中华民族优秀传统文化的杰出代表。

(一)云锦

云锦与蜀锦、宋锦并称中国三大名锦,为中国三大名锦之首,因其绚丽多姿,美如天上云霞而得名。明代诗人吴梅村在《望江南》中曾这样赞美云锦"江南好,机杼夺天工,孔雀妆花云锦烂,冰蚕吐凤雾绡空,新样小团龙"。云锦因其丰富的文化和科技内涵,被专家称作是中国古代织锦工艺史上最后一座里程碑,它是中华民族和全世界最珍贵的历史文化遗产之一。

在古代,丝织物"锦"是代表最高技术水平的织物,而南京云锦则集历代织锦工艺艺术之大成,代表了中国古代织锦发展的高度。南京云锦自宋代由彩锦演变而来,到了元代,蒙古人入主中原,统治者喜欢用真金装点官服,加之当时国力扩张,黄金开采量增大,使以织金夹银为主要特征的云锦脱颖而出,后来居上,成为最珍贵、工艺水平最高的丝织品种。此后,元、明、清三朝都指定云锦为皇室御用贡品。历代统治者相继在南京设立官办织造局,专门管理云锦的生产并垄断了销售。云锦是当时南京最大的手工产业,在中国历史上具有一定的地位和社会影响。清康熙、雍正年间,南京云锦生产达到高峰,秦淮河一带机户云集,机杼声彻夜不绝,云锦产量空前。

被古人称作"寸锦寸金"的云锦，其生产工序非常复杂。"挑花结本"，相当于软件设计，它用古老的结绳记事的方法，把花纹图案色彩转变成程序语言，再上机进行织造。此工艺技术要求很高，实际上是一种以线为材料，进行储存纹样程序的创作设计过程。织机上坐着的人，称作"拽花工"，只要按过线顺序提拽即可。机下坐着的人，称"织手"，他使用"通经断纬"的技术（纬线由不定数的彩绒段拼接而成），挖花盘织，妆金敷彩，就能织出五彩缤纷的云锦来，这种工艺至今尚不能被机器所替代。

云锦主要品种有"织金"（用黄金打成箔，切成丝，捻成线织就）、"织锦""库缎""妆花"四大品种，用于皇帝龙袍，皇后凤衣、霞帔，嫔妃的丽装靓服，宫廷装饰及褥子、靠垫、枕头等实用品。云锦有时还作为朝廷礼品，馈赠外国君主和使臣以及赏赐大臣和有功之人。其中妆花是云锦中织造技术最为复杂，成就最为杰出的提花丝织品种。可以说，织物中最高档的是丝绸，丝绸中最高级的是织锦，织锦中最高贵的是云锦，而南京云锦中最杰出的代表就是妆花，它达到了丝织工艺登峰造极的地步。

（二）蜀锦

蜀锦，又称蜀江锦，是指四川省成都市所出产的锦类丝织品，起源于战国时期，有两千年的历史，大多以经线彩色起彩，彩条添花，经纬起花，先彩条后锦群，方形、条形、几何骨架添花，对称纹样，四方连续，色调鲜艳，对比性强，是一种具有汉民族特色和地方风格的多彩织锦。蜀锦历史悠久，载誉华夏，同时也是日本国宝级传统工艺品京都西阵织的前身。

蜀锦原指四川生产的彩锦，后成为织法似蜀的各地所产之锦的通称。蜀锦多用染色的熟丝线织成，用经线起花，运用彩条起彩或彩条添花，用几何图案组织和纹饰相结合的方法织成。成都是蜀锦的故乡，公元前316年秦灭蜀后，便在成都夷里桥南岸设"锦官城"，置"锦官"管理织锦刺绣。汉朝时成都蜀锦织造业便已经十分发达，朝廷在成都设有专管织锦的官员，因此成都被称为"锦官城"，简称"锦城"；而环绕成都的锦江，也因有众多织工在其中洗濯蜀锦而得名。十样锦是蜀锦的主要品种之一，简称"什锦"。

蜀锦已有2 000年的历史。山谦之《丹阳记》说："历代尚未有锦，而成都独称妙，故三国时魏则市于蜀，吴亦资西蜀，至是乃有之。"

蜀锦大多以经向彩条为基础起彩，并彩条添花，其图案繁华、织纹精细，配色典雅，独具一格，是一种具有民族特色和地方风格的多彩织锦。蜀锦质地坚韧而丰满，纹样风格秀丽，配色典雅不俗，如唐代蜀锦的图案有格子花、纹莲花、龟甲花、联珠、对禽、对兽等，十分丰富；在唐末，又增加了天下乐、长安竹、方胜、宜男、狮团、八答晕等图案；在宋元时期，发展了纬起花的纬锦，纹样图案有庆丰年锦、灯花锦、盘球、翠池狮子、云雀，以及瑞草云鹤、百花孔雀、宜男百花、如意牡丹等；在明代末年，蜀锦受到摧残，到了清代又恢复了生产，此时的纹样图案有梅、竹、牡丹、葡萄、石榴等。

蜀锦的品种繁多，传统品种有雨丝锦、方方锦、铺地锦、散花锦、浣花锦、民族锦、彩晕锦，等等。

1. 雨丝锦

特点是锦面用白色和其他色彩的经丝组成，色络由粗渐细，白经由细渐粗，交替过渡,形成色白相间,呈现明亮对比的丝丝雨条状。雨条上再饰以各种花纹图案,粗细匀称、既调和了对比强烈的色彩,又突出了彩条间的花纹,具有烘云托月的艺术效果,给人以一种轻快而舒适的韵律感。雨丝锦图案丰富多彩,常见的有天安门、杜甫草堂、望江楼、百花潭、芙蓉白凤、翔凤游龙、莲池鸳鸯、蝶舞花丛、葵花、牡丹、梅竹、龙凤等。

2. 方方锦

特点是缎地纬浮花,在单一底色上,以彩色经纬线配以等距不同色彩的方格,方格内饰以不同色彩的圆形或椭圆形的古朴典雅的花纹图案,如梅鹊争春、凤穿牡丹、望江楼、百花潭等。

3. 铺地锦

又称"锦上添花",特点是在缎纹组织上用几何纹样或细小的花纹铺满地子,再在花纹上嵌织大朵花卉(有的加嵌金线),如宝相花等,色彩丰富、层次分明,显得格外富丽堂皇。

4. 散花锦

特点是花纹布满锦地,常见的图案有如意牡丹、瑞草云鹤、百鸟朝凤、五谷丰登、龙爪菊、云雁等,富于浓厚的地方色彩和民族风格。

5. 浣花锦

又称花锦,它是由古代名锦"落花流水锦"发展而来的,传说浣花溪的贵妇人根据溪水荡漾的变化而设计的花纹,而且在锦织成后,多数在锦江上游溪水潭内洗涤,故名。其特点是采用平纹或缎纹以曲水纹、浪花纹与落花组合图案,纹样图案简练古朴,典雅大方。

6. 民族锦

一般采用多色彩条嵌入金银丝织成,因多用于民族服饰,而得其名,特点是锦面上的图案从经纬线交织中显现出自然光彩,富有光泽,常见的图案有团花、葵花、"万""卍"字、"寿"字等。

7. 彩晕锦

特点是织纹华贵相映,明暗匹配,层次分明,并以色晕过渡,花纹绚丽多彩,别具一格。

(三)宋锦

宋锦有两种含义:一是指宋代由官府锦院主持生产的织锦,二是指明、清时期由苏州织造府主持生产的宋式锦。

宋锦起源于隋唐,因兴盛于宋代而得名,是在唐代蜀锦的基础上发展而来的。相传在宋高宗南渡后,为了满足当时宫廷服装和书画装帧的需要开始生产,特别是装帧裱画业的崛起,形成了特殊用途与独特的艺术风格。宋锦是以纯桑蚕丝或桑蚕丝经线和有光人造丝彩纬色织彩纬显色的纬锦,采用三枚斜纹组织、两种经线(面经用本色生丝,底色用有色熟丝)、三种有色纬线(花纹与地兼用的色纬和两种专用织花纹的色纬)织成。宋锦纹样繁复多变,图案灵活多姿,题材广泛多意。在南宋时,已有青楼台锦、紫鸾鹊锦、柿红色背锦、八角织锦、八角回龙、球路锦、衲锦、定胜四方、如意小龙、金钱如意、福寿全宝、春意纹菊、环藤莲花、藤凤菊枝、翠色狮子、倒仙牡丹、天下乐、练鹊、绶带、瑞草、八达晕、银钩晕、白蛇龟纹、水藻戏鱼、红七宝金龙、红遍地芙蓉、黄地碧牡丹、红遍地朵花、方胜等四十余种,以狮、象、鹿、鹤、孔雀、鸳鸯、蝙蝠、虫草和想象动物龙凤等巧妙结合。此外,还有吉利祥瑞含义的八宝(如意、古钱、方胜、万卷书、毛锭、犀牛角、珊瑚珠等)、八吉祥以及"寿"字、祥云等。这些写生纹样,造型生动而流畅,构图朴实大方,秀丽多彩,结构严谨古朴,加上几何骨骼添花,花中套花,花纹精细而饱满,风格端庄,典朴娟秀,配色典雅和谐。宋锦的特点是质地柔软,色泽光亮,花型雅致,古意盎然,富有浓郁的民族特色。

现代宋锦主要产于杭州、湖州、苏州等地。现代生产的宋锦又称"仿宋锦",主要品种有大锦、盒锦和小锦。

1. 大锦

又称"重锦",其特点是质地紧密丰厚,结构精致,花地分明,显色效果极佳。花纹图案以仿古图案为主,有丰登锦、答晕锦、宝相锦、植物花卉锦等,主要用于做服装的面料和名贵书画的装裱等。

2. 盒锦

盒锦是一种以桑蚕丝与少量棉纱用缎纹组织进行彩色交织提花的锦,质地轻薄细洁较疏松,花纹图案大多是结合盒子款式,花纹满地整齐正规,图案多为对称连续的横条形,题材以动物(如狮子、游龙、云雁、鸾鹊、翔凤等)为主,配以牡丹、荷花、芙蓉、菊花、铁梗、梅、兰、竹等花卉纹的八花锦、十六花锦、二十四花锦为主题,并点缀"八宝""祥云""瑞草"等,主要用于一般书画装裱、装潢或衣料等。

3. 小锦

小锦有素、花两种,花纹细小。花纹以几何纹和对称小花纹为主,图案大多采用吉祥如意的会意写实,如八宝(古钱、方胜、书、画、琴、棋等)、八仙(宝剑、扇子、葫芦、缠枝、柏枝、笛子、荷花等)、八吉祥(宝壶、法轮、双鱼、海螺、花伞、百结、莲花等)以及"寿"字、"万(卐)"字等,主要用作庙宇佛幡、书及画册封面,以及工艺品礼盒装潢等。

二、四大刺绣

刺绣古称针绣,是用绣针引彩线,按设计的花纹在纺织品上刺绣运针,以绣迹构成花纹图案的一种工艺。在中国传统刺绣工艺品当中的,常常将产于中国中部湖南省的"湘绣",中国西部四川省的"蜀绣",产于中国南部广东省的"粤绣"和产于中国东部江苏省的"苏绣"合称为中国"四大名绣"。

(一)苏绣

苏绣,是以江苏苏州为中心包括江苏地区刺绣产品的总称。其苏州地处江南,苏绣的发源地在苏州吴县一带,滨临太湖,气候温和,盛产丝绸,因此,素有妇女擅长绣花的传统习惯。优越的地理环境,绚丽丰富的锦缎,五光十色的花线,为苏绣发展创造了有利条件。在长期的历史发展过程中,苏绣在艺术上形成了图案秀丽、色彩和谐、线条明快、针法活泼、绣工精细的地方风格,被誉为"东方明珠"。苏绣的典型代表作是双面绣《猫》。

(二) 湘绣

湘绣,是以湖南长沙为中心的刺绣产品的总称。湘绣绣品分别在1912年和1933年意大利都灵博览会和巴拿马万国博览会上分别获得最优奖和一等奖,被国外誉为超级绣品。湘绣的特点是用丝绒线(无拈绒线)绣花,其实是将绒丝在溶液中进行处理,防止起毛,这种绣品当地称作"羊毛细绣"。湘绣也多以国画为题材,形态生动逼真,风格豪放,曾有"绣花花生香,绣鸟能听声,绣虎能奔跑,绣人能传神"的美誉。湘绣人文画的配色特点以深浅灰和黑白为主,素雅如水墨画;湘绣日用品的色彩艳丽,图案纹饰的装饰性较强。湘绣以狮、虎为代表作,世上有"苏猫湘虎"的说法。

(三) 粤绣

粤绣、潮绣与广绣合称为粤绣,是中国名绣之一,创始于少数民族,与黎族织锦同源。它以布局满、图案繁茂、场面热烈、用色富丽、对比强烈、大红大绿而著称。其最大的特点就是布局满,往往少有空隙,即使有空隙,也要用山水草地树根等补充,显得热闹而紧凑。

粤绣的另一个独特现象,就是绣工多为男工,和其他地区绣工均为女子不同,在绣制大件时,绣工常手拿长针站着施绣。粤绣多用金线作,刺绣花纹的轮廓线,金银线垫绣是粤绣中具有特色的工种之一,它使绣上的景物形象富有立体感。粤绣的代表作有《百鸟朝凤》。

(四) 蜀绣

蜀绣,亦称"川绣",是以成都为中心的四川刺绣产品的总称。蜀绣的历史也很悠久,据晋代常璩《华阳国志》中记载,当时蜀中的刺绣已十分闻名,并把蜀绣与蜀锦并列,视为蜀地名产。蜀绣的纯观赏品相对较少,以日用品居多,取材多数是花鸟虫鱼、民间吉语和传统纹饰等,颇具喜庆色彩,绣制在被面、枕套、衣、鞋及画屏上。蜀绣用针工整、平齐光亮、丝路清晰、不加代笔,花纹边缘如同刀切一般过于齐整,色彩鲜丽。北京人民大会堂四川厅的巨幅《芙蓉鲤鱼》座屏和蜀绣名品《蜀宫乐女演乐图》挂屏、双面异色的《水草鲤鱼》座屏、《大小熊猫》座屏,就是蜀绣中的代表作。

第三节 文房四宝、年画、剪纸和风筝

一、文房四宝

"文房四宝"是指笔、墨、纸、砚四种古代文房用具,作为书写绘画必不可少的工具和材料,被中国历代文人视为珍宝。

(一) 笔

笔,指书写汉字的毛笔。它是我国特有的书写工具,柔软而富有弹性,结构十分简单,但它的特殊功能,使它成为传播汉字文化的重要媒介,而且使汉字书法在艺苑中独放异彩,显出优美动人的魅力。最早的毛笔,可追溯到 2 000 多年之前,起源于殷商之前。蒙恬为毛笔的改良者。

毛笔的种类,如果按其性能来区分,则大致可分为三类,即"柔毫""硬毫""兼毫"。柔毫是选取弹性较弱、硬度较小而柔软的动物毛为原料制作的,最常见的是羊毫,是以青羊或黄羊之须或尾毫制成。硬毫是用一种弹性较强、硬度较大的动物毛,如山兔毛或黄鼠狼毛、山马毛等制作而成的,因其毛之不同而名称有异,紫色兔毛制成的称为"紫毫",黄鼠狼尾毛制成的称"狼毫",紫毫笔乃取野兔项背之毫制成,因色呈黑紫而得名,狼毫笔就字面而言,就是以狼毫制成。兼毫是用两种或两种以上弹性不同的动物毛,按一定比例配制而成的,是一种介乎柔毫和硬毫之间的中性笔,其特点是软硬适中,刚柔相济,如,以三成兔毫和七成羊毫配制而成的"三紫七羊毫",其他如"九紫一羊""七紫三羊""五紫五羊""二紫八羊"等。

(二)墨

人工墨的历史起始于周宣王,据《述古书法纂》记载:"邢夷始制墨,字从黑土,煤烟所成,土之类也。"邢夷制墨也就是人工墨的开始。人工墨的出现,从它的质量、使用价值,以及审美观等等方面都大大超过了天然墨,而天然墨被渐渐淘汰。

墨分"松烟墨"和"油烟墨"两种:松烟墨以松树烧取的烟灰制成,特点是色乌,光泽度差,胶质轻,只宜写字;油烟墨多以动物或植物油等取烟制成,特点是色泽黑亮,有光泽,最常见的桐烟墨,坚实细腻,具有光泽。中国画一般多用油烟墨,只有着色的画偶然用松烟墨。但在表现某些无光泽物如墨蝴蝶、黑丝绒等,也最好用松烟墨。过去墨顶上印有:"青烟""选烟""顶烟"等小字,表示都是好墨。对于写字画画的人而言,磨墨是一件耗费时间的差事,墨汁则带来了便利,如"中华墨汁""一得阁""曹素功"等,可以代墨使用。

(三)纸

根据文献和实物资料,最早的人们是采用结绳来记事的。青铜器产生后,又在青铜器上铸刻铭义,即"金文"或"钟鼎文"。在用竹、木削成的片上,称"竹木简"。纸是在东汉由蔡伦发明的。现在世界上纸的品种虽然以千万计,但"宣纸"仍然是供毛笔书画用的独特的手工纸。宣纸质地柔韧、洁白平滑、色泽耐久、吸水力强,在国际上享有"纸寿千年"的声誉。

纸的种类可分为强吸墨纸类、宣纸与仿宣、毛边纸、元书纸、棉纸等。

(四)砚

砚,也称"砚台"。以笔蘸墨写字,笔、墨、砚三者密不可分。

砚的起源很早,殷商初期,笔墨砚始已粗见雏形。刚开始时以笔直接蘸石墨写字,后人在坚硬东西上研磨成汁。殷商时青铜器发达,且陶石随手可得,砚就随着墨的使用而逐渐成形。古时以石砚最普遍,至今经多代考验仍以石质最佳。

砚也是综合性的工艺品,在文房四宝中最富有收藏价值。就这个意义上可说"四宝砚为首"。自唐以来,我国出现了端、歙、洮、红丝四大名砚。以后,澄泥代替了红丝。四大名砚之所以为人们称誉,有它各自的特征和优点,有它各自的地方特色和雕刻风格。

二、木版年画

木版年画是中国历史悠久的传统民间艺术形式,有着1000多年的历史,到了清代中晚期,民间年画达到了鼎盛阶段。

在中国民间,年画就是年的象征,不贴年画就不算过年。年画已不仅是节日的装饰品,它所具有的文化价值和艺术价值,使它成为反映中国民间社会生活的百科全书。木版年画有大大小小几十个产地,其中著名的有:重庆梁平、天津杨柳青、河北武强、山东潍坊杨家埠、苏州桃花坞、河南朱仙镇、四川绵竹等地。清末民初年间,年画的使用地区覆盖了除西藏以外的全国各地,包括台湾在内。

2008年6月7日,木版年画经国务院批准列入第二批国家级非物质文化遗产名录。

(一)杨家埠木版年画

山东潍坊杨家埠木版年画是流传于山东省潍坊市杨家埠的一种民间版画,是我国民间艺术宝库中的一朵奇葩,以浓郁的乡土气息和淳朴鲜明的艺术风格而驰名中外。杨家埠村在潍坊市东北15 km处,由于盛产木版年画而远近闻名。

杨家埠木版年画始于明朝末年,繁荣于清代,至今已有400多年的历史,是我国著名的三大民间年画之一。清代乾隆年间,是杨家埠年画发展的鼎盛时期,当时的杨家埠村已有"画店百家,画种上千,画版数万"之说,年画销售量每年高达数千万张,除满足当地民间需要外,还远销江苏、安徽、山西、河南、河北、东北三省和内蒙古等地,曾以品种多、规模大、销售范围广而与天津杨柳青、苏州桃花坞年画三足鼎立,成为名噪一时的中国民间三大画市之一。其诸如吉祥如意、欢乐新年、恭喜发财、富贵荣华、年年有余、安乐升平等,像亲人的祝福,似好友的问候,构成了农民新春祥和欢乐、祈盼富贵平安的特点。杨家埠木版年画体裁形式新颖多样,从大门上的武门神、影壁墙上的福字灯、房门上的美人条、金童子到房间内的中堂、炕头画;从窗户两旁的月光画、窗户周围的窗旁、窗顶,乃至院内牛棚禽圈上的栏门槛,大车、粮囤上也都有专用张贴的年画可见。真可谓无处不及、无所不有,把一个农家院落里里外外打扮装饰得喜气洋洋。作为中国黄河流域地道的农民画,杨家埠木版年画根植于民间。

(二)天津杨柳青木版年画

中国著名民间木版年画,与苏州桃花坞年画并称"南桃北柳",约产生于明代崇祯年间,清雍正、乾隆至光绪初期为鼎盛期。其制作方法为"半印半画",即先用木版雕出画面线纹,然后用墨印在纸上,套过两三次单色版后,再以彩笔填绘、勾、刻、刷、画、裱等纯手工制作,具有笔法细腻、人物秀丽、色彩明艳、内容丰富、形式多样、气氛祥和、情节幽默、题词有趣等特色。

杨柳青年画通过寓意、写实等多种手法表现人民的美好情感和愿望,尤以直接反映各个时期的时事风俗及历史故事等题材为特点,如年画《连年有余》,画面上的娃娃"童颜佛身,戏姿武架",怀抱鲤鱼,手拿莲花,取其谐音,寓意生活富足,已成为年画中的经典之作而广为流传。杨柳青年画取材内容极为广泛,诸如历史故事、神话传奇、戏曲人物、世俗风情以及山水花鸟等,特别是那些与人民生活密切关联的题材,以及带有时事新闻性质的题材等,不仅富有艺术欣赏性,而且具有珍贵的史料研究价值,而以这些优秀作品为代表的现实主义和浪漫主义相结合的优良传统,形成杨柳青年画艺术的主流,一直延续发展至今。杨柳青年画的艺术特点是多方面的,形成其艺术特点的条件也是多方面的,其中较为鲜明突出的则是表现在制作上。

(三)苏州桃花坞木版年画

桃花坞年画源于宋代的雕版印刷工艺,由绣像图演变而来,到明代发展成为民间艺术流派,清代雍正、乾隆年间为鼎盛时期,每年出产的桃花坞木版年画达百万张以上。桃花坞年画的印刷兼用着色和彩套版,构图对称、丰满,色彩绚丽,常以紫红色为主调表现欢乐气氛,基本全用套色制作,刻工、色彩和造型具有精细秀雅的江南民间艺术风格,主要表现吉祥喜庆、民俗生活、戏文故事、花鸟蔬果和驱鬼避邪等民间传统审美内容,被民间画坛称之为"姑苏版"。

桃花坞木版年画的特点是:以木版雕刻,用一版一色传统水印法印刷,构图丰满,色彩明快,富有装饰性;多用民间故事、吉祥喜庆、神像、戏文、时事为题材,以象征、寓意、夸张手法,来表达人们美好的愿望。桃花坞年画曾广泛流传于江南一带和中国许多地方,而且远渡重洋流传到日本、英国和西德,特别是对日本的"浮世绘"产生了重要影响,被海外媒体誉为"东方古艺之花"。其代表作有《五子登科》《庄子传》《珍珠塔》《荡湖船》《拜月图》)。

三、剪纸

中国剪纸是一种用剪刀或刻刀在纸上剪刻花纹,用于装点生活或配合其他民俗活动的民间艺术。在中国,剪纸具有广泛的群众基础,交融于各族人民的社会生活之中,是各种民俗活动的重要组成部分。其传承赓续的视觉形象和造型格式,蕴涵了丰富的文化历史信息,表达了广大民众的社会认可、道德观念、实践经验、生活理想和审美情趣,具有认知、教化、表意、抒情、娱乐、交往等多重社会价值。

2006年5月20日,剪纸艺术遗产经国务院批准列入第一批国家级非物质文化遗产名录。2009年9月28日至10月2日举行的联合国教科文组织保护非物质文化遗产政府间委员会第四次会议上,中国申报的中国剪纸项目入选《人类非物质文化遗产代表作名录》。

(一)剪纸的用途

剪纸从具体的用途上看大致可分四类:一是张贴用,即直接张贴于门窗、墙壁、灯彩、彩扎之上作为装饰,如窗花、墙花、顶棚花、烟格子、灯笼花、纸扎花、门笺;二是摆衬用,即用于点缀礼品、嫁妆、祭品、供品,如喜花、供花、礼花、烛台花、斗香花、重阳旗;三是刺绣底样,用于衣饰、鞋帽、枕头,如鞋花、枕头花、帽花、围涎花、衣袖花、背带花;四是印染用,即作为蓝印花布的印版,用于衣料、被面、门帘、包袱、围兜、头巾等。

1. 窗花

窗花(图9-1)用于贴在窗户上作装饰的剪纸,以北方为普遍。北方农家窗户多是木格窗,有竖格、方格或带有几何形的花格,上面糊一层洁白的"皮纸",逢年过节便更换窗纸并贴上新窗花,以示除旧迎新。窗花的形式有装饰窗格四角的角花,也有折枝团花,更有自由的各式适合花样,如动物、花草、人物,还有连续成套的戏文或传说故事窗花。

图9-1　窗花

2. 喜花

喜花(图9-2)是婚嫁喜庆时装点各种器物用品和室内陈设用的剪纸,一般是将剪纸摆衬在茶具、皂盒、面盆等日用品上,有贴在梳妆镜上。喜花图案题材多是强调吉祥如意、喜气洋洋的寓意,色彩为大红,外形样式有圆形、方形、菱花形、桃形、石榴形等,配置以各种吉祥的纹样如龙凤、鸳鸯、喜鹊、花草、牡丹等,构图布局有"花中套花"的方法。

图9-2　喜花

3. 礼花

礼花(图9-3)是摆附在糕饼、寿面、鸡蛋等礼品上的剪纸,在广东潮州一带称作"糕饼花""果花",浙江平阳一带称作"圈盆花"。礼花题材多取吉祥喜气的图案,在山东为庆贺生子的"喜蛋"上贴剪纸,或将蛋染红露出白色花纹;在福建农村互相馈赠寿礼用乌龟图案以象征长寿,就有龟形糕饼,也有龟形剪纸。

图 9-3　礼花

4. 鞋花

鞋花是用作布鞋鞋面刺绣底样的剪纸。其形式一般有三,一是剪成小团花或小散花,绣于鞋头,称"鞋头花",二是适合着鞋面的形状剪成月牙形,称"鞋面花",三是由鞋头花的两端延伸而至鞋帮,称"鞋帮花",另外还有一种"鞋底花",旧时多用于"寿鞋",或绣于布袜底上。鞋花布局一般多疏朗,题材有花草、小鸟等,有的鞋花在局部剪开而不镂空,此称"暗刀",是绣花时套针换色的依据所在。

5. 门笺

门笺(图9-4)又称"挂笺""吊钱""红笺""喜笺""门彩""斋牒",一般用于门楣上或堂屋的二梁上。其样式多为锦旗形,天头大、两边宽,下作流苏,多以红纸刻成,也有其他颜色的或套色的。图案多作几何纹或嵌以人物、花卉、龙凤及吉祥文字的,如"普天同庆""国泰民安""连年有余""风调雨顺""金玉满堂""喜鹊登梅""福、禄、寿、喜、财""五业兴旺"等。张贴门笺时或一张一字,或一张一个内容,成套悬挂,一般以贴五张为多。贴门笺除有迎春除旧之意外,也有祈福驱邪之意。

图 9-4　门笺

6. 斗香花

斗香花（图9-5）是一种套色剪纸，多用于祭祖祀神等传统民俗活动时的装饰用，剪纸的题材多选用戏文、历史故事、民间传说、花卉、人物等吉祥图案，配色一般用金色和大红、桃红、绿、蓝、橘黄、淡黄、黑等蜡光纸组成，颜色丰富、效果十分强烈。剪纸时需用7层蜡光纸和一层皱纹金纸叠在一起，按照统一的样式刻花，完成刻之后，再根据剪纸艺人的灵感将每张刻花的不同部分拼凑起来，重新贴在一张白纸上，最后将白纸也刻成图案完全相同的样式，因此，一套斗香花可以做出8张花样相同、颜色各异的剪纸。

图9-5　斗香花

7. 剪纸旗幡

剪纸旗幡用于民俗活动中剪成旗幡形的剪纸，如民间重阳节时，以色纸剪成三角旗插在重阳糕上，非常好看。宋代浙江的旧俗中，如有病人，巫者执剪纸龙虎旗驱邪消灾。在丧礼中，送葬用的"花幡"也有用素纸剪成。剪纸花幡与佛教中引路菩萨所持幡状物相关；另在纪念逝者过周年时的斋事中也有剪纸而成的"招魂纸幡"，以及悬挂经堂梁上的"疏"（其形也类似于幡）。

（二）中国剪纸的地域分布

中国剪纸地域分布十分广泛，形成了各种流派和地方特色，主要有以下几处的剪纸较为有名。

1. 扬州剪纸

扬州是中国剪纸流行最早的地区之一，早在唐代，扬州已有剪纸迎春的风俗。立春之日，民间剪纸为花、春蝶、春钱等，或悬于佳人之首，或缀于花木之下，相观以取乐。据传，嘉庆、道光年间，著名艺人包钧的剪纸，花、鸟、鱼、蝶无不神形兼备，故有"神剪"之称。新中国成立后，扬州剪纸得到了国家和地方政府的重视。1955年，扬州成立了民间工艺社。1979年剪纸艺人张永寿被国家授予"中国工艺美术大师"称号，20世纪50年代的《百花齐放》、70年代的《百菊图》和80年代的《百蝶恋花图》三部剪纸集为其代表作。扬州剪纸题材广泛，有人物花卉、鸟兽虫鱼、奇山异景、名胜古迹等，尤以四时花卉见长。

2. 浙江剪纸

浙江省的窗花剪纸各地都有，以金华地区永康、浦江、磐安，温州地区的乐清、平阳等地较多，风格各有不同，用途亦各异。金华地区多为窗花和灯花，乐清的细纹刻纸主要用于装饰龙盘灯，平阳一带送礼时放在礼物上的"圈盆花"最有特色。各地均有用以衣裙、鞋帽的花样。浙江剪纸中的戏曲窗花也有独到之处,其擅取戏中典型的场面情节,充分体现人物的身段之美。

3. 山西剪纸

山西剪纸的体裁格式,根据各地民俗与实用需要因物、因事制宜,最常见的是窗花。窗花的大小根据窗格的形状来定,如冀北一带窗户格式有菱形、圆形、多角等样式;窗花也随窗而异,小的寸许,大者有四角、六角、八角呼应的"团花";忻州一带,欢庆春节,或操办婚事都要贴"全窗花",即剪出柿子、如意、牡丹、佛手、莲花、桂花、笙等,祝愿新媳妇善于女红,早生贵子,美满幸福。

山西剪纸的风格总体来说,具有北方地区粗犷、雄壮、简练、纯朴的特点。但是,因地域环境、生活习俗、审美观念的不同,各地剪纸又有差异,如晋南、晋中、晋东南、晋西北、吕梁山区的剪纸,多为单色剪纸,风格质朴、粗犷,而流行于雁北地区的染色剪纸,则婉约典雅、富丽堂皇,尤以"广灵剪纸"为代表。

4. 陕西剪纸

陕西剪纸有"活化石"之称,它较完整地传承了中华民族阴阳哲学思想与生殖繁衍崇拜的观念,如古老的造型纹样"鱼身人面""狮身人面",与周文化相似的"抓髻娃娃",与汉画像相似的"牛耕图"等。

陕西剪纸因地区不同而风格各异:陕北剪纸淳厚、粗壮,线条有力,剪纹简洁;定边、靖边剪纸较细致,线条多直线,流利奔放;宜川剪纸线条粗而曲线多;关中剪纸线条粗似针尖,风格别致;朝邑剪纸以戏文为多,造型动态近乎皮影;三原剪纸以花卉为主,结构简单,色彩对比强烈;富平剪纸剪纹流利,明暗适调,总的来看,陕西剪纸造型古拙、风格粗犷、寓意明朗、形式多样,包含着浓郁的泥土气息和鲜明的地域特色。

四、风筝

风筝是由古代劳动人民发明于中国东周春秋时期,至今已 2000 多年。

中国风筝问世后,很快被用于传递信息、飞跃险阻等军事需要。唐宋时期,由于造纸业的出现,风筝改由纸糊,很快传入民间,成为人们的休闲娱乐的玩具。从传统的中国风筝上到处可见吉祥寓意和吉祥图案的影子。在漫长的岁月里,我们的祖先不仅创造出优美的凝聚着中华民族智慧的文字和绘画,还创造了许多反映人们对美好生活向往和追求、寓意吉祥的图案。它通过图案形象,给人以喜庆、吉祥如意和祝福之意;它融合了群众的欣赏习惯,反映人们善良健康的思想感情,渗透着中国民族传统和民间习俗,因而在民间广泛流传,为人们喜闻乐见。有着 2000 多年历史的风筝,一直融入在中国传统文化之中,受其熏陶,在传统的中国风筝中,随处可见这种吉祥寓意之处:"福寿双全""龙凤呈祥""百蝶闹春""鲤鱼跳龙门""麻姑献寿""百鸟朝凤""连年有鱼""四季平安"等,这些风筝无一不表现着人们对美好生活的向往和憧憬。

传统中国风筝的技艺概括起来有四个字:扎、糊、绘、放,简称"四艺",即扎架子,糊纸面,绘花彩,放风筝。但实际上这四字的内涵要广泛得多,几乎包含了全部传统中国风筝的技艺内容,如"扎"包括:选、劈、弯、削、接;"糊"包括:选、裁、糊、边、校;"绘"包括:色、底、描、染、修;"放"包括:风、线、放、调、收,只有这"四艺"的综合运用才能达到风筝设计与创新的高水平。

我们国家非常重视非物质文化遗产的保护,2006年5月20日,风筝制作技艺经国务院批准列入第一批国家级非物质文化遗产名录。

第十章

中国文学艺术

第一节 文学艺术旅游资源的特点和功能

一、具有广泛的群众性和强烈的感染力

文学艺术是人类文化的重要组成部分,同其他旅游资源相比,文学艺术在内容上更接近生活,更充满作者的激情,更能引起人们的心灵的共鸣;在形式上更为直观,更易为广大旅游者所喜爱和接受。文学艺术形式上的多姿多彩,可满足不同类别游人的欣赏口味,尤其是不同艺术形式之间可相互转换:小说可改编为电影、戏剧,诗词可改编为音乐、绘画等,使文学艺术具有了长久不衰的艺术感染力,这是文学艺术区别于其他旅游资源的一大特点。

二、导致旅游资源的产生

(一)文学艺术直接构成旅游资源

文学艺术中如摩崖题刻、雕塑、影视作品等形式自身就是极具吸引力的旅游资源,如到海南三亚旅游,人们最留恋的是"天涯海角"刻石(图10-1),到泰山也绝不会错过观赏"纪泰山铭""经石峪"等题刻。而雕塑更是西方城市最引人注目的旅游资源,如罗马的城徽母狼哺婴图案,布鲁塞尔市的"第一市民"塑像,丹麦首都哥本哈根市的美人鱼铜像等,无不视为所在城市的标志。

图10-1 三亚天涯石刻

(二)借助文学艺术的魅力而产生旅游资源

晋代陶渊明的《桃花源记》描绘了一个美好的世外桃源,一直为人们所向往,因而湖南桃源县一个风光优美的旅游地便被逐渐按照陶公的描写建成了"桃花源"。无独有偶,西方人心目中也有一个世外桃源,这就是英国作家詹姆斯·希尔顿在《失去的地平线》中所描写的香格里拉:雪峰、幽谷、蓝天、绿野、喇嘛寺、尼姑庵、道观、清真寺、天主教堂,人与自然,多民族、多宗教和谐相处,秩序井然……然而,长期以来人们一直不知道香

图 10-2 云南香格里拉

格里拉究竟在哪里,直到 1997 年,经数十位专家学者的考证,香格里拉就在中国云南迪庆藏族自治州(图 10-2)。此消息一出,大批旅游者纷至沓来。

更有甚者,我们知道三国时赤壁大战实际发生于蒲圻赤壁。而北宋大文豪苏轼当年贬居黄州时,常在黄州的赤鼻矶游憩,此地断崖临江,地势险要,引起他诗兴大发,先后写下了前、后《赤壁赋》,成为千古佳作(图 10-3)。由于文学的渲染,以至黄州赤鼻竟声名在真正赤壁之上,人们不得不称蒲圻赤壁为"武赤壁",称黄州赤鼻为"文赤壁"或干脆称"东坡赤壁",以示区别。清人有诗为证:"不是当年两篇赋,为何赤壁在黄州?"可见苏轼作品影响之大。其他如《红楼梦》与大观园,《西游记》与花果山,《西厢记》与普救寺,《水浒传》与梁山泊等,皆为因果,类似的例子举不胜举,而《三国演义》因家喻户晓,妇孺皆知,借助《三国演义》还形成了一条专题旅游路线,涉及四川、湖北、江苏、浙江等省,景点达数十个之多。

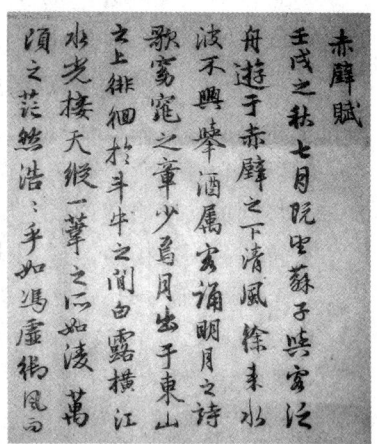

图 10-3 赵孟頫所书《赤壁赋》局部

此外,因某部文学名著或某种艺术可形成隆重的节日。这些文化艺术节同时也是重大旅游活动,如意大利因《木偶奇遇记》而形成的木偶节、维也纳的国际音乐节、潍坊的国际风筝节、美国的奥斯卡金像奖评奖活动、法国戛纳电影节、德国柏林电影节、意大利威尼斯电影节、俄罗斯莫斯科电影节等,节日期间都会形成旅游的高潮。

三、渗透各类旅游资源之中

文学艺术作为一种艺术形式,可以独立存在,但作为旅游资源多数时候是渗透于其他旅游资源之中,从而赋予这些旅游资源浓厚的文学色彩,使其更具艺术感染力。这种

渗透可分两种情况：

（一）有形的渗透

即文学艺术的内容以直观的形象出现于其他各类旅游资源之中，如楹联、匾额、书画、题刻等历来是中国古建筑中的点睛之笔。这些艺术形式或因内容精辟，富含哲理，或书法精湛，或言辞隽永，从而增添建筑的文化内涵，赋予其高度的艺术鉴赏价值。

如杭州西湖岳飞墓前楹联：

"青山有幸埋忠骨，白铁无辜铸佞臣。"

通过"青山有幸"与"白铁无辜"的对比，揭示出英雄永受人民的尊敬而奸佞小人永远受到人们唾骂的真理，有箴世规人之用。

又如武汉黄鹤楼之楹联：

"一楼萃三楚精神，云鹤俱空横笛在；

二水汇百川支流，古今无尽大江流。"

虽为景物联，但形胜壮观，意境深远，气势博大，故常用作导游的绝妙材料。

（二）无形的渗透

即文学艺术虽然不以具体的形象出现于旅游资源之中，然而由于它们早已深入人心的艺术魅力，使得这些旅游资源成为"千古胜景"。正是这类文学艺术作品激发起人们前往某地旅游的愿望，或在游览过程中增加游兴。这种渗透比有形渗透范围更广、影响更大，尤其是山水诗、游记等文学作品，皆因自然山水激发诗人的灵感而写出，而这些风流文采一经问世又使原有景点更加显胜扬名。正所谓：文因景成，景借文传。

如杭州西湖之扬名，与苏东坡的《饮湖上初晴后雨》是分不开的：

"水光潋滟晴方好，山色空蒙雨亦奇。

欲把西湖比西子，淡妆浓抹总相宜。"

寥寥数语，写尽了西湖千变万化的景象，并使其获得"西子湖"的美誉。

苏州寒山寺，寺并不大，景亦平常。但从唐朝至今，香火不绝，游人不断，唯一奥妙就是因唐朝诗人张继的一首《枫桥夜泊》让它出尽了风头（图10-4）：

"月落乌啼霜满天，江枫渔火对愁眠。

姑苏城外寒山寺，夜半钟声到客船。"

图10-4　苏州枫桥《枫桥夜泊》

鼎鼎有名的江南三大名楼都是因一文而扬名。岳阳楼自唐开元盛世建成之后，李白、杜甫、白居易等大诗人都曾在此临风赋诗，但真正使它扬名的则是北宋名臣范仲淹的《岳阳楼记》。范仲淹不仅写景出色，更因他忧国忧民的崇高思想，留下了"先天下之忧而忧，后天下之乐而乐"的千古名句，因而文垂千古，景亦流芳百世。

武汉黄鹤楼则是因唐朝诗人崔颢七律《黄鹤楼》而扬名：

"昔人已乘黄鹤去，此地空余黄鹤楼。

黄鹤一去不复返,白云千载空悠悠。
晴川历历汉阳树,芳草萋萋鹦鹉洲。
日暮乡关何处是,烟波江上使人愁。"

这首诗一经写出,就被认为是题黄鹤楼的千古绝唱。相传诗仙李白登黄鹤楼见此诗,也叹而搁笔:"眼前有景道不得,崔颢题诗在上头。"

南昌滕王阁更是因一篇鸿文而名垂青史,蜚声中外。滕王阁本是唐太宗之弟李元婴都督洪州时所修的一座帝子之阁,建成之初,默默无闻。但过了22年之后,因初唐四杰之一的王勃写了一篇才华横溢的《滕王阁序》(图10-5),局面立即改观,俨然成为一个文学聚会中心,文人墨客莫不以登临此阁为人生快事。在此后的1300多年岁月里,滕王阁屡毁屡建,共经历过28次重修,造型愈建愈美,声誉愈建愈高,究其原因,皆因《滕王阁序》本身的艺术魅力及王勃写《滕王阁序》时所留下的千古佳话。

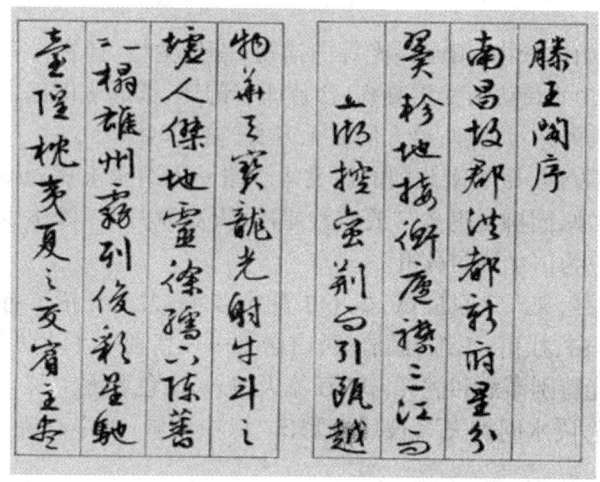

图10-5 文徵明所书《滕王阁序》局部

四、文学艺术具有旅游审美的作用

美学家叶朗认为:"旅游从本质上说,就是一种审美活动,旅游涉及审美的一切领域,又涉及审美的一切形态,旅游活动就是审美活动。"

旅游过程实质上就是一个追求美、发现美、欣赏美的审美过程,历代文人雅士以较高的文化素质和较高的审美水平,使得他们的旅游活动伴随着强烈的审美渴求,他们以艺术家特有的敏锐的眼光,捕捉大自然之美,尤其是能捕捉出一般人常熟视无睹的美,以艺术的手法道出一般人常言而不达之意,并通过文学艺术作品营造出或清丽淡雅,或雄浑博大,或幽深邈远的审美意境。旅游者在旅游过程中,借助于这些文学艺术作品,可唤醒游人的审美意识,启发想象,催化情感,帮助游人获得美的享受,从而达到审美的目的。

第二节　文学艺术旅游资源的类别

如前所述,文学艺术的内容相当广泛。在此,我们分类介绍如下:

一、旅游文学

所谓旅游文学是以旅游生活为反映对象,抒发旅游者在整个旅游过程中的感受、情绪和审美情趣的文学作品,具有旅游性、文学性、地理性、知识性、审美性及抒情性的特点。其体裁形式多样,包括有山水诗、游记散文、楹联匾额、碑文石刻、神话传说等。

(一) 山水诗

山水诗通过对山水景物、田园风光等的描写,借景生情,抒发作者对祖国大好河山、名胜古迹的赞颂。山水诗语言简洁凝练,含蓄而有韵律,读起来朗朗上口,韵味无穷。独特的艺术风格,优美的艺术情趣,给人们以无穷的美的享受。

我国山水诗的发展,始于南北朝的谢灵运。谢一生遍游永嘉、新安、会稽、匡庐等名胜,写有"池塘生春草,园柳变鸣禽""野旷沙岸净,天高秋月明"等不少名辞佳句,开我国山水诗之先河,被称为山水诗的鼻祖。

隋朝首开科举制,文人入京应试,少不了翻山涉水,大大开拓了游览的途径,游览之作如群星灿烂。李白、杜甫、王维、孟浩然、白居易……皆留下了大量诗词歌赋。尤其是王维的诗,描绘风光特别潇洒和优美,如"江流天地外,山色有无中""明月松间照,清泉石上流""欲投人处宿,隔水问樵夫",被后人赞曰"诗中有画,画中有诗",把我国山水诗推到一个新高峰。

宋代山水诗不仅描山画水,且蕴含哲理,使游人在欣赏景色之余,又得到理性的启迪,如苏轼的《题西林壁》中"不识庐山真面目,只缘身在此山中",道出了"当局者迷旁观者清"的道理;再如王安石的《登飞来峰》中的"不畏浮云遮望眼,只缘身在最高层"早已成为激励人们奋发向上的至理名言;又如陆游的《游山西村》"山重水复疑无路,柳暗花明又一村",千古传诵,皆因它不仅生动地描写了深山野谷的山村风光,更因它富含深刻的哲理。

名作欣赏

望　岳

唐·杜甫

岱宗夫如何?齐鲁青未了。
造化钟神秀,阴阳割昏晓。
荡胸生层云,决眦入归鸟。
会当凌绝顶,一览众山小。

赏析:这首诗字里行间洋溢着青年杜甫的朝气和热情。问句开篇,对泰山惊叹仰慕之情跃然纸上,接着三句描写望中泰山的巍峨高大、神奇秀丽,再两句写细望和久望中见到山中的层云飘荡,鸟儿还巢。最后以向往登岳作结。尾联富有启发性和象征意义,表达了作者勇登绝顶、俯视一切的心胸气魄,成为鼓舞人们攀登自然高峰和生命高峰的千古名句,被后人誉为"千古绝唱"。

枫桥夜泊
唐·张继
月落乌啼霜满天,江枫渔火对愁眠。
姑苏城外寒山寺,夜半钟声到客船。

赏析:这首诗的艺术魅力就在诗歌用残月、啼乌、霜天、江枫、渔火来烘托羁旅愁思,更以夜半钟声揭示夜的静谧和深永,含不尽之意在言外,余味无穷。

(二)游记散文

游记是一种以旅途的山水景物、名胜古迹为描写对象的文学体裁,晋慧远的《庐山诸道人游石门诗序》可说是我国古代游记中最早的作品。之后,陶渊明的《桃花源记》、郦道元的《水经注》、柳宗元的《永州八记》、欧阳修的《醉翁亭记》、袁宏道的《虎丘记》、袁枚的《游黄山记》等源源不断,都是游记文学的上乘之作,不仅描绘山川景物,揭示自然之美,更富情于景,寓理于景,给游人以莫大的人生启迪,如王安石《游褒禅山记》中:"夫夷以近,则游者众;险以远,则至者少;而世之奇伟瑰怪,非常之观,常在于险远而人之所罕至焉。故非有志者,不能至矣。有至矣,不随以止也。然力不足者,亦不能至也。有志复有力而又不随以怠,于幽暗昏惑,而无物以相之,亦不能至也。"这岂止是对旅游而发,人生的道路不也正是如此吗?

(三)楹联匾额

和旅游有关的最早的一副楹联可能是五代吴越时契盈和尚撰写的《题碧波亭联》:"三千里外一条水,十二时中两度潮。"当时主要是说水运之利,却可算是开我国旅游楹联之先河。

我国寺庙园林和名胜古迹多有楹联匾额,吸引着大量的旅游爱好者。这些楹联匾额往往寥寥几句,就把当地所独有的景、人、物、事等表现出来,如四川眉山三苏祠联:"一门父子三词客,千古文章四大家"(图10-6),联盛赞苏家一门文豪。四大家:一指韩愈、柳宗元、欧阳修、苏轼;一指汉代司马相如和杨雄、唐代陈子昂、宋代苏轼,同时也表述了他们这些人在我国文学史上的地位及其产生的深远影响。

又如北京潭柘寺弥勒佛殿对联:"大肚能容,容天下难容之事。开口便笑,笑世上可笑之人。"此联利用弥勒佛大肚笑口形象,奉劝世人肚量要大,调侃世人愚蠢可笑,诙谐幽默,寓意深刻,一笑之余,使人悟出无穷的人生哲理。

图10-6 四川眉山三苏祠正门联

再如苏州网师园的对联:"风风雨雨,暖暖寒寒,处处寻寻觅觅。莺莺燕燕,花花叶叶,卿卿暮暮朝朝。"上联写气候,一年四季风雨冷暖变化,反映出作者的感受,结尾引用宋代李清照《声声慢》首句;下联描绘春光,莺燕贪恋花草,结尾引用宋代秦观《鹊桥仙》的末句,抒发旷世情怀。全联先抑后扬,从沉闷阴霾中看到明媚春光,运用叠字,音韵和谐,构成一幅冷暖相间、明暗协调、动静结合、物我合一的图景。

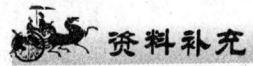 资料补充

"天下第一长联"

云南大观楼长联是乾隆年间名士孙髯翁登大观楼有感而作:

"五百里滇池奔来眼底,披襟岸帻,喜茫茫空阔无边。看:东骧神骏,西翥灵仪,北走蜿蜒,南翔缟素。高人韵士何妨选胜登临。趁蟹屿螺洲,梳裹就风鬟雾鬓;更苹天苇地,点缀些翠羽丹霞,莫辜负:四围香稻,万顷晴沙,九夏芙蓉,三春杨柳。

数千年往事注到心头,把酒凌虚,叹滚滚英雄谁在?想:汉习楼船,唐标铁柱,宋挥玉斧,元跨革囊。伟烈丰功费尽移山心力。尽珠帘画栋,卷不及暮雨朝云;便断碣残碑,都付与苍烟落照。只赢得:几杵疏钟,半江渔火,两行秋雁,一枕清霜。"

长联观物写情,内涵深刻,令人叫绝,上联写景,但写景中有抒情,滇池风光充满诗情画意;下联记事,记事中生议,历数云南历史变迁,揭示了历史必然前进的客观规律。且对仗工整,意境高超,字句洗练,气势不凡,被誉为"海内第一长联""古今第一长联""天下第一长联"等,一直流传不衰。

(四)碑文石刻

遍布全国各地的碑文石刻,也是一种文学艺术旅游资源,我国碑文起源于周文王时期,现存最古老的碑文当属现存于北京国子监的《石鼓文》。此外碑碣数量最多的有泰山刻石、西安碑林、孔庙碑林、桂林桂海碑林等,这些碑碣石刻其文多源出于名人名篇,或蕴含典故,耐人寻味,或富含哲理,能箴世规人,或语言凝练,能点题传神,其书法多出自名家手笔,书艺精湛,令人倾倒。

(五)神话传说

流传于祖国各地,特别是风景名胜区的优美的神话传说和民间故事,犹如一条彩练,把自然风景美和人文特色美巧妙而协调地结合起来,更增添风景名胜区的魅力,如我国著名的四大传说——石宝寨"女娲补天"的传说、嵩山"启母石"及大禹治水传说、山海关孟姜女哭长城的传说、杭州西湖"白蛇传"的传说,使传说地更添奇妙色彩。此外如陕西华山的"劈山救母"、长江三峡的"巫山神女"、路南石林的"阿诗玛"、洞庭君山的"柳毅传书"、陕西白水的"仓颉造字"、陕西骊山的"烽火戏诸侯"等传说,无不具有雄厚的群众基础,浓郁的民族特色,对游人极富吸引力,也使传说地更具旅游价值。

二、中国书法艺术

(一)书法的起源

近代经过考证,关于中国文字起源,一般认为在距今约 5 000～6 000 年左右。中国黄河中游的"仰韶文化时期",已经创造了文字。仰韶文化因 1921 年首先在河南绳汕仰韶村发现而得名的。

从夏商周,经过春秋战国,到秦汉王朝,二千多年的历史发展带动了书法艺术的发展。这个时期内各种书法体相继出现,有甲骨文、金文、石刻文、简帛朱墨手迹等,其中篆书、隶书、草书、楷书、行书等字体在数百种杂体的筛选淘汰中定型,书法艺术开始了有序发展。

世界上各民族的文字,概括起来有三大类型,即表形文字;表意文字;表音文字。汉字则是典型的在表形文字基础上发展起来的表意文字。象形的造字方法即是把实物画出来,不过画图更趋于简单化、抽象化,成为突出实物特点的一种符号,代表一定的意义,有一定的读音。中国的汉字,从图画、符号到创造、定型,由古文大篆到小篆,由篆而隶、楷、行、草,各种形体逐渐形成。

(二)书法的发展历史

1. 商至西汉——浑然入序的书法

从夏商周,经过春秋战国,到秦汉王朝,二千多年的历史发展也带动了书法艺术的发展。这个时期内各种书法体相继出现,有甲骨文、金文、石刻文、简帛朱墨手迹等,其中篆书、隶书、草书、楷书等字体在数百种杂体的筛选淘汰中定型,书法艺术开始了有序发展。

其中,秦代是一个书法的先河开创时代,具有重要的地位,为中国书法奠定了基础。春秋战国时期,各国文字差异很大,是发展经济文化的一大障碍。秦始皇统一国家后,臣相李斯主持统一全国文字,这在中国文化史上是一伟大功绩。秦统一后的文字称为秦篆,又叫小篆,是在金文和石鼓文的基础上删繁就简而来的。

由于秦之小篆,篆法苛刻,书写不便,于是隶书出现了。"隶书,篆之捷也",其目的就是为了书写方便。到了西汉,隶书完成了由篆书到隶书的蜕变,结体由纵势变成横势,线条更加明显。隶书的出现是汉字书写的一大进步,是书法史上的一次革命,不但使汉字趋于方正楷模,而且在笔法上也突破了单一的中锋运笔,为以后各种书体流派奠定了基础。

秦代书法,在我国书法史上留下了辉煌灿烂的一页,气魄宏大,堪称开创先河。代表书法家:李斯。李斯不仅是秦代著名政治家,而且是中国书法史上有记载的第一个创新者。李斯主持用小篆统一了中国文字,对汉字书法的发展起到了先驱作用。传为由李斯书写的刻石有《泰山封山刻石》《琅琊刻石》和《峄山刻石》《会稽刻石》等。

3. 求度追韵——东汉至南北朝

(1)两汉书法

两汉书法分为两大表现形式,一为主流系统的汉石刻;一为次流系统的瓦当玺印文和简帛盟书墨迹。"后汉以来,碑碣云起"是汉隶成熟的标记。

书法艺术的繁荣期,是从东汉开始的。东汉时期出现了专门的书法理论著作,最早的书法理论提出者是东西汉之交的扬雄。第一部书法理论专著是东汉时期崔瑗的《草书势》。

最能代表汉代书法特色的,莫过于碑刻和简牍上的书法。东汉碑刻林立,这一时期的碑刻,以汉隶刻之,字形方正,法度谨严,波磔分明。此时隶书已登峰造极。

汉代创兴草书,草书的诞生,在书法艺术的发展史上有着重大意义。它标志着书法开始成为一种能够高度自由的抒发情感,表现书法家个性的艺术。草书的最初阶段是草隶,到了东汉时期,草隶进一步发展,形成了章草,后由张芝创立了今草,即草书。

代表人物:汉代书法家可分为两类:一类是汉隶书家,以蔡邕为代表。一类是草书家,以杜度、崔瑗、张芝为代表,张芝被后人称之为"草圣"。

(2)魏晋南北朝书法艺术

三国时期,隶书开始由汉代的高峰地位降落衍变出楷书,楷书成为书法艺术的又一主体。楷书又名正书、真书,由钟繇所创。正是在三国时期,楷书进入刻石的历史。三国(魏)时期的《荐季直表》、《宣示表》等成了雄视百代的珍品。

代表人物:王羲之、王献之。晋时,书法大家辈出,简牍为多。二王妍放疏妙的艺术品位迎合了士大夫们的要求,人们愈发认识到,书写文字,还有一种审美价值。最能代表魏晋精神、在书法史上最具影响力的书法家当属王羲之,人称"书圣"。王羲之的行书《兰亭序》被誉为"天下第一行书",其代表作《兰亭集序》等,中锋起转提按,以豪为之,线条如行云流水,字体结构极尽变化,风流潇洒之至,论者称其笔势以为飘若浮云,矫若惊龙。其子王献之的《洛神赋》字法端劲,所创"破体"与"一笔书"为书法史一大贡献。此外,有陆机、卫瓘、索靖、王导、谢安、鉴亮等书法世家,南派书法相当繁荣。南朝宋之羊欣、齐之王僧虔、梁之萧子云、陈之智永皆步其后尘。

南北朝时期,中国书法艺术进入北碑南帖时代。北朝碑刻书法,以北魏、东魏最精,风格亦多姿多彩。代表作有《张猛龙碑》《敬使君碑》。

4. 求规隆法—隋唐五代

(1)隋朝书法

隋结束南北朝的混乱局面,统一中国,和之后的唐都是较为安定的时期,南帖北碑之发展至隋而混合同流,正式完成楷书之形式,居书史承先启后之地位。隋楷上承两晋南北朝沿革。下开唐代规范的新局,隋有碑版遗世,多为真书。

(2)唐代书法

唐代文化达到了中国封建文化的最高峰,可谓"书至初唐而极盛"。唐代墨迹流传至今者也比前代为多,大量碑版留下了宝贵的书法作品。唐代书法对前代既有继承又有革新。楷书、行书、草书发展到唐代都跨入了一个新的境地,时代特点十分突出,对后代的影响远远超过了以前任何一个时代。唐代书法艺术,可分初唐、中唐、晚唐三个时期。初唐以继承为主,尊重法度,刻意追求晋代书法的劲美。中唐不断创新,极为昌盛。晚唐书艺亦有进展。

唐代书法兴盛的另一个原因,就是"书学"的创立。"书学"是唐代最高学府国子学、太学、律学、四门学、书学、算学中的一种,专门以此培养高级书法人才,是唐代的创举。实际上,中国历史上真正意义上的专门书法教育就是从唐代开始的。

代表人物:如初唐的欧阳询、虞世南、褚遂良等;中唐的颜真卿、柳公权等,都是书法大家。颜真卿楷书天下第一,最擅正字,尤其喜欢做大字。其代表作《颜勤礼碑》等,笔势开张,宽舒圆满,深厚刚劲,方正庄严,雍容大度。张旭是草书之圣,代表作《古诗四帖》等,人称"伏如虎卧,起如龙跳,顿如山崎,控如泉流"。晚唐有王文秉的篆书,李鹗的楷书和杨凝式的"二王颜柳"余韵。

5. 尚意宣情——宋至明中

(1)宋朝的书法

宋朝书法尚意,意之内涵,包含有四点:一重哲理性,二重书卷气,三重风格化,四重意境表现,同时介导书法创作中个性化和独创性。这些在书法上有所体现,如果说隋唐五代的尚法,是求"工"的体现,那么到了宋代,书法开始以一种尚意抒情的新面目出现在世人面前。这就是要求书法家除了具有"天然""工夫"两个层次外,还需具有"学识"即"书卷气"。

代表人物:宋四家是书法的四大家:苏轼、黄庭坚、米芾、蔡襄,简称苏黄米蔡,书法各臻其妙,是宋代尚意书法的代表,对后世书法的影响极为深远。

(2)元代书法艺术

元初书法总的情况是崇尚复古,宗法晋、唐而少创新。虽然在政治上元朝是异族统治,然而在文化上却被汉文化所同化,与宋不拘常法的意境追求不同,元朝之意表现为刻意求工的开式美的追求。

代表人物:元朝书坛的核心人物是赵孟頫,他所创立的楷书"赵体"与唐楷之欧体、颜体、柳体并称四体,成为后代观摹的主要书体。

(3)明朝书法艺术

仿古风气极盛,朝尚态方向发展。与当时思想观念的开拓解放有关,书法开始迈入倡导个性化的新境域。晚明书坛兴起一股批判思潮,书法上追求大尺幅,震荡的视觉效果,侧锋取势,横涂竖抹,满纸烟云,使书法原先的秩序开始瓦解。

代表人物:明初书法家有擅行草书的刘基、工小楷的宋濂、精篆隶的宋遂和名满天下的章草名家朱克。明中期吴中四家崛起,书法开始朝尚态方向发展。祝允明、文征明、唐寅、王宠四子依赵孟頫而上通晋唐,取法弥高;笔调亦绝代。晚明有张瑞图、黄道周、王铎、倪元瑞等。晚明最著名,影响力最大的要推董其昌。他的存世作品之多,为明代书家之冠。

6. 抒情扬理——明中至清

明末与清,美学主潮以抒情扬理为旗帜,追求个性与发扬理性互相结合,正统的古典美学与求异的新型美学并盛。清代书法的总体倾向是尚质,同时分为帖学与碑学两大发展时期。

明末书坛的放浪笔墨。愤世嫉俗的风气在清初进一步延伸,如朱傅山等人的作品仍表现出自我内在的生命和一种不可遏止的情绪表现。这一点在中期"扬州八怪"的身上又一次复现。与此同时,晚明的帖学统也同时进一步光大发扬。但由于帖学长时期传承，未有很好地加以清理、认识、调整，积弊也日益加深，这就使帖学的颓势不可避免地出现了。清朝书坛，碑学作为一种与帖学相抗衡的书学系统而存在。

代表人物：当时著名的书家如金农、邓石如、何绍基、赵之谦、吴昌硕、张裕钊、康有为等纷纷用碑意写字作画，达到了尽性尽理、璀璨夺目的境地。可谓是中国书法文化的一大景观。

7. 现代时尚——今天的书法

在书坛走向多元化的今天，书法艺术升华到观念变革的高层次，这无疑是迈了一大步。书法现代性并不是简单地取决于书法艺术的形式、结构、线条等外在面貌，而是取决于内在精神的现代化。书法现代性的精神是指当代书法艺术所体现、传导的现代社会的价值趋向。

（三）书法字体简介

书法字体，就是书法风格的分类。传统讲共分行书字体、草书字体、隶书字体、篆书字体和楷书字体五种，也就是五大类。

（四）书法风格欣赏

每个时代的书法都有自己鲜明的特色，而书法作为艺术又反映书法家的个人风格，所谓"字如其人"。晋人尚韵，唐人尚法，宋人尚意，明人尚态，已成为古今谈论历代书法艺术特色的定论。晋人尚韵，以王羲之的行书为代表，从书法的风貌可以使人领会晋人的诗歌、散文、绘画、园林的风貌。唐人尚法，以颜真卿、柳公权的楷书为代表，从中又可联想到杜甫的诗、韩愈的文、吴道子的画。宋人尚意，以苏轼、黄庭坚、米芾、蔡襄为代表，从其字可以贯通于宋诗的平淡、宋画的远逸、宋词的清空。元明清尚态，无论是浪漫派徐渭，还是帖学派董其昌都有明显表现，又与戏曲小说中的市民性、世俗风相暗通。

三、中国绘画艺术

（一）中国古代绘画分类

中国古代的绘画大体上可以分为宫廷绘画、文人绘画、宗教绘画、市民绘画和民间绘画五类。宫廷绘画的主要追求是精巧，其最佳载体是彩墨画，如阎立本的历代帝王图；文人绘画的要旨是抒情达意，其最高顶峰是水墨画，有六朝玄学的心境；宗教绘画的目的是解释宗教内容，多为彩色壁画，一般画在寺庙与石窟之壁；市民绘画与表现市民性的小说内容相连，在版面上达到妙境；民间绘画负载下层民众的愿望，年画为其重要的表现形式，再如财神、门神、送子神、福寿图等。

（二）中国绘画的美学原则

1. 散点透视的"游目"

只有游目才能使绘画按照中国文化认为最正确的方式"以一管之笔，拟太虚之体"

(王微《叙画》),使画家避免了在一个固定观察点的局限,从而可以用文化宇宙的法则和能够体会这文化宇宙法则的心灵去组织对象,表现自己想表现的任何东西。张择端的《清明上河图》、夏圭的《长江万里图》皆因散点透视而产生。

2. 以大观小

中国绘画的最佳视点是画家站在一个宏伟的高度俯察自己所表现的对象。散点透视是从结构的具体性上讲"游目",以大观小则是从画面的统一性上讲"游目",进一步体现在构图上。

3. 遗貌取神

画是一个小宇宙,所谓的天眼,就是要注意画的整体和谐,任何细部都必须符合整体性。

4. 游目式的笔、色、墨

中国画是用线去表现一个空间,这个空间是有深度的,但又不是几何式的三维模式。因而中国的彩画是平面色彩。

(三)中国画

中国画简称"国画",原来是泛指中国绘画,是为了区别于明末传入中国的西画而出现的概念。国画在古代无确定名称,一般称之为丹青,主要指画在绢、宣纸、帛上并加以装裱的卷轴画。1949年前称中国画为"国画"、称中医为"国医"、称中国武术为"国术"、称京剧为"国剧"、称广东音乐为"国乐",这些冠以"国"字的名称,1949年之后都已改掉,唯有中国画仍保留"国画"的名称(20世纪50年代曾一度改称"彩墨画")。

1. 中国画立意欣赏

立意即一幅作品主题思想的确立。中国古代画论中,都强调作画要"立意为先",画中才有变化、有奇意。所谓"意"是指意识、精神。"立意"并非出自画家的苦思冥想、主观臆造,而是来源于生活,来源于客观现实。作为优秀的画家,除了必须有深厚的功底和文化素养,还必须深入生活。

以山水画为例,若想在尺幅之中画出泰山黄河之势,片纸之上能含有秋水长天之遐想,只有以大自然为师。历史上所有伟大的山水画家的独特创造,无不从"师造化"中得来。董源、巨然画江南山水,荆浩、关仝画中原、太行一带的高山峻岭,范宽、郭熙画终南、太华一带的高原景色,米家父子画雨景山水,李成画平远寒林,等等,都是在获得充分素材的情况下,再加以分析研究,才能画出好的作品。五代荆浩提出"搜妙创真",宋代范宽主张"写松万本始得其真",明代王履画华山图并作《华山图序》说:"余师心、心师目、目师华山。"董其昌的"读万卷书,行万里路"。清代石涛的"搜尽奇峰打草稿"。盛大士说:"诗画都有江山之助,若局促里门,踪迹不出百里外,天下名山大川之奇胜,未经寓目,胸襟何由而开拓。"现代绘画大师齐白石说:"造化天工熟写真,死拘皴法失形神。"上述历代名家,无不主张画家必须"外师造化,中得心源",强调旅行写生,收集画材,开阔视野的重要性。

2. 中国画造型欣赏

美术作品的造型,通常是以点、线、面、形、色彩、形体、肌理等元素构成视觉形象,而中国画的造型是以线描为主要手段，尤其是工笔画都是以线描为先。线描大多用于人物画、双勾花鸟画和勾勒山水画中的山石、树木、房屋、车船等。后来又逐渐发展了皴、擦、点、染等多种造型手段，但仍以线描为中国画造型的基础。

线描在中国画中，不仅利用它来塑造形象，表现形体结构，还可以通过不同的线条给观赏者不同的感受。例如水平直线能给人以平静、沉稳、安宁、舒展的感觉；垂直线给人以挺拔、刚毅、尊严和具有向下垂或向上升腾的力感；斜线给人以奇突、惊险、倾倒的感觉；几何曲线给人以呆板、紧张、扭曲和痛苦的感觉；自由曲线给人以自由、活泼、温柔、愉悦和飘逸的运动感。这些感觉都是由人对现实生活中的视觉经验与联想而产生的，是画家巧妙地运用笔墨变化，创造出苍劲、秀美、刚硬、柔软、洒脱、光滑、粗糙、轻飘、沉重、甜润、苦涩等各种线条，从而表达作者的思想感情。以线传达形神是以画家的思想感情为基础的。不同的时代、环境、身世，不同的艺术修养，即使表现同一事物时，在不同作者笔下的形象、情趣、效果也不尽相同。中国绘画线描如何传情达意，这要通过作者运用笔法的疏密、抑扬、节奏以及墨色的浓淡、干湿等变化，从而达到"物我为一"的境地，给观者以无穷的想象和美的享受。

我国绘画中的笔墨线条是为特定的立意而创造的，它不仅能表现动感和静感、力度和韵律感、节奏感，还能达意传神，因此线的本身具有无穷的活力和审美效能，而且是从生活中来，既反映客观生活，也表达作者主观的情感。生活给予笔墨以创造的依据，画家运用线的功能使笔墨生辉添彩。

3. 中国画的种类

如果以题材内容来分，有人物、山水、花鸟三大类：人物画是以人物为主体的绘画的通称，我国的人物画，历史悠久，是中国画中的一大画科，出现较山水画、花鸟画早，并且人物画力求人物个性刻画的逼真传神、气韵生动、形神兼备；山水画是描写山川自然景色为主题的绘画，俗称风光画、风景画等，自唐代以来，每一时期都有著名画家，专尚从事山水画的创作；凡以花卉、花鸟、鱼虫等为描绘对象的画，称之为花鸟画。

若以表现方法来区别，可分为写意、工笔、兼工带写，写意又可分为大写意和小写意。工笔，属于工整细致一类密体的画法，用细致的笔法制作，工笔画着重线条美，一丝不苟，是工笔画的特色；写意则用笔不求工细，注重神态的表现和抒发作者的情趣，属于简略一类的画法，要求通过简练概括的笔墨，着重描绘物象的意态神韵；兼工带写则集"工笔"的风格精丽和"写意"的简括的优势于一身，具有很好的艺术效果。

按照绘画的社会功能和使用形式的不同，中国画可以分别列入壁画、年画、宣传画、连环画、组画、单幅画和插图之中。

如果以作者身份来区分，宫廷职业画家的作品称为院体画，士大夫、文人的作品称为文人画（或士大夫画），画工画的作者是以绘画为专业的民间艺人（又称丹青师傅）。

此外还有用手指画的指头画，至今已有300多年的历史，一般不用或极少使用毛笔，创始人是清初康熙年间的高其佩，最有影响的是潘天寿大师。还有用油漆绘成带有工艺与装饰性的漆画，以及界画、铁画、扇面画等多种。中国画还有卷轴、册、屏等多种装裱形式。

4. 中国画与西洋画的区别

东西方文化的不同使得艺术的表现形式也不同。在绘画上，中国画重神韵，西洋画

重形似。我国现代画家丰子恺认为,两者比较起来,有下列的五个异点:

(1)中国画盛用线条,西洋画线条都不显著

线条大都不是物象所原有的,是画家用以代表两物象的境界的。例如中国画中,描一条蛋形线表示人的脸孔,其实人脸孔的周围并无此线,此线是脸与背景的界线。西洋画就不然,只有各物的界,界上并不描线。所以西洋画很像实物,而中国画不像实物,一望而知其为画。19世纪末,西洋人看见中国画中线条的飞舞,非常赞慕,便模仿起来,即成为"后期印象派"。但后期印象派以前的西洋画,都是线条不显著的。

(2)中国画不注重透视法,西洋画极注重透视法

透视法,就是在平面上表现立体物。西洋画力求肖似真物,故非常讲究透视法。西洋画中的市街、房屋、家具、器物等,形体都很正确,竟同真物一样。中国画就不然,不欢喜画市街、房屋、家具、器物等立体相很显著的东西,而欢喜写云、山、树、瀑布等远望如天然平面物的东西。

(3)中国人物画不讲解剖学,西洋人物画很重解剖学

解剖学,就是人体骨骼筋肉的表现形状的研究。西洋人作人物画,必先研究解剖学。西洋画注重写实,必须描得同真的人体一样。但中国人物画家从来不需要这种学问。中国人画人物,目的只在表出人物的姿态的特点,却不讲人物各部的尺寸与比例。故中国画中的男子,相貌奇古,身首不称。女子则蛾眉樱唇,削肩细腰。倘把这些人物的衣服脱掉,其形可怕。但这非但无妨,却是中国画的好处。中国画欲求印象的强烈,故扩张人物的特点,使男子增雄伟,女子增纤丽,而充分表现其性格。故不用写实法而用象征法。不求形似,而求神似。

(4)中国画不重背景,西洋画很重背景

中国画不重背景,故中国画的画纸,留出空白余地甚多。很长的一条纸,下方描一株菜或一块石头,就成为一张立幅。西洋画就不然,凡物必有背景,故画面全部填涂,不留空白。中国画与西洋画这点差别,也是由于写实与传神的不同而生。西洋画重写实,故必描背景。中国画重传神,故必删除琐碎而特写其主题,以求印象的强明。

(5)中国画题材以自然为主,西洋画题材以人物为主

中国画在汉代以前,也以人物为主要题材。但到了唐代,山水画即独立。一直到今日,山水常为中国画的正格。西洋自希腊时代起,一直以人物为主要题材。中世纪的宗教画,大都以群众为题材,例如《最后的审判》《死之胜利》等,一幅画中人物不计其数,直到19世纪,方始有独立的风景画。风景画独立之后,人物画也并不让位,裸体画在今日仍为西洋画的主要题材。

上述五条,是中国画与西洋画的异点。由此可知中国画趣味高远,西洋画趣味平易。故从艺术研究上,西洋画不及中国画的精深;从为民众欣赏上,中国画不及西洋画的普通。

(四)著名画家

唐代著名画家有阎立本、吴道子等。阎立本擅画人物、车马、楼阁,尤精肖像,擅于刻画性格。代表作《历代帝王图》(现存美国波士顿博物馆)是古典绘画中的重要作品之

一。代表作《步辇图》设色典雅绚丽,线条流畅圆劲,构图错落富有变化,为唐代绘画的代表性作品,具有珍贵的历史和艺术价值。吴道子早年作画行笔流丽纤细,继承六朝风范;中年后笔迹磊落逸势,高度成熟。他兼善人物、佛道、神鬼、山水、鸟兽、草木、台殿等各类题材,尤以人物、佛道见长,代表作有《天王送子图》。

展子虔是现在唯一有画迹可考的隋代著名的画家,在中国绘画史上占据着重要位置。他善画佛道、人物、车马、楼阁、山水、殿阁、翎毛、历史故事等,尤以画山水闻名。他的山水画被称为"远近山川,咫尺千里"。传为他所画的《游春图》是现存古代山水画的重要作品。此图现藏故宫博物院,纵43 cm,横80.5 cm,绢本,青绿设色,卷前有宋徽宗赵佶手书"展子虔游春图"的题签。是迄今为止所保存的最早的卷轴山水画。

北宋著名画家张择端绘有我国绘画史上的稀世奇珍,画之瑰宝《清明上河图》,该画是中国十大传世名画之一。关于目前真迹现存,一种说法是只有现存北京故宫博物院的这一幅才是真迹,另一种说法是台北故宫博物院另藏一本,被视为真迹。

元代最卓越的画家之一赵孟頫,也是元代最显赫的画家之一,在中国书画史上具有广泛影响。"石如飞白木如籀,写竹还于八法通。若也有人能会此,方知书画本来同。"赵孟頫的这首题画诗已成为我国书画界的座右铭。元代的著名画家王冕以画梅著称,尤攻墨梅。他画的梅简练洒脱,别具一格。代表作是《墨梅图》。

东晋的画家顾恺之当时人称为"才绝、画绝、痴绝",在当时享有极高的声誉。顾恺之的作品真迹,今已无传,只有若干摹本,最精美的是《女史箴图》(隋代摹本,现藏英国伦敦不列颠博物馆)和《洛神赋图》(宋代摹本,故宫博物院藏),说明了顾恺之时代的画风和艺术水平。

范宽是五代、北宋间北方山水画主要流派代表,宋元两代,大师级的画家都以范宽的绘画为典范。代表作《溪山行旅图》是古代山水画中的典范之作。画面上矗立正中的雄峻大山,顶天立地给人以鲜明的印象。一泻千尺的瀑布,山路边淙淙溪水和山路上的驴队行旅,生动真实地画出北方山川的壮美。

明末清初的代表画家为八大山人,通常称为朱耷,但这个名字用的时间很短,晚年取八大山人号并一直用到去世。其于画作上署名时,常把"八大"和"山人"竖着连写。前二字又似"哭"字、又似"笑"字,而后二字则类似"之"字,哭之笑之即哭笑不得之意。朱耷绘画特点是通过象征寓意的手法,并对所画的花鸟、鱼虫进行夸张,以其奇特的形象和简练的造型,使画中形象突出,主题鲜明,甚至将鸟、鱼的眼睛画成"白眼向人",以此来表现自己孤傲不群、愤世嫉俗的性格,从而创造了一种前所未有的花鸟造型。代表作《荷花图》。

近代有齐白石《虾》、张大千《来人吴中三隐》、徐悲鸿《八骏图》、刘海粟《夕阳》等。

四、中国戏曲

(一)中国戏曲

戏曲是中国传统的戏剧形式,是包含文学、音乐、舞蹈、美术、武术、杂技以及表演艺术各种因素综合而成的。中国古代戏剧因以"戏"和"曲"为主要因素,所以称作"戏曲"。

据不完全统计,我国各民族地区的戏曲剧种,约有360多种,传统剧目数以万计。中华人民共和国成立后又出现许多改编的传统剧目,新编历史剧和表现现代生活题材的现代戏,都受到人们的欢迎。比较流行的剧种有:京剧、昆曲、越剧、豫剧、湘剧、粤剧、秦腔、川剧、评剧、晋剧、汉剧、潮剧、闽剧、祁剧、河北梆子、黄梅戏、湖南花鼓戏等50多个剧种,其中尤以京剧流行最广。

(二)中国戏曲的地位

中国戏曲是中国传统文化的重要组成部分,是中国地域文化的重要代表。三大世界古老戏剧中国戏曲、希腊悲喜剧和梵剧,其他两种均已灭绝,仅中国戏曲以顽强的生命力至今活跃在世界戏剧舞台上。

(三)中国戏曲的历史

1.春秋战国至秦汉(先秦孕育时期)

《诗经》里的"颂",到《楚辞》里的"九歌",就是祭神时歌舞的唱词。在我国第一部诗歌总集《诗经》中,"颂"属于宗庙之乐。《九歌》本为楚国的祭祀歌曲,就是祭神时歌舞的唱词。我们还可以从诗人屈原创作的《九歌》里,领悟到他描画的祭神礼仪载歌载舞的盛况,其中有的段落是以各种神的口气写的,在祭祀时需要由男巫或女巫分别扮演,以被扮演的某个神的身份唱出。巫觋的装扮伴随着炽烈的歌舞,且被别人认可并观赏着。

从春秋战国到汉代,在娱神的歌舞中逐渐变出娱人的歌舞。春秋时期,从古巫中又分化出"优",优以歌舞、诙谐、作乐、耍杂技等,服侍于帝王左右,娱人而不娱神。优,统称乐人,他们能歌能舞,又能调笑滑稽。擅词令调笑的称俳优;善演奏器乐的称伶优。以服侍国君的特殊条件,优常能在调笑戏谑、隐寓的谈吐中发挥讽谏作用。《史记·滑稽列传》记载了有名的"优孟衣冠"的故事:楚国宰相孙叔敖为楚国争夺霸权地位,立下过汗马功劳,不想死后家境萧条,儿子的生活都很困难,于是优孟便穿上孙叔敖的衣服,扮作他的模样去讽谏楚庄王。楚王听后很受感动,反省自己对故旧照顾不周的错误,马上改正,给孙叔敖的儿子封赠田地奴隶。优孟把一个已死的人扮演得惟妙惟肖,去打动劝说君王。

初级戏剧作为宴饮之乐的一部分出现于先秦时期王室贵族的酒席宴筵上。东汉时宫廷又设立"黄门鼓吹署",掌管宴俗之乐。汉代宫廷宴乐机构的建立是刺激汉代俗乐(当时称为"百戏")得以汇聚繁兴的重要条件,以后历代递承。初级戏剧就在这种历史条件下不断发展。汉代出现了"百戏",它实际上是汉代民间歌舞、杂技、武术、魔术的总称。在百戏集演之中,有一种运用技艺的戏剧化的表演,这就是角抵戏。角抵原是两个人角力以强弱定胜负的技艺表演,后世的相扑、摔跤即源于此。它有着很好的观赏性和娱乐性,当时的艺人力图用角抵的技艺去表现生活故事,这样就促使角抵向戏剧的转化,成为角抵戏。

唐朝奠基,中原文化达到了其历史上的最繁盛时期,表演艺术亦相应出现蓬勃的生机。唐宫廷设立十部乐,网罗了前代所有的南北乐舞戏剧,最大限度地吸收了西域国家和民族的表演成分。唐代除了歌舞戏的铺衍，还有参军戏的兴起，它是在俳优表演的优戏基础上发展起来的。参军戏名称来自一名犯官，因他原是个参军，故曰参军戏。在实际演出中，参军一词已失去了官职的含义，而衍化为角色名称，并形成一种固定的格式：两个演员相互问答，以滑稽讽刺为主，在对白、动作之外还加进了歌唱及管弦伴奏。其中一个叫参军，即那被讽刺的对象，比较愚笨迟钝；戏弄参军的叫苍鹘，比较伶俐机敏。参军、苍鹘都是扮演戏中人物的角色名称，实际上已构成"行当"。中国戏曲有角色行当之分，就是从参军戏开始的。

2. 唐代中后期

戏曲的形成期。中唐以后，戏剧飞速发展，戏剧艺术逐渐形成。唐末战乱，五代十国纷争，却没能阻住戏剧前进的步伐，反而因为各个割据政权的分处偏安，使集中在长安兴盛的优戏分布到全国范围里去发展，造成普及之势，这种局面为宋杂剧的兴起带来了契机。

3. 宋金发展时期

宋代中国社会生活发生了极大的变化，商品经济的活跃促进了商业交通网的发达和都市的繁荣。北宋初期，汴京由于其水陆都会的地理位置和北宋王朝在此建都的政治原因，迅速聚集起一百多万人口，并成为有着高度发达的城市经济水平和贸易交换条件的消费都市。宋代的都市生活开始活跃，唐代首都入夜实行宵禁，宋代京城却是通宵夜市，买卖不绝。如此繁华热闹，市民娱乐的夜生活也就必不可少了。大量聚集而居的城市平民对文化娱乐的需求，催发了固定演出场所的出现，叫作勾栏（或称瓦棚），用今天的话来说，就是游艺场。勾栏（瓦棚）的百戏杂陈，为戏剧的全面综合，创造了有利的社会环境和丰沛的艺术滋养。宋代承继了古代的古优的传统精神和参军戏的表演成就，又吸纳了其他歌舞伎艺，形成了宋杂剧。从现存文献记载里，我们大致可以了解到宋杂剧的演出情况。戏一般是以一场三段或两段的方式进行。第一段叫艳段，表演寻常熟事；第二段称正杂剧，表演故事内容比较复杂一点的事；第三段是散段，专演引人发笑的趣事。宋杂剧已有四五个演员。宋金对峙以后，宋杂剧传入金朝统治的北方，称金院本或统称宋金杂剧。

4. 元代成熟时期

元代是戏曲的成熟期。元杂剧在前代戏曲艺术宋杂剧和金院本的基础上发展起来，标志着我国戏剧进入成熟的阶段。元杂剧是一种包含有"唱""念""做"的戏剧样式，描写人物故事则主要通过歌唱和念白，不仅是一种成熟的高级戏剧形态，还因其最富于时代特色，最具有艺术独创性，而被视为一代文学的主流，文学史上获得了和唐诗、宋词并称的地位。元杂剧最初以大都（今北京）为中心，流行于北方。元灭南宋后，发展成为全国性的剧种。元代的剧坛，群星璀璨、名作如云。出现了元曲四大家：关汉卿、马致远、白朴、郑光祖。

5. 明清繁盛时期

明清迎来了戏曲的繁荣期。到了明代，戏曲发展起了传奇。传奇的前身是宋元爱的南戏。南戏在温州一带静悄悄地成长，并比北方杂剧提前成熟，南戏又称戏文，之所以称为南戏，是与北方的杂剧相对而言。明初，南方的戏文已经扩布到东南沿海各省，并以强力的势头向内地和西南发展,及至明万历年间,已经成为广布全国的戏曲声腔,其中的昆曲更由于士大夫阶层的垂青而流传广远。明代中叶,传奇作家和剧本大量涌现,其中成就最大的是汤显祖。他一生写了许多传奇剧本,《牡丹亭》是他的代表作。明末清初的作品多是写人民群众心中的英雄,如穆桂英、陶三春、赵匡胤等。这时的地方戏,主要有北方梆子和南方的皮黄。京剧是在清代地方戏高度繁荣的基础上产生的。在同治、光绪年间,出现了名列同光"十三绝"的第一代京剧表演艺术家及不同流派的宗师,标志着京剧艺术的成熟与兴盛。不久,京剧向全国发展,特别是在上海、天津,京剧成为具有广泛影响的剧种,将中国的戏曲艺术推到一个新的高度。明清戏曲代表作有汤显祖《牡丹亭》、洪昇《长生殿》、孔尚任《桃花扇》等。

(四) 京剧

1. 京剧的起源与发展

京剧起源于明清中叶的道光咸丰年间,前身是清初流行于江南地区以唱吹腔、高拨子、二黄为主的徽班。是由当时的二簧(徽调)和西皮(西秦腔)两种曲调结合而成。徽班流动性强,与其他剧种接触频繁,在声腔上互有交流渗透。乾隆年间,看戏就成了京城百姓文化生活的一项重要内容。当时北京的戏曲舞台已是百戏杂陈、诸腔竞胜,其中又以秦、京、昆三腔的伶人最优。清廷也喜爱戏曲,凡皇帝、太后祝寿、皇室喜庆,都要举行庆典演出,已成惯例。清乾隆五十五年(1790)秋,为庆祝乾隆八旬寿辰,扬州盐商江鹤亭(安徽人)在安庆组织了一个名为"三庆班"的徽戏戏班,由艺人高朗亭率领进京参加祝寿演出。这个徽班以唱二簧调为主,兼唱昆曲、吹腔、梆子等,是个诸腔并奏的戏班。这次北京的祝寿演出规模盛大,从西华门到西直门外高粱桥,每隔数十步设一戏台,南腔北调,四方之乐,前面还没有歇下,后面又已开场,群戏荟萃,众艺争胜。在这场艺术竞赛当中,第一次进京的三庆徽班即崭露头角,引人瞩目。三庆班进京,原本只为进宫祝寿演出而来,却由于徽戏曲调优美,剧本通俗易懂,整个舞台演出新颖而具有浓郁的生活气息,而受到北京观众的热烈欢迎。三庆班在北京越演越火,演完祝寿戏欲罢不能,就留在北京继续进行民间演出。三庆班进京获得成功后,又有四喜班、和春班、春台班等徽班进入北京,并逐渐称雄于京华的剧坛。这就是所谓的"四大徽班进京",揭开了 200 多年波澜壮阔的中国京剧史的序幕。徽班进京又吸收了京腔(北京乱弹)和秦腔的营养,形成与北京的语言和风俗习惯相适应的剧种,受到人民群众的喜爱。京剧有很大的国际影响,它是中国戏曲艺术的精粹。它不是土生土长在北京的地方剧种,而是在"徽戏""汉戏"的基础上,吸收"昆曲""梆子""弋腔"和诸多地方小调的精髓,又根据北京的语言特点,加以融化、衍变而成的"国剧"。

2. 京剧中的角色

京剧在塑造人物方面有其独特的造型语言。它把不同性别、性格、年龄、身份的人物划分为不同的行当,一般说来京剧在角色上分为"生、旦、净、末、丑"五类。由于京剧人物造型形象鲜明、风格多样,有强烈的剧场效果,常常更易于激起观众的欣赏兴趣。

生,分为老生和小生。"老生",顾名思义就是指成熟的中年男子,以正派人物或帝王将相出现,在剧中多扮演正直刚毅的人物形象。老生又叫须生,或胡子生,因为老生都挂胡子。胡子在京剧里的专业名词叫"髯口"。老生除了须生和胡子生，还有一个名词叫正生，表示严肃端庄的意思。老生主要扮演中年以上的男性角色，唱和念白都用本嗓（又叫真声或大嗓）。与老生相对应的是"小生"，在京剧中指青少年男子角色，他们在剧中的动作造型儒雅倜傥、秀逸飞动。小生的特点是不戴胡子，扮相一般都是比较清秀、英俊；在表演上最大的特点是唱和念都是真假声互相结合；假声一般说比较尖，比较细，比较高，声音听起来比较年轻，这样就从声音上跟老生有所区别。采用这样一种发声方法，是为了表示这种行当所扮演的角色，都是些青年人。

20世纪30年代的观众喜爱听京剧的老生唱腔，当时最负盛名的老生（须生）是：马连良、谭富英、杨宝森、奚啸伯，被人们誉为京剧"四大须生"。

马连良（1901—1966年），回族人，幼年先习武生，后改学老生。在表演艺术上，宗法余叔岩等京剧名家，博采众长，最后自成一家。早期以做功及念白出名，中年后兼重唱功，发展为唱、念、做并重。唱腔委婉、俏丽新颖，念白清楚爽朗，声调铿锵，做工潇洒飘逸，形成独特的艺术风格，人称"马派"，是继余叔岩之后京剧老生中最有影响的流派之一。排演了许多独具风格的剧目，如《十老安刘》《串龙珠》《春秋笔》《将相和》《赤壁之战》《赵氏孤儿》等。《借东风》中诸葛亮的唱腔，经他加工，风靡一时。

谭富英（1906—1977年），出生于京剧世家，从小受到祖、父两辈的艺术熏陶。幼年拜京剧名家萧长华等为师，扮演老生。出科班后，又拜京剧名家余叔岩为师。在演唱和武功方面均有坚实基础，尤其擅长靠把戏。唱腔继承了"谭（鑫培）派"和"余（叔岩）派"的风格，并发挥自己的特长，酣畅淋漓，朴实大方，称为"新谭派"。代表剧目有《定军山》《空城计》《战太平》《击鼓骂曹》《将相和》等，《群英会》中演鲁肃，更使观众倾倒。

杨宝森（1909—1958年）出生于京剧世家，祖父、伯父均为著名京剧花旦，父演武生。幼年便练就毯子功，后习武生。10岁登台演戏，16岁倒嗓后，专心研习余叔岩的表演艺术。他的嗓音宽厚有余而高昂不足，根据这一特点加以变化，唱工清淳雅正，韵味朴实浓厚，做工稳健老练，称为"杨派"。代表剧目有《失空斩》《伍子胥》《击鼓骂曹》《洪羊洞》《汾河湾》等。

奚啸伯（1910—1977年）自幼爱好京剧，青年时常出入北京票房，学谭派，唱老生。曾得到京剧名老生言菊朋的赏识，授以《击鼓骂曹》等戏。21岁正式登台演出，后到上海为梅兰芳配戏，回京后与张君秋等同台演出。他虽未受科班的严格训练，但经过刻苦自学，认真实践，博采众长，融会贯通，终于成名。代表剧目有《白帝城》《宝莲灯》《清官册》《苏武牧羊》《法门寺》等，尤以《乌龙院》更负盛名。

旦，京剧中把女性统称为"旦"，其中按照人物的年龄、性格又可细分为许多行当。

饰演大家闺秀和有身份的妇女称为"正旦"，正旦在京剧中俗称"青衣"，这就是因为正旦所扮演的角色常穿青色的长衫而得名。

旦行中的"花旦"，多扮演天真活泼或放荡泼辣的青衣妇女，在表演上注重做工和念白。

"武旦"和"刀马旦"相当于生行中的武生，扮演的是擅长武艺的青壮年妇女，装扮和武生差不多，也扎靠服，她们多在剧中扮演女侠、女将甚至女仙、女妖等。武旦和刀马旦的表演往往还伴随着热闹的锣鼓点，烘托场上的气氛。

京剧四大名旦：在京剧艺术表演中，梅兰芳、程砚秋、尚小云、荀慧生四位京剧表演艺术家被誉为"四大名旦"。

梅兰芳（1894—1961年），8岁学戏，11岁登台，擅长青衣，兼演刀马旦，出生于梨园世家，祖籍江苏泰州，长期居于北京。在京剧表演艺术上精心钻研，勇于革新，创造了很多优美的艺术形象，发展了大量优秀剧目。在五十多年的舞台实践中，梅兰芳对旦角的唱腔、念白、舞蹈、音乐、服装、化妆等各个方面都有创造发展，形成了独特的艺术风格，世称梅派。他功底深厚，文武兼长；台风优美，扮相极佳；嗓音圆润，唱腔婉转妩媚，创造了为数众多、姿态各异的古代妇女的典型形象。梅派代表作有《宇宙锋》《贵妃醉酒》《断桥》《奇双会》《霸王别姬》和《穆桂英挂帅》等。梅兰芳曾率京剧团多次赴日本、美国、苏联演出，是把中国戏曲传播到国外、享有国际声誉的戏曲表演艺术家。

程砚秋（1904—1958年），自幼学戏，演青衣，受师于梅兰芳。他在艺术上勇于革新创造，讲究音韵，注重四声，追求"声、情、美、水"的高度结合，并根据自己的嗓音特点，创造出一种幽咽婉转、起伏跌宕、若断若续、节奏多变的唱腔，形成独特的艺术风格，世称"程派"。程砚秋擅长演悲剧，编演过《鸳鸯冢》《荒山泪》《青霜剑》《英台抗婚》《窦娥冤》等戏，大多表演封建社会妇女的悲惨命运。

尚小云（1900—1976年），祖隶汉军旗籍，河北南宫人。幼为北京三乐科班学生，初习武生，后改正旦，以演青衣戏为主。尚小云排演了大量新戏，创作了众多巾帼英雄、侠女烈妇的艺术形象，在艺术上独树一帜，形成了"尚派"。

荀慧生（1900—1968年），幼年在河北梆子班学艺，19岁改演京剧，扮演花旦、刀马旦。他功底深厚，能汲取梆子戏旦角艺术之长，熔京剧花旦的表演于一炉，形成独特的艺术风格，世称"荀派"。擅长扮演天真、活泼、温柔一类妇女角色，以演《红娘》《金玉奴》《红楼二尤》《钗头凤》《荀灌娘》等剧著名。

净，在京剧中，"净"角是舞台上具有独特风格的人物类型，脸部化妆最为丰富。"净"因面部化妆要用各种色彩和图案勾勒脸谱，所以又俗称"大花脸"。一般扮演品貌或者性格有特点的男子，在京剧中多为将军、神话人物或有一定社会地位的人。

京剧三大名净：净行俗称花脸。又分铜锤花脸、架子花脸、武花脸三类。金少山是世所公认的京剧花脸首席代表。

金少山（1890—1948年），男，京剧净角。本名义（一说作仲义），又名少山。满族。北京人。清末民初时京剧名净金秀山之三子。在京剧历史上，让花脸艺术空前辉煌的，是有"净中王"之称的金少山。金少山以特异的天才和深厚的功力，融铜锤、架子、武花于一体，确立了京剧史上第一个唱、念、做、打全面发展的完整的花脸流派。金派雄浑豪放，大气磅礴，典型地体现了花脸行当的艺术特征。如同谭鑫培、杨小楼、梅兰芳分别居于老生、武生、旦角首席一样，金少山是公认的京剧花脸首席代表。

郝寿臣（1886—1961年），原名万通，祖籍山西洪洞，生于河北香河县。中国京剧演员，工架子花脸。原籍河北香河，幼年随父迁京。7岁学艺，从师吕福善学铜锤花脸，艺名小奎禄。

侯喜瑞（1892—1983年），中国京剧演员，回族。原籍河北衡水。11岁入喜连成科班，为该社最早成名的八大弟子之一，曾从李寿山学梆子老生，从萧长华、韩乐卿学京剧，后拜名净黄润甫为师,得其真传。

末,也属老生类,但在年龄上应更老,思维糊涂,生活在底层的老人。

丑,无丑不成戏,丑角是京剧的主要行当之一,包括文丑和武丑。文丑亦称小花脸或三花脸,武丑又称开口跳。传说当年唐明皇演戏,就是应工丑角。因皇帝的身份,演戏有诸多不便,为此皇帝特意在脸上挂一块白玉,久而久之,丑角的脸上就留下了一块白,这就是我们今天戏曲舞台上丑角所画脸谱中的白色"豆腐块儿"。当然这只是传说而已。在长期的戏曲发展史上,丑角的化妆根据人物的身份、年龄、性格、行为的不同和差异,也逐渐形成了一套完整的、系统的脸谱,如腰子型粉脸、圆形粉脸、枣核型粉脸、筝型粉脸、元宝型粉脸、丑老脸、丑破脸以及碎脸、揉脸和象形脸等。其中最典型的是方巾丑,脸部中央用白粉勾画一幅"豆腐块儿"形的白粉脸,因此观众一看见这块"豆腐块儿"就知道这个演员是丑角。

3. 京剧脸谱

"脸谱"指中国传统戏剧里男演员脸部的彩色化妆。一般来说,"生""旦"的化妆,是略施脂粉以达到美化的效果,这种化妆称为"俊扮",也叫"素面"或"洁面"。其特征是"千人一面",意思是说所有"生"行角色的面部化妆都大体一样,无论多少人物,从面部化妆看都是一张脸;"旦"行角色的面部化妆,也是无论多少人物,面部化妆都差不多。"生""旦"人物个性主要靠表演及服装等方面表现。

脸谱来源于舞台,当前在有些旅游纪念品、各种瓷器上以及人们穿的衣服上都能看到风格迥异的脸谱形象,这远远超出了舞台应有的范围。

脸谱化妆,是用于"净""丑"行当的各种人物,以夸张强烈的色彩和变幻无穷的线条来改变演员的本来面目,与"素面"的"生""旦"化妆形成对比。"净""丑"角色的勾脸是因人设谱,一人一谱,尽管它是由程式化的各种谱式组成,但却是一种性格妆,直接表现人物个性,有多少"净""丑"角色就有多少谱样,不相雷同,因此,脸谱化妆的特征是"千变万化"的。它在形式、色彩和类型上有一定的格式,借以突出人物的性格特征,具有"寓褒贬、别善恶"的艺术功能,使观众能目视外表,窥其心胸。因而,脸谱被誉为角色"心灵的画面"。内行的观众从脸谱上就可以分辨出这个角色是英雄还是坏人,聪明还是愚蠢,受人爱戴还是使人厌恶。京剧那迷人的脸谱在中国戏剧无数脸部化妆中占有特殊的地位。

京剧脸谱以"象征性"和"夸张性"著称。它通过运用夸张和变形的图形来展示角色的性格特征。眼睛,额头和两颊通常被画成蝙蝠、蝴蝶或燕子的翅膀状,再加上夸张的嘴和鼻子,制造出所需的脸部效果。京剧脸谱根据某种性格、性情或某种特殊类型的人物为采用某些色彩的(表6-1)。

表6-1 脸谱的通用色彩含义

脸谱色彩	一般含义	代表人物举例
红色	忠勇侠义,多为正面角色	关羽、姜维、常遇春
黑色	刚正威武,不媚权贵	包拯、张飞、李逵

续表 6-1

脸谱色彩	一般含义	代表人物举例
白色	阴险奸诈；刚愎自用	曹操、赵高
紫色	刚正威武，不媚权贵或：面色不好，丑陋	张郃
黄色	勇猛而暴躁	宇文成都、典韦
蓝色、绿色	刚强阴险，勇猛，莽撞	窦尔敦
金色、银色	神仙高人、精怪	如来佛、二郎神

（五）地方戏

中国戏曲历史悠久，剧种种类繁多，传统剧目数以万计。近半个世纪以来，流传最广泛、观众最多的有五个剧种，即秦腔、评剧、豫剧、越剧、黄梅戏，被称为"五大地方剧种"。

1. 秦腔

又称乱弹。是中国戏曲曲种之一，源于西秦腔，如今流行于中国西北地区的陕西、甘肃、青海、宁夏、新疆等地。又因其以枣木梆子为击节乐器，所以又叫"梆子腔"，俗称"桄桄子"（因其以梆击节时发出"恍恍"声得名，陕西话发音尤妙），是中国戏曲四大声腔中最古老、最丰富、最庞大的声腔体系。明末无名氏《钵中莲传奇》中使用了《西秦腔二犯》的曲牌，故知其源于甘肃。甘肃古称西秦，故名之。清康熙时，陕西泾阳人张鼎望写《秦腔论》，可知秦腔此时已发展为成熟期。待到乾隆年间，魏长生进京演出秦腔，轰动京师。对各地梆子声腔的形成有着直接影响。秦腔创造了中国戏曲音乐中板式变化的结构方法，是最早的板腔体声腔，也是梆子腔（乱弹）系统的母体。现在北方各地梆子戏虽然风格与秦腔有很大不同，但在音调和伴奏上都保持着共同的特征。秦腔代表作品：《三滴血》。

2. 评剧

评剧于清末在河北滦县一带的小曲"对口莲花落"基础上形成，先是在河北农村流行，后进入唐山，称"唐山落子"。因其上演剧多有"惩恶扬善""警世化人""评古论今"之新意，改称"评剧"。评剧源于冀东民间歌舞"秧歌"；20世纪20年代左右流行于东北地区，出现了一批女演员；20世纪30年代以后，评剧在表演上在京剧、河北梆子等剧种影响下日趋成熟，出现了白玉霜、喜彩莲、爱莲君等流派；1950年以后，以《刘巧儿》《花为媒》《杨三姐告状》《秦香莲》等剧目在全国产生很大影响，出现新凤霞、小白玉霜、魏荣元等著名演员；现在评剧仍在河北、北京一带流行。

3. 豫剧

豫剧，原称"河南梆子"，也叫"河南高调"，产生于明末清初，多以清唱为主，其风格首先是富有激情奔放的阳刚之气，善于表演大气磅礴的大场面戏，具有强大的情感力度；其次是地方特色浓郁，质朴通俗、本色自然，紧贴老百姓的生活；再次是节奏鲜明强烈，矛盾冲突尖锐，故事情节有头有尾，人物性格大棱大角。因为河南省简称"豫"，新中国成立后定名为豫剧，是河南省的主要剧种之一。当代，豫剧的代表人物有常香玉、陈素真、崔兰田、马金凤、阎立品等"豫剧五大名旦",代表五大风格流派。小生赵义庭、须生唐喜成、黑脸李斯忠也成为各具特色的名演员。新中国成立后的现代戏创作又涌现出高洁、马琳、魏云、王善朴、柳兰芳等"豫剧五大主演"。活跃在当今国内豫剧舞台上的汤玉英、王清芬、虎美玲、李金枝、谷秀荣、陈淑敏、李树建、朱巧云、王红丽等11位豫剧表演艺术家先后摘取中国戏剧"梅花奖"。比较有代表性的剧目是《对花枪》《三上轿》《地塘板》等。

4. 越剧

它的前身是流行于浙江嵊县(今嵊州市)一带的"落地唱书",至20世纪30年代逐步发展成为"女子绍兴文戏"。近代,越剧在艺术上吸取了昆剧、话剧的营养,逐渐成熟。以袁雪芬、尹桂芳为代表的老一辈艺术家,在体制和艺术上对越剧进行了大胆的改革,新编越剧《祥林嫂》的演出是越剧发展史上的"里程碑"。新中国成立以来,在党的文艺方针指引下,越剧进入了一个大发展的黄金时期,创作出《梁山伯与祝英台》《红楼梦》《西厢记》等大批优秀剧目。20世纪80年代中期,浙江小百花越剧团在杭州成立,预示着越剧事业的进一步繁荣与发展。

5. 黄梅戏

黄梅戏是安徽的主要地方戏曲剧种。黄梅戏原名"黄梅调"或"采茶戏",是18世纪后期在皖、鄂、赣三省毗邻地区形成的一种民间小戏。其中一支逐渐东移到以安徽省怀宁县为中心的安庆地区,与当地民间艺术相结合,用当地语言歌唱、说白,形成了自己的特点,被称为"怀腔"或"怀调",这就是今日黄梅戏的前身。在剧目方面,黄梅戏号称"大戏三十六本,小戏七十二折"。黄梅戏三大代表人物为严凤英、马兰、韩再芬。新中国成立以后,《天仙配》《女驸马》和《牛郎织女》相继被搬上银幕,在国内外产生了较大影响。

(六)各省主要地方戏曲

据统计,中国的地方戏剧种有360多种,现在还在流行的中国戏曲剧种仍有近300个。这些剧种各有自己的艺术特色和独特的代表剧目,按照省份来统计,主要地方戏曲剧种见表6-2所示。

表6-2 主要地方戏曲剧种表

省份	剧种
吉林	吉剧
辽宁	二人转
山东	吕剧、柳子戏、山东梆子、五音戏、四平调
河南	豫剧、越调、河南曲剧
安徽	黄梅戏、庐剧、泗州戏
湖南	湘剧、湖南花鼓戏
湖北	汉剧、楚剧、天门花鼓戏

续表 6-2

省份	剧种
陕西	秦腔、碗碗调
广西	桂剧、壮剧、彩调
甘肃	陇剧
浙江	越剧、绍剧、婺剧
四川	川剧
江西	赣剧、江西采茶戏
江苏	锡剧、淮剧、扬剧、昆剧
福建	闽剧、梨园戏、莆仙戏、高甲戏
广东	粤剧、潮剧、琼剧、广东汉剧
贵州	黔剧
云南	滇剧、云南花灯
台湾	芗剧

地方戏流行于一定的地区，对于表现当地的民俗、语言文化以及乡土色彩，都十分重要的。地方戏曲流畅动听的唱腔、清新别致的方言和别具特色的舞台表演，都给观众带来了不一样的艺术感受。

五、中国武术

中国武术分为传统武术和国标武术。国标武术是由传统武术演化而来的体育运动，而传统武术则是由古代战争和街头打架所发展出来的徒手和器械格斗术，其内容有踢、打、绊、拿、柔术，等等。传统的中国武术又称之为国术，其本质是一种格斗，不能算作一种体育运动。传统武术具有极其广泛的群众基础，是中国人民在长期的社会实践中不断积累和丰富起来的一项宝贵的文化遗产。国标武术则划分为散打和套路，散打又叫散手，是武术的擂台形式，套路则为武术的表演形式。

武术定义广泛，但是目前武术狭义的含义特指中华武术。中华武术包括武术套路、摔跤和散打。

武术，并不单纯指人们的争斗中简单的击打或自卫动作，挥拳舞棒，有武而无术，中华武术是经过千百年文化陶冶的一种独特的人体文化。它是以中国传统哲学和伦理为思想基础，以传统兵学和医学为科学基础，以内外兼修、术道并重为鲜明特点的一项内容极为丰富的运动。它的流派繁多，拳法多姿，但基本表现形式有两种：徒手的和器械的攻防动作。寓攻防于表演中形成武术独特的美学，正如人们所说：技击是武术的灵魂。

(一)武术的起源和发展概况

1. 武术的起源

武术的起源可追溯到古代人类的生产劳动。在原始社会生产力极为低下的情况下,人类社会主要以狩猎等原始的生产活动为生,并从中学会了徒手或使用木棒、石头等器具击打野兽的方法。这些击打的方法多是基于本能的、自发的、随意的身体动作,人们还不可能有意识地把搏杀技能作为一种专门练习,但这些击打技能却为武术的形成准备了一定的先决条件。原始武术的发端,与原始宗教、教育、娱乐等活动也密不可分。在人类原始文化形态中,这些活动常常紧密地交织在一起,形成了原始社会多位一体的文化。

2. 发展概况

商周时期:舞、武不分,合而为一,称为"武舞"。它是将用于实战格杀的经验按一定程式来演练,是古代武术的雏形。

春秋战国时期:武术的功能向多样化发展,如《吴越春秋》记载的越女论剑,理法深奥、论述精辟。武术功能、技艺的多样化,以及武术理论的出现标志着武术体系在这一时期逐步形成。

两晋南北朝时期:武术在与文化的交融中逐渐与养生相结合。然而由于玄学盛行,追求炼丹与长生不老,其消极影响在一定程度上阻碍了武术的发展。

隋唐时期唐代:开始实行武举制,用考试的办法选拔武勇人才,对武术的发展起了极大的促进作用,大大推进了武术的繁荣发展。

宋元时期:以民间结社组织为主体的民间练武活动蓬勃兴起,为民间武术传授、交流、发展创造了有利条件。

明清时期:是武术大发展时期,其繁荣的一个重要标志是流派林立,不同风格的拳种和器械得到了大发展,武术作为军事技术、健身手段及表演技艺的多种价值为人们所认识和利用。在此基础上,沿着体育方向不断发展。

(二)武术的内容和分类

1. 按运动形式分类

(1)功法运动

功法运动是以单个武术动作作为主体进行练习,以达到健体或增强某方面体能的运动。传统功法运动的内容丰富多彩,按其形式与内容可分为内养功、站桩功、轻功、硬功等。

(2)套路运动

套路运动是指以技击动作为主要内容,以攻守进退、动静疾徐、刚柔虚实等矛盾运动的变化规律编成的整套练习形式。一般按练习形式分为单练、对练、集体表演。单练是指单人练习的套路运动。

(3)搏斗运动

搏斗运动是两人在一定条件下,按照一定的规则,根据双方的攻防实际情况,运用相应的攻防技法进行的实战练习形式,如散打。

2. 按传统流派分类

传统的武术流派往往是以历史上的传承和依托地域山川的不同而自然形成的。少林派和武当派,就是依托嵩山和武当山的内外两大门派,同时也是中国武术与中国的佛教和道教结合成最为完美的武术宗门。

3. 以二分法分类

依据地域、武术的技术、技击风格,以二分法来分类,传统的武术分类还有"南拳与北腿""长拳与短打""内家拳与外家拳"之说。

4. 以拳种命名的流派分类

传统武术以拳种命名的流派有:查拳门、洪拳门、太极门、形意门、八卦门、通臂门、六合门、华拳门、螳螂门、鹰爪门、地趟门、劈挂门、梅花门、自然门、八极门等门派。

(三) 中国武术四大流派

1. 少林派

少林是中原武术中范围最广、历史最长、拳种最多的武术门派,以出于中岳嵩山少林寺而得名。少林出自佛家,有天竺文化的色彩。少林功夫蕴藏着佛家的慈悲之理。

少林武术的发扬光大,始于隋唐之际的一件大事。隋朝末年,天下大乱,少林寺被山贼所劫,僧众奋起拒敌,贼人放火烧毁寺院。秦王李世民与郑帝王世充作战,少林武僧应邀相助,活捉王仁则,逼降王世充,这就是著名的"十三棍僧救唐王",也是著名电影《少林寺》的历史原型。李世民即位后,对昙宗、志操、惠赐、善护、普惠、明嵩、灵宪、普胜、智守、道广、智兴、满、丰13人大加赏赐,少林寺再度兴旺起来,少林武术也开始繁荣发达,逐渐成为中原武林第一门派。

少林武功的特点,首要之点即为调呼吸,练百骸,进退敏捷,刚柔兼济而尤以刚为主,以攻架为主,以长手为主,因此,少林派不只是少林寺的功夫,而是以少林寺武术为代表的整个外家功夫的集大成:一方面是少林寺僧从民间引进不少拳术,另一方面是少林寺也招收俗家弟子,使少林武术流传民间;同时,少林还在各地创立分院,自隋唐之际创立福建莆田九连山少林寺分院(即南少林)以来,元代福裕禅师在外蒙和林(今蒙古国前杭爱省哈拉和林)、天津蓟县盘山、长安、太原、洛阳分别创立五座少林寺,再加上山东九顶莲花山、台湾八番社、四川峨眉山,一共是十座少林寺,这就把少林功夫传到了全国。

少林支派众多,有"三大家""四大门"之说。"三大家"是:红家少林、孔家少林、俞家少林;"四大门"是:大圣门、罗汉门、二郎门、韦驮门。少林的套路也很多,光是拳术,据说就有172种之多,有小洪拳、大洪拳、朝阳拳、观潮拳、炮拳、通臂拳、梅花拳、长锤拳、太祖长拳;黑虎拳、形意拳、罗汉拳、六合拳以及"少林七十二绝技"等。棍法、枪法、刀法也是少林武术的大宗,各有数十种套路,剑术则有二堂剑、五堂剑、龙形剑、飞龙剑、白猿剑、刘玄德双剑、达摩剑、绦袍剑等,又有方天戟、三股叉、钢鞭、月牙斧、梅花拐等数十种兵器。

2. 武当派

据明末清初黄宗羲的《王征南墓志铭》,武当派为宋人张三丰所创。据说张三丰是北宋末年武当山的丹士(道士),徽宗召他入京,道遇贼人,梦中元帝授其拳法,次日张三丰孤身杀贼百余人,遂创立内家拳派。武当山虽在唐代就开始建造道观,但正式流传的黄金时期是在明代。

武当为内家之宗。武当派的功法特点是强筋骨、运气功。强调内功修炼，讲究以静制动，以柔克刚，以短胜长，以慢击快、以意运气，以气运身，偏于阴柔，主呼吸，用短手，武当功法不主进攻，然而亦不可轻易侵犯。犯则立仆。武当出自玄门道教，中华本土的色彩极浓。武当功夫源于道家、老子讲"一"讲"道"，庄子讲"广莫之野"讲"逍遥游"，使武当功夫有较浓的想象色彩和审美意蕴，招式的表现也很有诗意。

武当的支派有松溪派、淮河派、神剑派、轶松派、龙门派、功家南派等，又有玄武派、北派太极门等。至于太极拳、形意拳、八卦拳等，因其出自道家，人们常常将它们归入武当派，也有人认为它们自成体系的。武当派的拳术套路，有太极拳、无极拳、鹞子长拳、猿猱伏地拳、六步散手、武当太乙五行拳等。武当派的内功，有"洗髓金经"六式（金狮夺毛、凤点头、风摆荷叶、左缠金丝、右缠金丝、刀劈华山）等。武当派的器械，首推武当镇山之宝武当剑、又有白虹剑、太极剑、六合枪、六合刀、松溪棍等。武当派的阵法，在武侠小说中，常常提到的有九宫八卦阵、三才剑阵等。

3. 峨眉派

峨眉最初是一个由女子所创的武林门派，开始的时候叫作玉女拳法，后因祖师入了佛门，又以称女子为"峨眉"和佛教圣地之"峨眉山"的双重含义而得名。峨眉派与少林、武当共为中土武功的三大宗，也是一个范围很广泛的门派，尤其在西南一带很有势力，可说是独占鳌头。从明代开始有峨眉派的记载。

峨眉派功法介于少林阳刚与武当阴柔之间，亦柔亦刚，内外相重，长短并用。攻防兼具入拳经上讲："拳不接手，枪不走圈，剑不行尾，方是峨眉。""化万法为一法，以一法破万法。"总之是以弱胜强，真假虚实并用，站在女子的地位融汇了南拳、少林、武当等众家之长。

峨眉派的分支有五花八叶之说。峨眉派武功有所谓"动功十二桩"——天、地、之、心、龙、鹤、风、云、大、小、幽、冥；又有所谓"静功六大专修功"——虎步功、重捶功、缩地功、悬囊功、指穴功、涅槃功；有"三大器械"——剑法、簪法（峨眉刺）、针法（暗器）。峨眉派的绝技，不仅包括三十六式天罡指穴法，还有峨眉剑法。

4. 梁山功夫

梁山功夫又名子午门功夫，至今已近900年之久，是山东水泊梁山北、六工山建福寺方丈圆通禅师与宋江等众梁山英雄所创，融佛、道、儒、兵四大家等诸家各派武功之精华为一体：一是此门功夫多练子、午两个时辰；二是此功练先天之躯补后天之精华，练后天之精华补先天之不足。二者相辅相成，先天为阴，后天为阳，阴为子，阳为午。功夫练到一定程度后，练功时身上就会出现一股热流和一股冷流，热流被称为"火候"，冷流被称为"精华之泉"。冷为阴，阴为子，火属阳，阳为午，功夫如能练到此地步，就算达到出神入化、炉火纯青的境界。武林界形容此功厉害故把子定为生，午定位死。喻义出拳抬腿可决定对手生死，鉴于上述，故名"子午门功夫"。

梁山武术源远流长，梁山与少林、武当、峨眉被誉为中华武术的四大发祥地。自有史料记载以来，武术就是梁山广大群众所喜闻乐见易于开展的传统体育活动项目。当地民间有句俗话，称"拳打卧牛之地"，意思是开展武术活动在场所要求上伸缩性较大，能有块平坦的可容牛卧之平地，即可具备先决条件；再者，从设备、器械方面要求也不复杂，有日常生活中的棍、棒之类,就可以练武、习拳,不仅有强身健体作用,而且活跃了人民群众的文化生活。其中,以水浒英雄命名的各种拳法,像武松醉拳、燕青拳、李逵板斧、关胜大刀、林冲枪、鲁智深禅杖等更是广受欢迎,因此,每当农闲季节,当地便形成群众性的练武热潮。天暖时凑场院,天冷时找闲屋、挖地窖,切磋武艺,勤学苦练,几乎村村可以见到。长期生活在梁山这片沃土上的人们崇尚武术,自古以来,民间习武之风盛行。素有"喝梁山的水,都会伸伸胳膊踢踢腿"之说。纵观古今,在中华大地上,水泊梁山可称为当之无愧的武术之乡。

(四)太极拳的五大门派

1. 陈式太极拳

中国太极拳主要流派之一。陈式太极拳由著名拳师陈王廷创始于明末清初,所创老架路五套,陈式世代传习、演化,又增新架路二套。因其发源于河南温县陈家沟,又由陈氏族人代代相传,对其发展做出巨大贡献,故名。陈式太极拳为最古老的拳种之一,后来的杨式太极拳等均蜕变于此,经过精心编排,动作速度和强度、身法劲道也有所不同。第一路动作简单,柔多刚少,以"棚捋挤按"四正劲的运用为主,以"采肘靠"四隅手的运用为辅,柔中寓刚,行气运动,以缠丝劲的锻炼为主,发劲为辅,全身内外,动分静和,一动全动,体现柔缠中显柔、缓、稳的特色;第二路(炮捶)动作复杂,急速紧凑,刚多柔少,用劲以"采肘靠"为主,以"棚捋挤按"为辅,以刚发劲为主,蹿蹦跳跃,腾挪闪展,震足发劲,刚中寓柔,体现柔缠中显刚、快、脆的特点。

陈式太极拳的锻炼原则和练法还要求:意、气、身三者密切配合,以意行气,源动腰脊,旋腰转脊,节节贯穿。在推手中以缠绕粘随为主,"纵放屈伸人莫知,诸靠缠绕我皆依",在粘贴缠绕过程中,运用:"棚、捋、挤、按"等法则,借力制动,舍己从人,听劲懂劲,发劲制敌。

2. 杨式太极拳

河北永年人杨露禅从学于河南温县陈家沟陈长兴,与其子杨健侯、其孙杨澄甫等人在陈式老架太极拳的基础上,创编发展了"杨式太极拳"。其拳路逐渐删改了陈式老架中原有的纵跳、震足、发劲等动作,由杨健侯修订为中架子,又经杨澄甫一再修订逐渐定为杨式大架子,即现在广为流行的杨式太极拳。

杨式太极拳拳架舒展简洁,结构严谨,身法中正,动作和顺,刚柔内含,轻松自然,轻灵沉着兼而有之。姿势开展,平正朴实,练法简易,由松入柔,积柔成刚,刚柔相济。正如杨澄甫所说:"太极拳是柔中寓刚,绵里藏针的艺术",架势有高、中、低之分。

杨式太极拳来源于陈式,但风格上有较大改变,趋于更加柔和,因而流传最广,国家体委编订的一些普及推广性套路大多取材于杨式。杨式太极拳架势舒展大方,速度均匀连贯,身法正中安稳,行拳自然流畅,轻灵洒脱,劲力圆满、沉静,内涵充沛。杨式太极拳代表人物有杨班侯、杨建侯、李雅轩等。

3. 武式太极拳

清末河北永年人武禹襄在杨露禅从陈家沟返乡后,深爱其术,从学杨露禅改学陈式老架太极拳,后又从陈清平学赵堡架,经过修改,创造了"武式太极拳"。

武式太极拳既不同于陈式老架和新架,亦不同于杨式大架和小架,学而化之,自成一派。其动作简洁紧凑,架势虽小而不局促,动作舒缓平稳,出手不超过足尖,收时不紧贴于身,左右手各管半个身体,不相逾越。胸部、腹部的进退旋转始终保持中正。步法严格,分清虚实,小巧灵活,迈步时足尖先着地,然后再足跟着地徐徐放下全足踏平。弓步前腿膝盖不得超过足尖,后腿不挺直高拔。拳势讲究起、承、开、合,动作连贯顺遂,用内功的虚实转换和"内气潜转"来支配外形,以"神宜内敛","先在心,后在身","以心行气,以气运身,意动身随,意动气随,意到气到,意到力到,意力不分",达到意、气、形三者合一。

4. 孙式太极拳

河北完县(今顺平县)人孙禄堂,自幼酷爱武术,从师李魁垣学形意拳,继而学于李魁垣之师郭云深,又从师程廷华学八卦掌。经多年研练,功夫深厚。后又从师郝为真学太极拳,参合八卦、形意、太极三家拳术的精义,融合一体而创"孙式太极拳"。孙式太极拳讲究进退相随,迈步必跟,退步必撤,如行云流水,绵绵不断,又称"开合活步太极拳"。

5. 吴式太极拳

吴式太极拳以柔化著称,动作轻松自然,连续不断,循规蹈矩,松静自然,独具静态之妙。拳架虽然小巧,但具有大架功底,又开展而紧凑,在紧凑中自具舒展,不显拘束。推手时,端正严密,细腻熨帖,守静而不妄动,以善化见长。

(五)武术的特点和作用

1. 武术的特点

(1)攻防技击性

这是武术的本质特征,如散打的技术与实用技击术基本是一致的,集中体现了武术攻防格斗的特点。

(2)内外合一、形神兼备的民族风格

讲究动作形体规范,又求精气神传意,内外合一的整体运动观,是中国武术的一大特色,充分反映了武术作为一种文化形式在长期的历史演进中备受中国古代哲学、医学、美学等方面的渗透和影响。

(3)广泛的适应性

武术的内容和练习形式丰富多样,不受时间、季节的限制,分别适应不同年龄、性别、职业、体质的需要,人们可以根据自己的条件和兴趣爱好加以选择。

2. 武术的作用

(1)强身健体作用

武术对人体的锻炼是全方位、多层次的。武术注重内外兼修,对身体有着多方面的良好影响,经常练习可以收到壮内强外的健身效果。

(2)防身技击作用

通过练拳习武,可以掌握一定的攻防技法,起到防身自卫的作用。

(3)教育娱乐作用

中华武术以具有浓郁的伦理思想色彩为其主要特色,尚武与崇德是其密不可分的两个方面。

(4)经济作用

首先,武术表演、比赛以及武侠文学和影视,带来了巨大的经济效益;其次,武术作为一种劳务,也具有一定的经济效益。

(六)武德

武德,即武术道德,是从事武术活动的人在社会活动中所应遵循的道德规范和所应有的道德品质。在武德理论形成与发展的过程中,一直居于封建社会正统地位的儒家仁学逐渐形成了传统武德的主要内容。孔孟仁学的基本思想是以仁慈、宽厚、善良和爱心来接人待物。武德的仁学中心首先表现在练武和修身的统一,习武既是人生品德修养的重要途径很方法,要求习武者要有高尚的品德和宏大的胸怀;其次,武德的仁学中心还体现在武技的运用上。武技本身是技击,技击必然内含残酷和暴力,然而武术的仁德精神却要求以制取对方为主,尽量避免杀人取命。以武会友,更是讲究点到为止,以"礼"规范行为。